U0910421

高等职业教育“十二五”规划教材

高职高专市场营销类流程化系列教材

商品知识实务

（修订版）

栾向晶 等 编著

包立军 主审

科学出版社

北 京

内 容 简 介

本书由10章组成，主要包括商品知识概述、商品质量、商品分类与编码、商品标准、商品检验与养护、商品包装、日用工业品、纺织品、食品、家用电器与文化用品等内容。

本书结构新颖、内容精练，既强调知识的传授，又注重知识的实际运用，充分体现“够用、适用”的高职高专教学理念。

本书不仅适合作为高职高专院校市场营销、物流管理、国际商务、外贸运输、航运管理、国际海运等相关专业的教材，也可供其他专业和企业在职人员参考。

图书在版编目(CIP)数据

商品知识实务（修订版）/栾向晶等编著. —北京：科学出版社，2009（2012.4 修订）

（高等职业教育“十二五”规划教材·高职高专市场营销类流程化系列教材）

ISBN 978-7-03-024243-3

Ⅰ.①商… Ⅱ.①栾… Ⅲ.①商品–基本知识–高等学校：技术学校–教材 Ⅳ.①F76

中国版本图书馆 CIP 数据核字（2009）第 034352 号

责任编辑：朱大益 赖文华 / 责任校对：柏连海

责任印制：吕春珉 / 封面设计：耕者设计工作室

科学出版社出版

北京东黄城根北街16号

邮政编码：100717

http://www.sciencep.com

北京市京宇印刷厂印刷

科学出版社发行 各地新华书店经销

*

2009年4月第 一 版 开本：787×1092 1/16

2012年4月修 订 版 印张：14

2020年1月第八次印刷 字数：330 000

定价：34.00元

（如有印装质量问题，我社负责调换〈北京京宇〉）

销售部电话 010-62134988 编辑部电话 010-62138978-8205（VF02）

修订版前言

商品知识实务是以研究商品质量为中心内容，探讨商品使用价值的形态、评价、实现和再生的一门科学。商品知识实务教材的优劣，不仅关系到教师教学过程能否顺利进行，更关系到学生在以后的社会实践中，能否更好地运用商品知识与技能以展其一技之长。

为深入贯彻落实胡锦涛总书记在庆祝清华大学建校100周年大会上的重要讲话精神和《国家中长期教育改革和发展规划纲要（2010～2020 年）》，2011 年，教育部下发了教职成[2011]12 号文《关于推进高等职业教育改革创新引领职业教育科学发展的若干意见》（简称“12 号文”）。“12 号文”对高职院校推动体制机制创新，深化校企合作、工学结合，进一步促进高职院校办出特色，全面提高高职教育质量，提升其服务经济社会发展能力，提出了指导性意见。

为更好地适应和落实教育部“12 号文”对高等职业教育改革与创新的要求，有效配合高职院校开展的任务驱动、教学做一体化教学模式改革，更好地培养学生的职业能力与素质，养成商品知识应用技能，在充分参照职业资格标准、调研岗位工作过程的基础上，结合本书第一版使用过程中的经验积累，我们对教材进行了修订。

修订版教材具有如下特点：

1. 结构性创新——以问题式建制取代“章节”式建制

我们追求的不仅是知识的获得，更追求技能的养成与应用。为突出任务驱动的能力本位教学原则，让学生更好地掌握每章内容的核心，开发了全新的文章结构形式，即取消以往教材的“章节”式建制，以问题的形式取而代之。以问题式建制取代“章节”式建制，可以从学习者的角度，更好地把握和理解每一章的内容，更好地收敛知识与技能的要点，从而让学习者带着问题去阅读和学习，始终紧扣问题点，围绕问题点层层深入地展开学习，更具人性化，更符合认知规律，有效地突出学生在学习中的主体地位。

2. 启发式开篇案例——来自生活，发人深思

爱因斯坦说的好，兴趣是最好的老师。在每一章的开头，我们采用现实生活中蕴含丰富哲理的、活生生的案例，启发学习者进行深入思考并与每章的内容相互呼应。引发学习者思考后，再进行每章的学习，可以更好地激发学习者学习的积极性和主动性，以较高的兴趣，主动、轻松、快乐地投入商品知识与技能的学习，主动学习和探索商品知识与技能，变“要我学”为“我要学”，从而有效地与任务驱动教学模式相配合。

3. 人性化的“收口”设计——知识漫游

俗话说“编筐编篓，全在收口”。一个人性化设计的、能够让学习者很好地把握每

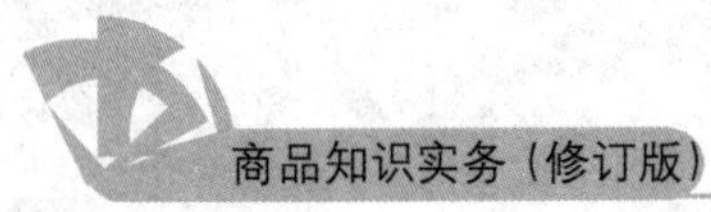

章内容“脉络”与知识体系以及相互关系的图表，胜过千言万语的表述。我们本着理清学习者思路、清晰表达知识与技能体系、突出人性的理念，在每章的最后，为学习者特别设计了知识漫游板块。通过它可以让学习者更清晰、轻松地把握每一章的结构、内容与要点，更好地序化各要点之间的关系。

在本书的修订过程中，我们参考了一些国内外有关的研究成果，同时查阅了互联网上的一些文献资料，谨在此对相关专家、学者表示衷心的感谢。由于水平所限，不足之处在所难免，恳请广大读者批评指正。

栾向晶

2012年2月

前　　言

随着世界经济的快速发展，人们的生活水平大幅度提高，商品知识实务在现代营销、物流运作、国际贸易等领域的经营与运作过程中的作用变得越来越重要。当前，在全球化竞争的环境下，任何企业都将商品质量视为生命，企业只有深刻地掌握消费者对商品的真正需求、把握产品的属性与特征、熟知商品在供应链环节储运时质量变化的规律，才能真正把握消费者的需求、企业的命脉和商品的质量，从而充分适应现代世界的经济和竞争环境，才能有效地增强企业的市场竞争实力。

“商品知识实务”是一门兼有自然科学和社会科学内容的综合性应用课程，是以研究商品质量为中心的学科。它能够使学生在“能力本位”的前提下，掌握各类商品的基本属性，理解影响商品质量的各种因素，认知商品质量变化的规律，从而使商品在生产领域、流通领域以及消费领域的质量始终处于受控状态。

本书既重视基本知识的传递，又注重知识的实际运用。各章以案例导入为引导，以商品基本概念的简明阐述为基础，以适用知识为目标，逐层深入地对商品质量要点作全面的分析，最后以本章小结知识网图对各章进行小结。本书的特点可概括如下：

1．内容精练、文字通俗，充分体现“够用、适用”的高职高专教学理念和讲清概念、注重应用、培养能力的编写宗旨。

2．本着“能力本位”的原则，将每章的理论内容简化，侧重技能性知识点的阐释，着眼于读者能力的培养。

3．以案例为引导，寓每章的“灵魂”于案例导入中，有利于读者更好地领会每章的核心内容与实际应用。

本书的编写分工如下：第 1、2、7 章由秦皇岛职业技术学院的栾向晶编写；第 3、4 章由秦皇岛职业技术学院的王业军编写；第 5、6 章由秦皇岛职业技术学院的姜苹编写；第 8～10 章由渤海大学高等职业技术学院的赵立辉编写。全书由栾向晶进行规划、结构设计、统稿与优化。秦皇岛职业技术学院的包立军教授审阅本书并对本书的出版给予了大力支持，在此表示衷心的感谢。

本书参考了一些国内外文献，在此谨对相关作者表示衷心的感谢。

由于编写时间紧促和编者水平有限，书中疏漏之处在所难免，敬请广大读者批评指正。

栾向晶
2009 年 3 月

目　　录

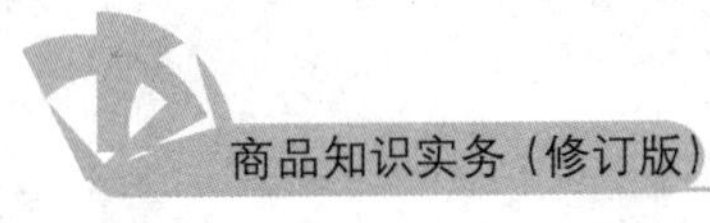

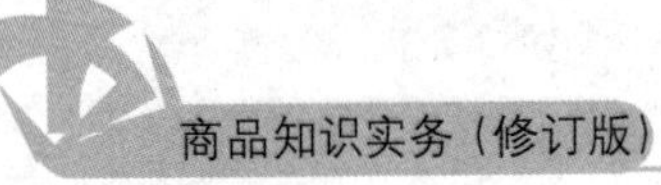

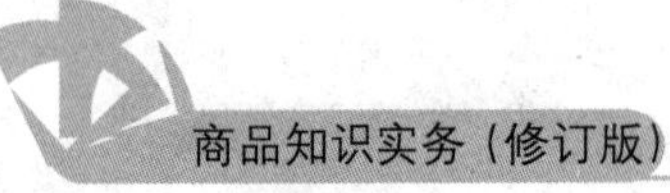

第1章

商品知识概述

学习目标

阅读本章后，你将能够：

- 理解商品的概念。
- 了解商品学的研究任务。
- 明确商品学的研究对象和内容。
- 运用商品的使用价值理论指导以后的学习和商务活动。

案例导入

索尼公司通过“创造需求”开发新产品

公关专家伯内斯曾说，工商企业要“投公众所好”。这似乎成了实业界一条“颠扑不破且放之四海而皆准”的真理。但索尼公司敢于毅然地说“不”。索尼的营销政策是：不先调查消费者喜欢什么商品，而是以新产品去引导他们进行消费，因为消费者不可能从技术方面考虑一种产品的可行性，因此，索尼公司并不在市场调查方面投入过多的兵力，而是集中力量探索新产品及其用途的各种可能性，通过与消费者的直接交流，教会他们使用这些新产品，达到开拓市场的目的。

索尼的创始人盛田昭夫认为，新产品的发明往往来自于灵感，突然闪现且稍纵即逝。现在流行于全世界的便携式立体声单放机的诞生，就出自于一种必然中的“偶然”。一天，井深先生抱着一台索尼公司生产的便携式立体声盒式录音机，头戴一副标准规格的耳机，来到盛田昭夫房间。从一进门，井深先生便一直抱怨这台机器如何笨重。盛田昭夫问其原因，他解释说：“我想欣赏音乐，又怕妨碍别人，但也不能为此而整天坐在这台录音机前，所以就带上它边走边听。不过这家伙太重了，实在受不了。”井深的烦恼点亮了盛田昭夫酝酿已久的构想。他连忙找来技师，希望他们能研制出一种新式的超小型放音机。然而，这一想法却遭到索尼公司内部的一致反对。但盛田昭夫毫不动摇，坚持研制。结果不出所料，该产品投放市场，空前畅销。而恰恰正是这一不起眼的小小的产品（见图 1.1），改变了世界上几百万、几千万人的音乐欣赏方式。

图 1.1　世界第一款随身听

请思考：

1．应从哪些方面理解“创造需求”这一概念？
2．结合案例分析，谈谈该公司是如何通过“创造需求”满足消费者的需求的。

第一个问题：什么是商品

一、商品的含义

商品是通过市场实现交换，进而满足人们某种需要的劳动产品，是使用价值和价值的统一体。

商品的使用价值是指能满足人们某种需要的属性，即商品的有用性。商品的使用价值是由它的自然属性所决定的，不同的商品因为具有不同的自然属性，所以具有不同的使用价值。商品的自然属性是指商品物理、化学、生物等商品本身具有的特性，它是构成商品使用价值的物质基础。而商品使用价值的多少，是随着科技的发展，不断被认识和更新的。

商品的价值是指凝结在商品中的一般的、无差别的人类劳动。价值体现商品生产者之间相互交换劳动的关系，因此，价值又是商品社会属性的体现形式。

由此可见，商品的使用价值和价值是既对立又统一的关系。统一性表现在二者是互为条件、缺一不可的。一方面，使用价值是价值存在的条件，没有使用价值的物，尽管人们为它付出很多的劳动，这种劳动也不会形成价值，这种既没有使用价值，又没有价值的物品当然也就不会通过交换满足人们的某种需要而成为商品。另一方面，价值是商品最本质的一个因素，如果物品只有使用价值，但是它之中并不含有一般人类劳动的结晶，没有价值，这些物品也就不能成为商品。而商品的使用价值和价值之间又存在对立性。它的对立性从两个角度去看，一方面，从生产者角度来讲，商品生产者不能同时拥有使用价值和价值，因为他们必须通过交换将使用价值让渡给购买者才能获取价值；另一方面，从购买者角度来讲，商品的购买者也不能同时拥有使用价值和价值，因为他们必须通过交换付出价值才能获取他们所需要的商品，当然，如果使用价值不符合购买者的需要，交换受阻，商品的价值和使用价值对生产者和购买者而言都不会实现的。因此商品的使用价值和价值又显现出它们对立性的方面。

二、商品的基本属性

1. 商品是必须通过交换方式实现的劳动产品

商品只有通过交换，才能到达使用或消费它的消费者手中从而实现其使用价值，生产者同时也获取了商品的价值。如果交换没有成功，商品的价值和使用价值都会无法实现。如农民在市场出售的粮食，交换成功，农民获取了粮食的价值，购买者则拥有了粮食的使用价值。但是如果大米没能实现交换，此时农民和欲购买者双方都没有实现对大米的价值和使用价值的拥有。

2. 商品是能够满足人们某种或某些需要的劳动产品

能够满足人们某种或某些需要且通过劳动所得的产品才是商品。那些不能满足人们需要但是通过劳动所得的产品，如劣质烟酒等不是商品，同样能满足人们的某种或某些需要。但是未经过劳动加工的物品，如原始森林的树木等不能称之为商品。

3. 商品不是供生产者消费，而是通过交换，供他人消费的劳动产品

生产者所生产的商品确切而言是生产的社会的使用价值，因为其生产的目的不是为了满足自己的消费的需要，而是通过满足购买者的需要而获取商品的价值。

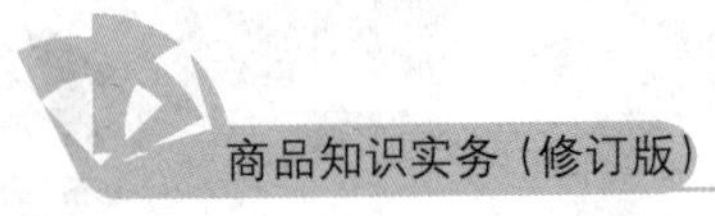

第二个问题：如何理解商品知识

一、商品知识的研究对象

商品知识是研究商品使用价值的科学。由此可见，商品的使用价值则是商品知识的研究对象，主要是围绕商品质量这个中心内容来研究商品的自然属性，研究商品质量在运输、保管、使用过程中的变化规律，研究对商品质量的科学评价等问题。

二、商品知识的研究内容

商品知识的研究对象是商品使用价值，它不但研究商品是否具有使用价值，更将商品使用价值的高低作为研究的重点。我们常用商品质量来表示商品的有用程度，反映商品满足人和社会需要的程度。由此可见，商品质量是商品使用价值的集中反映，商品使用价值的大小是用商品质量来衡量的，因此，商品质量是商品学研究的中心内容。

商品知识研究的具体内容，是与决定和影响商品质量密切相关的问题，包括商品成分、结构、性质、生产工艺、工作原理、功能用途、分类品种、质量要求、检验评价、使用维护等。整体来说，商品知识研究内容还包括商品与人、商品与时代、商品与环境等诸方面的问题，在环境保护日益被关注的今天，商品已从着重研究环境对商品的污染。发展到同时研究商品对环境的污染。在研究商品对环境污染上。既研究商品对社会环境的污染，防止商品对人们身心的损害，也研究商品对自然环境的污染和对生态环境的破坏等问题；既研究清洁的商品生产技术，也研究商品流通和消费时的环保问题。商品知识在研究和评价商品时，已把商品的环境效应作为一个重要内容。如现代无氟冰箱、无磷洗衣粉、低噪声家用电器和绿色食品等越来越受到人们青睐，原因就在人们对商品质量的要求，已不限于商品本身，商品生产、消费与生态环境保护及人类健康的关系越来越被社会所关注。

三、商品知识的研究任务

商品知识是为政府和企业对商品从规划开发、生产、流通、消费到废弃全过程实行科学管理和决策服务的综合性、应用性知识，是阐明商品质量形成、评价、维护、实现和再生的内外因素及规律，解决与商品质量密切相关的问题，使商品使用价值得以充分实现的体系。商品知识的研究任务有如下几方面：

1）通过对商品自然属性的研究、阐明商品的有用性和合理使用方法，探求商品的发展趋势。

2）为制定商品标准和科学鉴定商品质量提供依据，有助于在生产中提高商品质量，为评价商品质量奠定基础。

3）分析商品在流通过程中的质量变化规律，确定适宜于商品的包装、保管、运输条件和方法。有利于商品质量的保护，降低商品损耗。

4）研究科学的商品分类方法，标准化问题，为制定商品目录、实行商品编码、实行自动化管理商品等工作提供方法和手段，以提高商品经营管理工作的效率。

第三个问题：商品知识体系是如何演进的

一、商品知识体系的发展历程

商品知识的产生和发展与商品经济的兴起以及科学技术的进步是息息相关的。它形成了一套独立的知识体系，在国内外经历了不同的发展阶段，但总体而言，商品知识体系的产生和发展分为三个阶段，主要包括商品知识的形成阶段、商品知识体系的形成阶段、商品知识体系的发展阶段。

1. 商品知识的形成阶段

商品知识体系诞生之前，商品的研究是营销学的一个重要组成部分。在早期的营销学书籍中包括大量的商品知识内容，以便商人们在经商过程中认识商品的品种、产地，鉴别商品质量的优劣和真伪。据考证，世界上第一本包括有商品知识和内容的营销学书籍是阿拉伯人阿里·阿德·迪米斯基编著的《商业之美》。此后，欧洲的商业中心意大利也出版了许多包括有商品知识的营销学书籍。医药商品和药材是自然科学家和医学家最早系统研究的贸易商品。1553 年，意大利的 F.波那费德教授首次在帕多瓦大学开设了“生药学”课程，讲授的内容主要包括药材的名称、产地、分类、性质、成分、鉴别、用途和保管等知识。为便于进行教学和科学研究，他还于 1594 年创建了药材商品教研室。17 世纪，在法国百科全书学者的影响下，J.萨瓦里编著了《商业大全》，书中详细论述了纤维制品、染料等商品的产地、性能、包装、储存保管、销路方面的知识。当时这部专著在欧洲先后译成德文、英文、意大利文、西班牙文等大量出版发行。这些商品知识为商品知识体系的诞生奠定了基础。

2. 商品知识体系的形成阶段

商品知识体系作为一门独立学科，于 18 世纪中叶诞生于德国。18 世纪初，德国手工业迅速发展，利用进口的原材料加工成工业品，又把工业品出口，从而扩大了工业原材料和商品的贸易，这就要求商人必须具有系统的、专业化的商品知识，才能胜任贸易工作。因此，当时对商业教育，特别是商人的培养提出了系统讲授商品知识的要求，以提高青年商人的业务素质，在贸易工作中保证商品和原材料质量，杜绝伪劣商品。在当时德国出版的许多商学书籍和专著中，都包括有系统的商品学知识，例如，P.J.马佩格编著的《博学商人》、路德维希教授的《全面商人概论》和《全面商人大全》等。德国于 18 世纪中叶在大学和商业院校中开始讲授商品知识课程，并开展商品知识及其体系

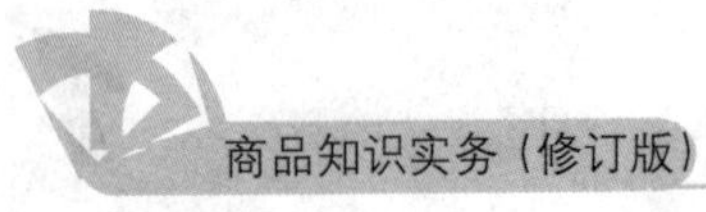

的研究。1772 年和 1774 年，德国自然史学家和经济学家约翰·贝克曼教授先后在哥廷根大学首次开设了“商品学”课程。在教学和科学研究的基础上，他于 1793～1800 年编著出版了《商品学导论》，创立了商品知识的科学体系，使商品知识成为一门独立学科。因此，约翰·贝克曼教授被誉为商品知识体系的创始人，他所创立的商品知识体系被称为“贝克曼商品学”或“叙述论的商品学”。自 19 世纪以来，这种德国古典商品知识相继传入东西欧各国、日本等国家，使商品知识得到迅速发展，商品知识教育和研究也不断广泛开展。据文献报道，1810 年俄国的莫斯科商学院开始讲授商品知识；1824 年波兰华沙综合技术大学开设商品学课；1866 年奥地利维也纳工业大学讲授商品学课；1887 年匈牙利布达佩斯商学院开设商品学课；1884 年日本东京商业学校正式设有商品学课；1902 年我国商业教育中把商品知识作为一门必修课。

3. 商品知识体系的发展阶段

商品知识体系诞生后，在其发展过程中产生了两个研究方向，一个是从自然科学和技术学的观点研究商品使用价值，中心内容是商品质量，称之为自然科学的商品知识体系或技术商品知识体系；另一个是以自然科学为基础，从社会科学和经济学的观点，特别是从市场营销和消费需求的观点研究与商品质量和品种相关的问题，称之为社会科学的商品知识体系或经济商品知识体系。目前，各国商品知识学者对商品学科有了共识，普遍认为现代商品知识是自然科学和技术学与社会科学和经济学复杂融合起来的综合性应用学科，即是一门技术与经济相结合又是介于理论和应用之间的交叉学科，必须从技术、经济、社会、市场和消费需求等多方面系统地研究商品的使用价值和全面评价商品的使用价值的高低。

二、我国商品知识体系的发展历程

我国商品知识体系的发展，经历了从唐代到清末，从清末到中华人民共和国成立以及中华人民共和国成以后的三个漫长的历史过程。

1. 唐代到清末阶段

公元 760 年，湖北复州的著名茶叶专家陆羽总结茶叶的相关知识，著有《茶经》（见图 1.2[①]），该书分为上、中、下三卷共十节，其内容为：一之源，二之具，三之造，四二器，五之煮，六之饮，七之事，八之出，九之略，十之图。从种茶、采茶、制茶、饮茶到茶叶功能，几乎都有论及，《茶经》对“茶文化”的发展及商品经济的繁荣起到推动作用。到明朝，公元 1596 年，李时珍的《本草纲目》（见图 1.3[②]）出版，共五册五十

① 图片引自 http://www.boyee.com.cn。

② 图片引自 http://daj.xh.sh.cn。

二卷。这是一部最早、最完备的医药类商品学专著。此外，还有宋代吴淑的《茶赋》、黄儒的《茶录》、元末明初顾元庆的《茶谱》和闻龙的《茶笺》。1796 年，江西商人吴中孚著有《商贾便览》（见图 1.4[①]），共九篇，其中“江湖必读”、“工商切要”两篇是商人必读之书，里面都有大量的商品知识。

图 1.2　《茶经》书影

图 1.3　《本草纲目》书影

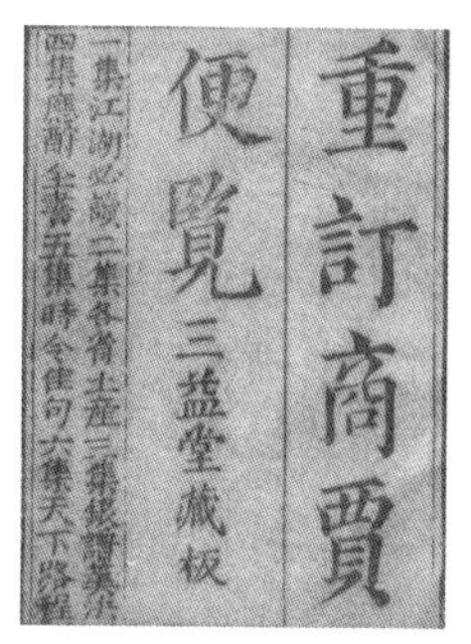

图 1.4　《商贾便览》书影

2. 清末到中华人民共和国成立

1908 年李漱将日本《商品学》译成商品知识教材《新译商品学》出版；1914 年曾慵编著《商品学教本》；1928 年潘吟阁著《分业商品学》；1934 年刘冠英著《现代商品学》，其内容比原有书籍更为丰富，并对商品知识这门学科对象作了解释，为我国现有商品知识打下基础；1937 年万嘉禾著《商品研究通论》。这些商品知识教材与著作均反映了我国商品知识研究的发展历史。1905 年废除科举制度之后，学校式的商业教育开始出现。当时颁发的商业学堂章程中规定高等、中等及初等商业学堂课程中，“商品知识”均列为必修课程之一。商品知识体系随之诞生。1922 年，当时的中国大学第一次开设了商品知识课程，从 1936 年起，先后在天津的津沽大学、上海的沪江大学、广州的暨南大学相继开设商品知识课程，重点是培养商品检验技术人员。

3. 中华人民共和国成立之后

中华人民共和国成立之后，国民经济得以恢复和发展，科学文化教育发展有了飞跃。1954 年，商业部所属中等商业专科学校，在会计、统计等教学计划中设置了“商品学基础”课程。1956 年，商业部培养商业人员，创建商品学系和商品知识专业，1953～1962 年，中国人民大学出版社出版了《商品学总论》5 个分册，1959 年黑龙江商学院出版社出版了《日工》、《食商》、《纺织品》，商业部还组织院校共同编写了《纺织》、《针棉织品》、《五金》、《麻类》、《棉花》、《茶叶》等书。1963～1964 年在哈尔滨、大连分别召开了全国第一、二届商品知识学术讲座会，发表了许多论文，对我国商品知识的发展起了

① 图片引自 http://www.kongfz.cn。

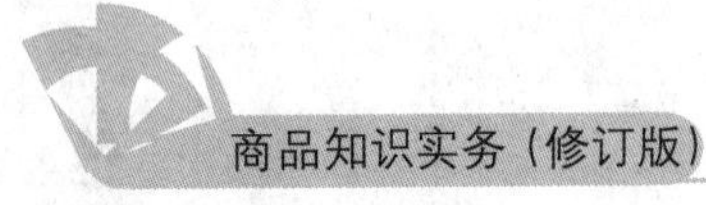

重要的推动作用。20 世纪 50 年代末、60 年代初是我国商品知识学科创建发展的兴盛时期，商品知识学术研究空气比较活跃。1961 年 7 月开始，《大公报》开辟专栏进行商品知识学术讨论，并刊载许多商品知识。1963 年 9 月，在哈尔滨召开了全国第一届学术讨论会。这次会议在我国商品知识体系发展史上具有重要意义，对推动我国商品知识体系的发展起到了很大促进作用；1964 年在大连召开了全国第二届商品知识体系学术讨论会。1977 年以后，特别是 1978 年党的十一届三中全会以后，高等教育得到了恢复与发展，商业高等教育也得到了迅速发展，商品学也得到了迅速发展。80 年代初，我国商品知识学术活动又重新开始活跃起来。各省市商品知识学会不定期召开学术讨论会。1992 年 8 月，中国人民大学商品学系举办商品知识教学理论发展研讨会，会上同时成立了中国商品知识学会筹备组，同年中国人民大学商品学系正式加入国际商品学会。1995 年 9 月第十届国际商品学学术讨论会在中国人民大学举办，同时成立了中国商品学会。目前，我国已与德国、意大利、波兰、奥地利、日本、韩国等国家的商品学会及高等院校中的商品知识教学、科研工作者建立了学术交流与往来关系。

课后检测

1．什么是商品？商品与产品的区别是什么？

2．商品的基本特征是什么？

3．你对商品知识的研究对象是如何理解的？

4．为什么说商品知识体系研究的中心内容是商品？

知识漫游

本章是对商品知识学科的总体概述，简要分析了商品的内涵与基本属性，商品知识研究的对象、内容、任务以及商品知识体系的演进历程等内容，为学生学好本门课程奠定良好的基础。

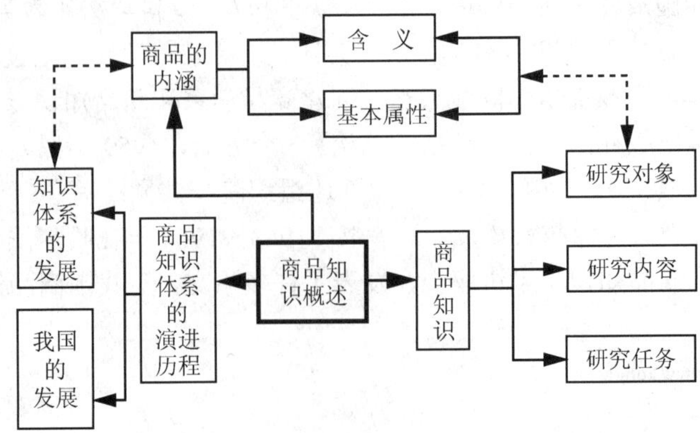

第2章

商品质量

学习目标

阅读本章后，你将能够：

- 明确商品质量的含义和提高商品质量的意义。
- 理解商品质量管理的相关内容。
- 掌握商品质量的基本要求。
- 掌握影响商品质量的主要因素。
- 提高分析商品质量及质量因素的能力，提升全面质量管理的意识和水平。

案例导入

从鸡蛋销售看德国商品质量管理

德国人一向以严谨著称，各方面的安全意识都非常强，在食品安全问题上更是一丝不苟。在德国商店里，琳琅满目的食品包装都是中规中矩，没有半点马虎。即使小小的鸡蛋，为确保质量，也是每只都有编号。一只鸡蛋拿在手上，看蛋壳上的不同标码，就可以知道它产自哪个国家、地区甚至哪个饲养场。

在德国市场上，从来没有看到过散装鸡蛋。鸡蛋通常被装在硬纸盒里，多是6只或10只一盒，20只或30只一盒的也有，但比较少。打开硬纸盒，映入眼帘的是每只鸡蛋上的红色编码，如“2-NL-4315402”。这组编码中，最前面的数字是0～3，代表产蛋母鸡的饲养方式。“0”是绿色鸡蛋，表明下这种蛋的母鸡生活在大自然环境中，没有固定的鸡舍，自由觅食，饲料里没有任何化学添加剂，除了生病平时不打预防针。“1”表明下蛋的母鸡是露天饲养场放养的，除了自由觅食外还添加人工饲料，要定期打预防针，有固定的鸡舍。“2”表明蛋是圈养母鸡生的，这种母鸡还算“幸运”，它们的生活环境起码比较宽松。“3”则表明产蛋的是饲养在笼子中的母鸡，它们的生长环境最差，一层层的鸡笼十分拥挤。

母鸡的饲养方式不同，其所产鸡蛋质量也有高下。在定价方面，虽然也会考虑鸡蛋的大小，但母鸡的饲养方式是影响价格的主要因素。0号鸡蛋被认为最健康，价格也是最贵的，一般一盒6只装的就要1.7欧元左右。而3号鸡蛋价格最便宜，10只大约只需0.8欧元。3号蛋市场上比较少见，很多德国人不愿意购买，一般是低收入家庭或留学生购买。

编码的第二部分代表鸡蛋的出产国。例如，DE代表德国、NL为荷兰、BE是比利时、DK是丹麦、FR是法国、IT是意大利。最后的一长串阿拉伯数字则是产蛋母鸡所在的养鸡场、鸡舍或鸡笼的编号。

有了上述编码，鸡蛋就像有了出生地址。其营养价值或质量的高低从母鸡的饲养方式上体现，消费者可以根据自己的情况选择购买。另外，有了这些编码，鸡蛋质量只要有问题，有关部门就会顺藤摸瓜，一直追查到生产商。这样不仅保证了鸡蛋的质量，也促进了养鸡行业的标准化管理。

资料来源：http://news.sohu.com/20061201/n246741442.shtml

请思考：

1．德国市场上所出售的鸡蛋质量是如何管理的？

2．德国商品质量管理方式的优越性是什么？

商品学研究的中心内容是商品质量，商品质量是工商企业和消费者关注的热点，也是商品进入市场的通行证。商品质量既是一个经济问题，也是一个社会问题，提高和保证商品质量，是满足人们日益提高的生活水平和社会不断发展的需要。

第一个问题：如何理解商品质量

一、商品质量的概念

商品质量是指商品满足规定或潜在要求（或需要）的特征和特性的总和。这里的规定是指国家或国际有关法规、质量标准或买卖双方的合同要求等方面的人为界定；潜在要求（或需要）是指人和社会对商品的适用性、安全性、卫生性、可靠性、耐久性、美观性、经济性、信息性等方面的人为期望；特征是指用来区分同类商品不同品种的特别显著的标志；特性是指不同类别商品所特有的性质，即品质特性。商品质量是商品具备适用功能，满足规定和消费者需求程度的一个综合性的概念。如一台电脑，不仅要求它图像清晰、色彩逼真、安全可靠、有一定的使用寿命，还要求外形美观、操作方便、运行速度快、经济实惠、信誉好、品牌机、售后服务好等。

商品质量包括狭义的商品质量和广义的商品质量，狭义的商品质量是指产品质量，习惯上称之为商品品质，主要是指产品与其规定标准技术条件的符合程度，它是以国家标准、行业标准、地方标准、企业标准或订购合同中的有关规定作为最低技术条件，是商品质量的最低要求和合格的基准，如冰箱的加工精度、使用寿命、安全可靠性等。广义的商品质量是指商品实体满足规定和潜在需要能力的特征的总和，是市场商品质量的反映。广义的商品质量不仅要反映性能、可靠性等指标，又要反映兼顾供需双方利益的经济要求、追求物美价廉上的适宜质量，还要反映维护社会利益的安全性、环境保护、能源等方面的要求。因此，质量要求的规定要同时考虑供应、需求和社会三方面的利益和要求，而仅仅将质量定义为“使顾客满意”是不够精确的，因为它只反映了其中一方面的利益。

商品的质量可以分为外观质量和内在质量。商品的外观质量主要是指外表形态，如花瓶的造型、颜色、图案、光泽度等方面。在商品的众多的质量特性中，有些特性不用或很难用仪器准确测定的，借用人的触觉、听觉、视觉等器官就会很容易判断和辨别，如棉布的色泽、玻璃的疵点数、羊毛制品的柔软度等特性，通常称之为外观质量的特性，而商品的内在质量主要是指商品在生产过程中形成的商品体本身固有的特性，如化学性质、生物学性质等。在商品的质量特性中，有些特性很难直接表露出来，常常是需要通过借助和使用相应的仪器测定，如亚麻制品的耐磨性、吸湿性、抗疲劳性等特性，这些特性是反映亚麻制品的内在质量的特性，是用来评价亚麻制品的内在质量的指标。商品的质量是外在质量和内在质量的统一体。

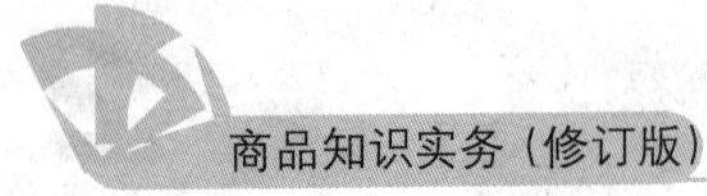

综合而言，商品质量是一个动态的概念，其表现在具有时间性、空间性和消费对象性。不同时代、不同地区、不同的消费对象，对同一商品有不同的质量要求，并且随着科学技术的进步、生活水平的提高和社会的发展而不断变化。如冰箱，我国消费者对冰箱的要求从以前的注重实用价值，到现在的既要求实用价值又要求审美价值。人们在消费商品时，在满足物质享受的同时，还要求能获得一定程度的精神享受的愿望越来越强烈。因此，我们根据商品质量的动态性和相对性的特点，对不同地区、不同国家提供具有不同性能的产品，以满足其需要。否则，在某地区被认为质量优良的商品，在另外一个地区却可能被评为不好的商品。如我国销往美国和非洲一些国家的纺织品，它们的颜色、款式、规格就应该有所不同。

二、商品质量的影响因素

商品质量的影响因素颇多，一般是由商品的生产、流通、消费过程中的诸多因素共同决定的。我们通过研究商品质量的影响因素来控制商品质量，下面我们就主要的几种因素加以分析。

（一）生产过程中的影响因素

农、林、牧、渔等产业的天然商品的质量主要取决于品种选择、栽培或者饲养方法、自然环境等因素。而对于工业品商品而言，其生产过程的市场调研与开发设计、原材料质量、生产工艺和设备、质量管理与控制以及包装等环节都会影响商品的质量。

1. 市场调研

商品开发设计的基础是市场调研，在开发设计之前，首先要充分研究商品消费需求，因为满足消费需求是商品质量的出发点和归宿；其次研究影响商品消费需求的因素，以便使商品开发设计具有前瞻性；最后是收集、分析与比较国内以及同行业的各个生产者的商品质量信息，总结以往各企业成功的经验与失败的教训，通过市场预测以确定何种质量等级、品种规格、数量、价格的商品才能适应目标市场的需要。

2. 开发设计

开发设计以市场调研为基础，是形成和决定商品质量的前提，开发设计的质量会直接影响最终商品的质量。如果设计出了差错，生产工艺再高超，操作过程再精细，也生产不出合格的商品来。开发设计阶段主要包括使用原材料配方，商品的结构原理、性能、外观结构及包装装潢设计等。

3. 原材料的质量

原材料是构成商品的原始物质，其成分、结构、性质对商品质量起着决定性的作用；原材料质量的优劣直接影响商品的质量等级。例如，用不成熟棉纤维或过成熟棉纤维纺织成的棉制品的强度比使用成熟棉纤维纺织而成的棉制品差；用含蛋白质较多的大麦酿造啤酒，可使啤酒的稳定性降低；用含硅量高的石英砂制成的玻璃制品，透明度和色泽均好，而用含铁量高的石英砂制成的玻璃制品，透明度和色泽均较差；用茶树鲜嫩芽制成的绿茶，茶叶的营养成分、颜色、香气、口味会比用茶树老叶制成的绿茶质量要好得多。因此，在研究商品质量时，应该了解这种商品所选用原料的成分、结构和性质等方面对制品的影响，才能进一步分析商品质量的各种特点，寻求提高商品质量的途径。当然，原材料的成分、结构、性质也受到产地、品种等多种因素的影响。如棉纺织品所使用的原材料棉花，在我国长江流域的纤维长、产量高，但是色泽偏暗，品级较低；而产于黄河流域的色泽好，品级较高。与陆地棉相比，海岛棉纤维不仅细而且长，同时强度高、光泽好，因此，用海岛棉纺织成的棉布，布面平整、均匀、光洁、质地细薄、手感好、美观耐用。一般情况下，了解商品原材料的成分、结构、性质或熟悉原材料的产地、品种和性能，就可以预测出商品的质量水平。在分析原材料质量对商品质量影响的同时，还要考虑合理利用原材料的问题，在保证和提高商品质量的基础上，节约原材料是非常必要的。

4. 生产工艺和设备

生产工艺和设备是影响商品质量的决定性因素。生产工艺的制定和设备的加工性能对商品的内在质量和外观质量的形成是非常重要的。在很多情况下，虽然原材料相同，若采用不同的生产工艺和设备，不仅商品数量可能出现差异，而且商品质量也会有所不同。如啤酒，在生产过程中，不经过巴氏灭菌而保留了酵母酶、多种维生素和氨基酸的鲜啤酒，其营养丰富、口感清香、口味鲜美，但不耐储存，保质期只有 2～3 天；不经过巴氏灭菌，而采用其他方式除菌达到一定生物稳定性的啤酒称为生啤酒，其中的蛋白质等营养成分较少破坏，其口感清新，一般保质期为 3～7 天；经过巴氏灭菌工序的啤酒称为熟啤酒，其中许多营养成分受到不同程度的破坏，其口感略微苦涩，但是比较耐储存，保质期可达 2～5 个月。猪皮革孔粗大，若加以表面美化处理，就可能改进猪皮革制品的外观质量。棉布生产工艺中增加精梳工序可加强棉布的强度、吸湿性和吸色力，改善棉布的光泽和尺寸稳定性；酿酒时，同样的五谷杂粮，使用不同的酿造方法，可以得到风格各异的白酒。科学的发展和技术革新可以使商品质量发生质的飞跃，这种变化很多是通过生产工艺的改进来实现的。例如，平板玻璃的生产，采用新式的浮法工艺过程是将玻璃熔体在金属液体上成型，其平整、光洁程度是老式垂直引上法工艺过程所无法比拟的。

在生产过程中，设备也对商品质量起着一定的作用。先进的设备可提高产品的加工精度和生产效率，从而提高商品的数量和质量。但先进设备往往自动化程度较高，结构复杂，因此故障的发生几率有所增加，而导致商品的质量和数量受到影响，因此，为避免不合格产品的出现，必须加强对设备的管理和养护。

5. 成品检验和包装

成品检验是保证商品质量的重要措施，是根据商品标准和其他技术文件的规定判断成品及其包装质量是否合格的工作。对大批量的商品来说，通常重要的质量特征、安全及外观项目要百分之百检验，其他项目可采用分批抽样或连续抽样的检验方法。对不合格返修的商品仍需重新检验。

商品包装是构成商品的重要组成部分，是商品生产的最后一道工序。商品只有经过包装以后，才算完成了全部的生产过程，才可以进入流通和消费领域。商品包装是影响商品质量的另一影响因素，良好的、合理的包装与装潢，有利于流通过程中对商品的储存养护、保护商品的质量，而且还有利于商品的销售与使用，提高竞争能力，增加商品的价值。

（二）流通过程中的影响因素

商品质量能体现符合规定要求和需要的特征和特性，除生产过程，流通环节也存在着对商品质量影响的诸因素。流通过程是指商品离开生产过程进入消费过程前的整个区间，主要指商品运输、保管和购销条件等方面。商品在流通过程中，都要经过时间和空间的转移，商品的储存和运输是不可避免的。在这期间，由于受到各种外界因素的影响，往往会发生商品质量不断降低的现象。因此，商品在流通过程中的各个因素也对商品质量起到一定的影响。

1. 运输

商品从生产领域进入流通领域，运输是实现流转的必要条件。在运输过程中，商品质量会受到运程的远近、时间的长短、运输的气候条件、运输路线、运输方式、运输工具、装卸工具等因素的影响，同时商品在运输过程中也会受到温度、湿度、风吹、日晒、雨淋等自然气候条件的影响以及在此过程中发生的化学侵蚀的影响和商品在装卸过程中发生的碰撞、跌落、破碎、散失等现象，这些都会不同程度地影响商品的数量和质量。

2. 仓储

仓库储存是商业企业收储待销商品的必要环节。商品储存是指商品脱离生产领域之后，未进入消费领域之前的存放。仓库是存放待销商品的场所，仓库的结构、温度、湿度等仓储环境条件都是储存期间商品质量发生变化的外因。商品本身的性质是商品质量发生变化的内因，因此，商品储存期间的质量变化与商品的耐储性、仓库内外环境条件、储存场所的适宜性、养护技术与措施、储存期的长短等因素有关。通过采取一系列保养和维护仓储商品质量的技术与措施，有效地控制适宜储存商品的环境因素，可以有效地控制外界因素对仓储商品质量的不良影响。

3. 销售服务

在销售服务过程中所进行的进货验收、入库短期存放、商品陈列、提货搬运、装配调试、包装服务、送货服务、技术咨询、维修和退换服务等各项工作的质量都会对消费者所购商品的质量产生影响。商品销售服务中的技术咨询是指导消费者对复杂、耐用性商品和新商品进行正确安装、使用和维护的有效措施，许多商品的质量问题不是商品自身固有的，而往往是由于使用者缺乏商品知识或未遵照商品使用要求，进行了错误或不当的操作所引起的。商品良好的售前、售中、售后服务质量已逐渐被消费者视为商品质量的重要组成部分。

（三）使用过程中的影响因素

商品使用过程中影响商品质量的诸因素是指商品的安装、使用和保养。商品在使用过程中，使用范围和使用条件不当会影响商品质量，如收音机，如果没有按照规定电压使用，则会不能正常工作甚至会损坏，因此，必须在规定使用范围内，在正确的使用条件下使用商品，才能发挥商品的正常功能。商品的合理安装和使用方法对商品质量的影响也是很大的。如果安装和使用方法不当，会损坏商品体，降低其使用价值，有时甚至会直接危害人身安全。所以，对有些商品应认真、细致地编制使用（食用）和养护说明书，并采取多种形式向消费者宣传、传授使用（食用）和养护知识，设立必要的咨询中心、维修网点等，这些都是在使用过程中保护商品质量的重要途径和措施。

第二个问题：不同商品的基本质量要求有何不同

商品质量的基本要求要根据商品的用途、使用方法和消费者的期望以及社会需求来确定。对于不同的商品，人们有不同的质量要求，即使对同一类商品，不同的消费目的和层次也会有不同的质量要求，由于商品的种类繁多，其用途和使用方法各不相同，其质量的基本要求当然也各不相同，根据商品的用途，按吃、穿、用分为食品、日用工业品和纺织品三大类，分别提出对其质量方面的基本要求。

一、食品类商品质量的基本要求

食品中含有人体正常生长发育所需的营养物质，保证和提高食品的质量，对人体健康有重要的意义。对食品的基本要求是具有营养价值，无毒无害并且色、香、味、形俱佳。

（一）营养价值

食品的营养价值主要表现在供给人体热量，形成细胞组织，调节人体各种生理代谢等方面。食品的营养价值主要包括食品的营养成分和可消化率以及发热量三项指标。

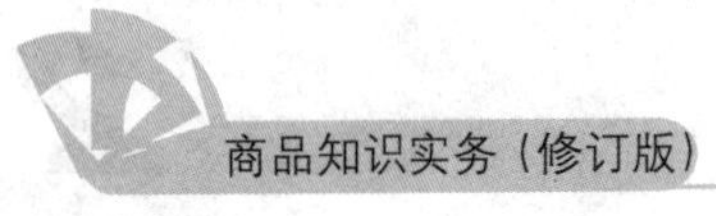

1. 食品的营养成分

食品的营养成分指食品中所含的蛋白质、无机盐、脂肪、碳水化合物、维生素、水、粗纤维等，这些物质在人体中具有维持人体生命活动、劳动能量和保证身体健康的作用。例如，蛋白质是一切生命的基础，碳水化合物是人体能量的主要来源，维生素则可调节和维持人体正常生理功能等。不同食品的营养成分不同，营养功能也不一样，很少有某一种食品能够包含全部的营养成分，所以人们需要摄取多种食品以维持身体正常生长发育和身体健康的需要。

2. 可消化吸收率

可消化吸收率是指食品在食用后，人体能消化和吸收的程度，是反映食品中营养成分被人体消化吸收程度的指标。食品中的营养成分，除了水、矿物质及部分维生素和单糖等物质能直接被人体吸收外，多糖类、蛋白质、脂肪等营养成分必须在消化道被分解消化后，才能被人体吸收并发挥其基本作用，但对于植物性食品中的粗纤维、不溶性果胶等物质，人体是不能消化吸收的，但是它们对肠壁的刺激有利于食物的消化吸收。消化吸收率越高，食品的营养价值就越高。不同的营养成分被人体消化吸收的程度各不相同，即使同一种营养成分也会由于不同的人对食品营养成分消化吸收的功能不同而不一样。从可消化吸收率来讲，动物性食品的营养价值高于植物性食品，因为动物性蛋白质人体消化吸收率可达 90%以上，而植物性蛋白质（除大豆蛋白外）人体消化吸收率只有 67%左右。

3. 发热量

发热量指食品的营养成分经人体消化吸收后在人体内产生的热量，它是反映食品营养价值最基本的指标。如碳水化合物的热量为 16 千焦耳每克，蛋白质的热量为 16～18 千焦耳每克，脂肪的热量为 38 千焦耳每克。人体每天需要的能量主要包括基础代谢和从事劳动所需要的能量两个方面，并且因人的性别、年龄、劳动量、气候等因素的不同，人体对能量的需要也不同。在人们的饮食中，主食包括各种米、面等食品，是供给人体热量的主要来源；副食中的鱼、肉、蛋、奶及其加工制品也是热量的重要来源。一般而言，能量不足，体重减少，严重的会导致贫血；而能量过剩会增加体重，所以人体需要从多种食品中获得养分，以保证身体健康，也应该吸收所需热量维持正常体重。

（二）卫生无害性

食品卫生无害性是指食品中不应含有或不能含有超过允许限量的有害物质和微生物等，这是食品的最基本的质量要求。因为食品卫生关系到人们的身体健康和生命的安全，因此食品必须符合有关的卫生规定和标准。食品中有害物质的来源是多方面的，如：

1）食品加工中混入的毒素，如罐头铁皮中的铅、锌等重金属成分，溶于食品中、油炸食品中含有的甘油醛。

2）食品自身产生的毒素，如发芽的马铃薯，其芽眼周围存在着龙葵碱毒素；鲜黄花菜中含有水仙碱毒素；四季豆中的洋扁豆含有植物的血球凝集素；河豚的脏器中含有河豚毒素等。

3）环境或化学药品造成的污染。污染主要指“三废”或不适当地施加农药等原因造成时的环境污染而侵害食品。大气、水和土壤受到污染后，往往由于食物链的传递使有毒物质在食品中聚集起来。在运输、销售过程中不注意卫生，使食品受到化学污染，被污染的食品被食用后会引起急慢性中毒。为了保障人体健康，确保食品卫生，有效地防止商品污染，食品生产和经营的单位和个人都必须切实按照《中华人民共和国食品卫生法》的规定，对食品、食品添加剂、食品容器及包装材料等采取必要的防范和处理措施，并且接受食品卫生机关和消费者的监督，切实保证销售的食品符合卫生标准的要求。

4）生物对食品的污染。许多生物如微生物、寄生虫及虫卵和昆虫等都可造成生物污染，许多污染食品的微生物可产生对人体有危害的毒素，其中有些还是致癌物和剧毒物。

5）食品保管不善产生的毒素。食品因保管不善可能感染微生物而腐败或因霉变产生毒素，如玉米发霉后所产生的黄曲霉素可致癌。

（三）具有良好的色、香、味、形

食品的色、香、味、形是指食品的颜色、香气、味道和总体风格，是评价食品新鲜程度、加工精度、品质特点以及质量变化状况等的重要外观指标。此项指标是人们可以从感官上判断的感官指标，是选择食品首先接触的重要问题。食品具有悦目的颜色、诱人的香气、可口的滋味、赏心的形状，不仅能满足人们的味觉享受，产生旺盛的食欲，从而使食品中各种营养成分得到比较充分的消化和吸收，而且会产生良好的心理效应。食品的色泽一是来源于食品加工本身，如糕点的烘烤产生的褐色；其次是来源于原料本身，如巧克力糖所用的可可豆本身为该种颜色；三是来源于人为加入的天然色素和人工合成色素，如汽水中加入的合成色素。食品的味道与香气有密切的联系，食品的香气用鼻腔可以直接闻到，在咀嚼食品时，有气味的物质进入鼻咽部与呼出的气体一起通过鼻小孔进入鼻腔，甚至当食物进入食道，在发出有力的吐吸动作时，也能带着有气味物质微粒的空气由鼻咽急速向鼻腔中推进，这时，食物的香气感觉最灵敏。食物入口后对人的视觉、味觉、嗅觉和触觉等器官的刺激，引起人们对它的综合印象，这种印象就是食品的风味，是感官检验食品的一个重要指标。

二、日用工业品类商品质量的基本要求

日用工业品是满足人们日常使用和美化生活需要的工业产品，种类很多，如塑料制品、玻璃制品、陶瓷制品、洗涤用品等。各种商品有着不同的用途和特点。根据日用工

业品的用途和使用性能，对其质量的基本要求有如下五个方面：

1. 适用性

日用工业品的适用性是指某种商品为满足其规定用途所必须具备的性能，它是构成每种商品使用价值的基本条件和要求。不同日用工业品对其适用性的要求不同，如雨衣必须防水，电冰箱必须制冷，保温瓶必须保温，洗涤剂必须去污，否则，就不能称为商品了。因此，日用工业品质量的最基本要求是适用性。对于同一类日用工业品，由于品种不同，用途就不同，对适应性的要求也不同。如玻璃类商品，眼镜要求透光，玻璃杯要求耐热，镜子要求影像逼真。多用途商品则要求具有更广泛的适用性。

2. 耐用性

日用工业品的耐用性是指日用工业品在使用过程中，能够抵抗各种外界因素对其破坏的性能，即商品的耐用程度。它反映了日用工业品的使用寿命和使用效能。对于消耗性商品而言，其耐用性是指商品的使用效能，即效果和用量，如洗衣粉；而对于非消耗性的商品而言，其耐用性是指商品的使用寿命，如冰箱。

3. 安全卫生性

日用工业品的安全卫生性是指日用工业品在流通、使用过程中，有关保障人体健康和人身、财产安全的性能。在评定日用工业品质量时，都需要考虑其安全卫生性。如盛放食品的容器和儿童玩具应该具备无毒性，化妆品和浴皂应对人体皮肤无刺激性，家用电器应不漏电、无辐射、无噪声污染。而从现代意义来讲，安全卫生性还应包括不污染环境的低公害性。低公害性是指商品在流通、消费、回收等环节，应该不造成允许限度以上的环境污染。如果不能达到允许限度的商品，不论使用价值多大也应限制流通使用。在社会环境保护方面，有害于人们身心健康的商品也会限制使用，如含氟冰箱、含磷洗衣粉等。

4. 结构合理性

日用工业品的结构合理性是指日用工业品的形状、大小及部件组配的合理程度等性能。如穿衣镜要长，并有一定宽度，鞋跟的形状和在鞋底上的位置要符合人体力学原理，自行车零部件的搭配与组合要达到灵活和耐磨的要求等。如果结构造型不合理，将直接影响日用品的适用性和坚固耐久性。

5. 外表美观性

日用工业品的外表美观性是指日用工业品的造型和装饰能够符合人们审美情趣的性能。随着社会经济的日益发展，文明程度的不断提高，人们对日用工业品不仅要求能用、好用，而且要求有欣赏价值，因此，日用工业品应力求式样新颖、造型美观、装潢应时、色彩宜人，具有鲜明的时代风貌。

不同日用工业品对以上五方面质量要求也各有侧重。如眼镜必须对视力适用，牙膏必须安全卫生等。

三、纺织品类商品质量的基本要求

纺织品是人们日常穿着、使用的生活必需品。它既有遮体御寒、保护身体的作用，又有美化人体的功能。一般从纺织品的组织结构、机械性能、使用性能及原料来评价纺织品的质量。

1. 材料适宜性

纺织品的基本性能及其外部特征，主要由其所用的纤维材料决定，纤维材料的种类、品质对纺织品性能有重要的影响。不同种类的纤维具有不同的性质，其纺织品的性能特点也各有不同。如棉织品，因其吸湿透气的性质适合于做成内衣；涤纶制品的吸湿性很差但耐磨性较好，适合做外衣材料。

2. 良好的服用性

纺织品的服用性主要是指纺织品在人们穿用过程中舒适、美观的性质。如对人体皮肤无刺激性，少起毛球，有较好的保暖、透气、吸水和散湿性，其缩水率、刚韧度、悬垂性、色牢度等符合规定标准。良好的服用性是实现纺织品使用价值的最基本要求。不同的原材料、不同的组织结构、不同的生产工艺，对纺织品服用性的良好程度都会产生不同的影响。如缎纹组织纺织品与平纹组织纺织品相比，其表面较为平整光亮，手感柔软，比较美观。

3. 较好的机械性

纺织品的机械性主要指纺织品在外力作用下产生的应力与变形之间的关系，包括断裂强度、断裂伸长率、抗皱强度、褶皱恢复率、撕裂强度等的高低，反映出纺织品耐穿耐用的程度以及风格。如黏胶纤维织品的断裂强度和抗皱强度都较差，因此不耐穿用。

4. 组织结构合理性

纺织品的组织结构主要包括织物的纱线和织纹组织、织品的重量和厚度、织物的密度及织物的歪斜等，纺织品的组织结构对织物的外观和机械性能等方面都有较大的影响。如纺织品的歪斜度过大或幅宽，在裁剪中布料剩余就会过多，造成较大的浪费，而且歪斜度大的纺织品，其尺寸稳定性也较差。

5. 外观艺术性

纺织品的艺术性是指纺织品外观所引起人们视觉感受的反映。纺织品的外观，因布

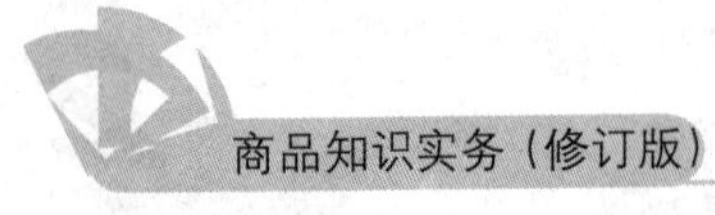

料、色泽、款式、花纹图案、加工精度的不同而有差异。美观性、艺术性具有一定的时代性，并因人们的文化素养、个性爱好、职业性质、居住环境、年龄差别等的不同而有一定差异。因此，要求纺织品的品种、花色丰富多彩，以满足不同人们的各种需要。

第三个问题：如何进行商品质量管理

商品质量不仅与市场调研与开发设计、储运销售、消费使用等方面有关，在各个环节所进行的商品质量管理也会对商品质量有所影响。如今商品质量管理已经成为商品质量保证的一个重要组成部分。

一、商品质量管理的内涵

商品质量管理是指为了保证和提高企业的作业质量、工作质量和产品质量所采取的各种技术、组织措施及一系列的管理活动。质量管理是随着科学技术、生产规模、用户需求的发展而逐渐发展起来的。它不仅已成为现代管理科学的重要组成部分，而且在管理科学理论与实践的基础上，也已经形成了一门新兴的独立学科。质量管理的内容包括搜集质量情报、制定质量计划、确定质量水平、建立质量管理体系、制定质量管理标准、进行质量控制、组织质量检验等环节。

二、商品质量管理的三个发展阶段

商品质量管理一般来说经历了三个阶段，即质量检验管理阶段、统计质量管理阶段以及全面质量管理阶段。

（一）质量检验管理阶段

从20世纪初期到40年代，主要是按既定的质量标准要求对产品检验，通过严格检验来保证出厂或转入到另一工序的质量是这一阶段质量管理的主要手段。质量管理的对象仅限于产品本身的质量，而质量管理领域是限于生产制造过程的。因此，质量检验管理阶段是一种消极的事后把关型的质量管理，无法在生产过程中起到预防控制作用。早在手工业时代，产品大多是以作坊式的方式生产出来的，产品的质量主要取决于工匠个人的经验和技能。18世纪末19世纪初，伴随着机器和机器体系的广泛采用，工厂制度开始逐步确立，企业仍然主要依靠经验来进行生产和管理。在质量控制方面，主要依靠手工操作者的手艺和经验来进行把关。进入20世纪以后，随着企业规模的进一步扩大和分工与专业化程度的日益提高，企业中大量设立了检验人员的职位，专职负责产品检验。这个时期大多数企业都设置了专职检验部门。这种靠检验把关的质量管理虽然可以保证产品的质量，但是质量管理的效能较差。

（二）统计质量管理阶段

从20世纪40年代到50年代末，是统计质量控制阶段，主要是按照商品标准，运用数理统计在从设计到制造的生产工序间进行质量控制，预防产生不合格产品。此阶段的重点主要在于确保产品质量符合规范和标准。人们通过对工序进行分析，及时发现生产过程中的异常情况，确定产生缺陷的原因，迅速采取对策加以消除，使工序保持在稳定状态。此阶段的质量管理的对象主要包括产品质量和工序，领域从生产制造过程扩大到设计过程。这一阶段的最大特点是从质量管理的指导思想上看，由以前的事后把关型转变为事先监控型管理；从质量管理的方法上看，广泛、深入地应用了统计的思考方法和统计的检验方法。

（三）全面质量管理阶段

从20世纪60年代至今，世界各国积极推行全面质量管理。全面质量管理这个名称，最先是20世纪60年代初由美国的著名专家菲根堡姆提出。它是在传统的质量管理基础上，随着科学技术的发展和经营管理上的需要发展起来的现代化质量管理，现已成为一门系统性很强的科学。所谓全面质量管理，是指一个组织以质量为中心，以全员参与为基础，目的在于通过让顾客满足和本组织所有成员及社会受益而达到长期成功的管理途径。全面质量管理是一种全部过程、全体人员参加的积极进取型的管理，它更适应现代市场竞争和现代化的大生产对质量管理的多方位、整体性的客观要求。各个国家都结合自己的实践进行了各方面的创新，并且在实践运用中各有所长。其中日本是质量管理理论的最优秀的实践者。成功的质量管理使得日本产品在全球成为了高质量的代名词。自1978年以来，我国推行全面质量管理（total quality management，TQM）已有30多年。从30多年的深入、持久、健康地推行全面质量管理的效果来看，它有利于提高企业素质，增强国有企业的市场竞争力。

近年来，全面质量管理日益成为受到各国领导人和广大企业家所重视的一门科学管理体系。在我国，从中央到地方，从政府到企业，各行各业都针对经济全球化迅速发展和加入WTO所带来的机遇与挑战，对质量工作给予高度重视，为加强质量工作采取了企业、政府、社会齐抓共管，企业自律、市场竞争、政府监督“三管齐下”，明确地方政府在产品质量工作中的责任、“以法治国”等一系列措施来实现提高产品质量的总体水平。根据最近对“各类企业通过ISO9000认证的比例”的统计，我们很容易看出企业对质量管理的重视程度。在一定意义上来讲，它已经不再局限于质量管理领域，而演变成为一套以质量为中心，分析系统各要素相互联系、相互作用的相关性，采取相应对策，使商品从设计到消费的全过程均处在监督的控制体系，从而保证商品的质量更加符合消费者的需要。

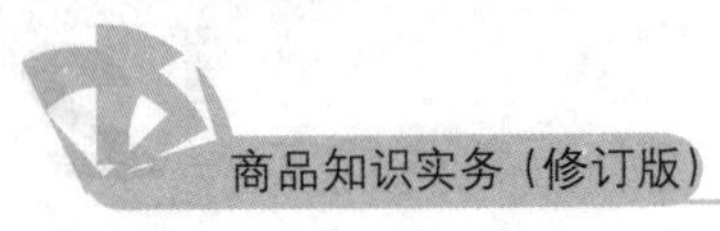

1. 全面质量管理的含义

全面质量管理是为了能够在最经济的水平上，并考虑到充分满足用户要求的条件下进行市场研究、设计、制造和售后服务，把企业内各部门控制质量、维持质量和提高质量的活动结为一体的一种有效管理体系。全面质量管理与其他质量管理概念的基本差别在于，它强调为了取得真正的经济效益，管理必须始于识别顾客的质量要求，终于顾客对他手中的产品感到满意。全面质量管理就是为了实现这一目标而指导人、机器、信息的协调活动。这里所提到的“全面”，一方面是指要生产出使顾客要求得到满足的产品，提供顾客满意的服务，单靠统计方法控制生产过程是很不够的，必须综合运用各种管理方法和手段，充分发挥组织中每一个成员的作用，从而能够更全面地去解决质量问题；另一方面，又是指产品质量有一个产生、形成和实现的过程，这一过程包括市场研究、研制、设计、制订标准和工艺、采购、设备与工装、加工制造、工序控制、检验、销售、售后服务等多个环节，它们相互制约、共同作用的结果决定了最终的质量水准，仅仅局限于对制造过程实行控制是远远不够的。而且，全面质量管理中的“质量”是“最经济的水平”与“充分满足顾客要求”的完美统一，离开经济效益和质量成本去谈质量是没有实际意义的。

2. 全面质量管理的基本要求

（1）全员的质量管理

产品的质量是企业工作质量的综合反映。企业中的任何一个环节、任何一个部门、任何一个人的工作质量都会不同程度地影响着产品质量或服务质量。因此，产品质量管理人人有责，只有全员都关心产品质量和服务质量，并能够努力做好本职工作，全体参与到质量管理中去，才能生产出让顾客满意的产品。

（2）全过程的质量管理

任何产品或服务的质量，都有一个产生、形成和实现的过程。质量的产生、形成和实现的整个过程是由多个相互联系、相互影响的环节所组成的，每一个环节对产品最终的质量都会产生影响。为了保证和提高质量，就必须把影响质量的所有环节和因素都着重研究并加以控制。全面质量管理过程的全面性决定了全面质量管理的内容应当包括设计过程、制造过程、辅助过程、使用过程等四个过程的质量管理。

产品设计过程的质量管理是全面质量管理的首要环节。这里所说的设计过程，包括市场调查、产品设计、工艺准备、试制和鉴定等过程（即产品正式投产前的全部技术准备过程）。主要工作内容包括通过市场调查研究，根据用户要求、科技情报与企业的经营目标，制定产品质量目标；组织有销售、使用、科研、设计、工艺、制度等多部门参加的审查和验证，确定适合的设计方案；保证技术文件的质量；做好标准化的审查工作；督促遵守设计试制的工作程序等。

制造过程的质量管理是全面质量管理的基础环节。制造过程是指对产品直接进行加

工的过程。它是产品质量形成的基础，是企业质量管理的基本环节。它的基本任务是保证产品的制造质量，建立一个能够稳定生产合格品和优质品的生产系统。主要工作内容包括组织质量检验工作、组织和促进文明生产、组织质量分析、掌握质量动态、组织工序的质量控制、建立管理点等。

辅助过程的质量管理是全面质量管理的辅助环节。辅助过程主要是指为保证制造过程正常进行而提供各种物资技术条件的过程。它包括物资采购供应、动力生产、设备维修、工具制造、仓库保管、运输服务等。主要内容有：做好物资采购供应（包括外协准备）的质量管理，保证采购质量，严格入库物资的检查验收，按质、按量、按期地提供生产所需要的各种物资（包括原材料、辅助材料、燃料等）；组织好设备维修工作，保持设备良好的技术状态；做好工具制造和供应的质量管理工作等。企业物资采购的质量管理将日益显得重要。

使用过程的质量管理是全面质量管理的最后环节。使用过程是考验产品实际质量的过程，它是企业内部质量管理的继续，也是全面质量管理的出发点和落脚点。这一过程质量管理的基本任务是提高服务质量（包括售前服务和售后服务），保证产品的实际使用效果，不断促使企业研究和改进产品质量。主要的工作内容有开展技术服务工作、处理出厂产品质量问题、调查产品使用效果和用户要求。

（3）多手段的质量管理

影响产品或服务质量的因素来自于多方面，既有物质的因素，又有人的因素；既有技术的因素，又有管理的因素；既有企业内部的因素，又有企业外部的因素（如随着现代科学技术的发展，对产品质量和服务质量提出了越来越高的要求）。要对这一系列的因素系统地分析和控制，就必须根据不同情况，运用多种手段和管理方法来解决质量问题。

（4）全企业的质量管理

全企业的质量管理主要从组织管理的角度来考虑如何进行质量管理，其基本含义是要求企业各管理层次都有明确的质量管理活动内容。每个企业中的质量管理都可以分为上层、中层和基层的质量管理，其中每个层次都应该有自己质量管理的重点内容。上层管理侧重于质量决策，制定企业的质量方针、质量目标、质量政策和质量计划，并统一组织、协调企业各部门、各环节、各类人员的质量管理活动，以保证实现企业经营管理的最终目的；中层管理要实施领导层的质量决策，运用一定的方法找出部门的关键、薄弱环节或必须解决的重要事项，再确定出自己的目标和对策；基层管理则要求每个员工都要严格地按标准、按规章制度进行生产，并积极组织员工开展质量控制小组活动，不断进行作业改善。这样，企业就组成了一个完整的质量管理体系；企业的质量方针目标是自上而下逐级地层层展开，纵向到底，横向到边，展开到全企业的所有部门、环节；然后，每个环节部门再根据自己的实际情况，努力完成各自的工作去实现方针目标，自下而上逐级地保证。每一个基层部门都达到或超过了各自的目标值，最终必然能够保证上层质量目标的实现。

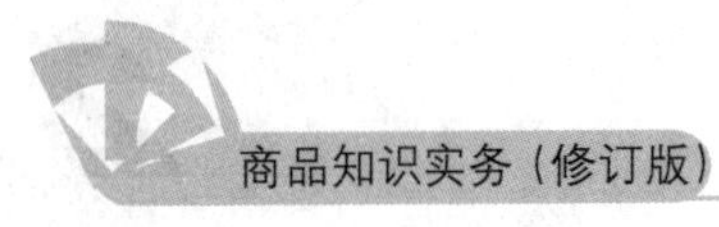

全企业质量管理的另一个必要做法是，打破公司内各个职能部门之间的界限，各个不同职能领域的管理人员共同参与产品或服务设计，这样有利于设计出更可行、更有竞争力的产品或服务方式。有时候，公司不同部门之间存在着严重的壁垒，这使得产品或服务的开发、设计几乎仅仅是设计人员闭门造车的结果，而且企业经常是在所生产产品或所提供的服务在市场竞争中遭到失败之后才认识到这一点。实际上，质量管理并不仅仅是企业所设的质量管理部门的职能，企业的质量管理职能可以说是分散在全企业的各个部门，虽然各部门的职责和在质量管理中的作用不同，但都是提高产品质量不可缺少的一部分，这就要求加强各部门之间的协调，形成真正的全企业的管理。为了从组织上、制度上保证企业长期稳定地生产出符合规定要求和用户期望的产品，最终必须要建立起全企业的质量体系，这是全面质量管理深化发展的重要标志。

3. 与传统的质量管理比较，全面质量管理的特点

1）把满足消费者或用户需要放在第一位。

2）运用以数理统计方法为主的现代化综合管理手段和方法，对商品开发、设计、生产、流通、使用、售后服务及用后处理的全过程进行全面的管理。

3）防检结合，以防为主，重在分析各种因素对商品质量的影响。

4）既管产品质量，又管工作质量、工序质量。

5）不仅要保证产品质量，还要做到成本低廉、供货及时、服务周到。

6）依靠与使用价值形成和实现有关的所有部门和人员参与质量管理。

7）实行严格标准化，不仅贯彻成套技术标准，而且还要求管理业务、管理技术、管理方法的标准化。

4. 全面质量管理的具体实施步骤

1）通过培训教育使企业员工牢固树立“质量第一”和“顾客第一”的思想，树立良好的企业文化氛围，采取切实行动，改变企业文化和管理形态。

2）制订企业人、事、物及环境的各种标准，这样才能在企业运作过程中衡量资源的有效性和高效性。

3）推动全员参与，对全过程进行质量控制与管理。以人为本，充分调动各级人员的积极性，推动全员参与。只有全体员工的充分参与，才能使他们的才干为企业带来收益，才能够真正实现对企业全过程进行质量控制与管理。并且确保企业在推行全面质量管理过程中，采用系统化的方法进行管理。

4）做好计量工作。计量工作包括测试、化验、分析、检测等，是保证计量的量值准确和统一、确保技术标准贯彻执行的重要方法和手段。

5）做好质量信息工作。企业根据自身的需要，应当建立相应的信息系统，并建立相应的数据库。

6）建立质量责任制，设立专门质量管理机构。全面质量管理的推行要求企业员工自上而下地严格执行。全面质量管理的推行必须要获得企业最高领导的支持与指导，否则难以长期推行。

三、商品质量管理的基本方法

这里主要讲述 PDCA 循环法。

（一）PDCA 循环法的含义

PDCA 循环的概念最早是由美国质量管理专家戴明于 20 世纪 50 年代初提出的，所以又称为“戴明环”。它是全面质量管理所应遵循的科学程序。全面质量管理活动的全部过程，就是质量计划的制订和组织实现的过程，这个过程就是按照 PDCA 循环，不停顿地周而复始地运转的。此循环法是由四个英文字母组成的，即计划（plan）、执行（do）、检查（check）、行动（action）。PDCA 循环法正是按照计划→执行→检查→处理这四个阶段进行质量管理的。

1. 计划阶段

计划阶段的任务是收集质量的相关信息，对照技术标准和用户要求，分析质量现状，找出质量差异，分析差异产生的原因，找出影响质量的主要因素和影响程度，并且客观准确地分析。针对影响质量的因素及影响程度结合企业实际，制定出计划，并以此为依据，制定措施计划，确定质量方针、质量目标，制定出具体的活动计划和措施，并明确管理事项。

2. 执行阶段

执行阶段的主要任务就是执行计划，按照各阶段的计划和标准的规定，实现计划中的内容，同时要根据客观实际情况，对原计划进行补充和调整。

3. 检查阶段

此阶段的主要任务是根据计划检查进度和总体执行效果，将工作的效果与计划对照，总结经验，找出问题。

4. 处理阶段

此阶段的主要任务是对检查结果总结并进行处理，成功的经验加以肯定并适当推广、标准化；失败的教训加以总结，以免重现，未解决的问题放到下一个 PDCA 循环。

PDCA 循环实际上是有效进行任何一项工作的合乎逻辑的工作程序。在质量管理中，PDCA 循环得到了广泛的应用，并取得了很好的效果，因此有人称 PDCA 循环是质量管理的基本方法。之所以称之为 PDCA 循环，是因为这四个过程不是运行一次就完结，而

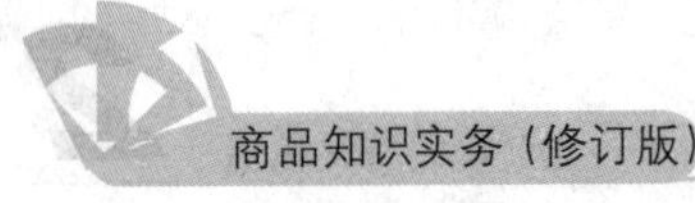

是要周而复始地进行。一个循环完了，解决了一部分的问题，可能还有其他问题尚未解决，或者又出现了新的问题，需再进行下一次循环。

（二）PDCA 循环的特点

1. PDCA 循环是按顺序进行的

PDCA 循环的四个阶段（计划→执行→检查→处理）是使用资源将输入转化为输出的活动或一组活动的一个过程，必须形成闭环管理，四个阶段是按顺序进行，并且首尾相接，缺一不可的（见图 2.1[①]）。

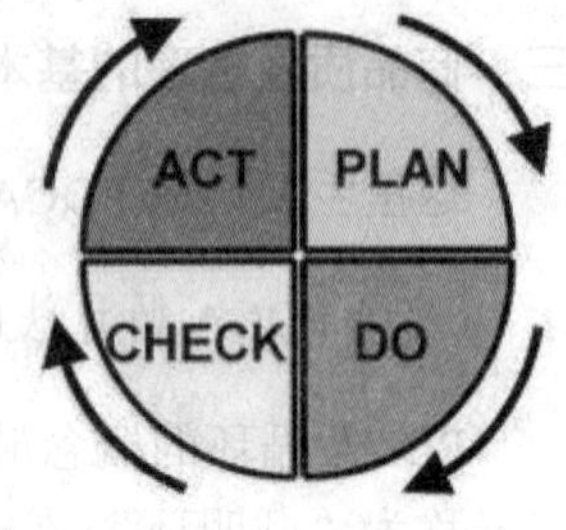

图 2.1　PDCA 循环

2. 大环套小环，互相促进

PCDA 作为企业管理的一种科学方法，适用于企业或商品经营、流通等各方面。因此 PDCA 整个企业的管理工作是个大循环，各部门又有各自中的 PDCA 循环，以次又会有更小的 PDCA 循环，直至落实到具体个人，因此形成了大环套小环，一环扣一环，小环保大环，推动大循环的格局，使各部门、各环节和整个企业的质量管理工作有机地结合起来，彼此协调，相互促进。在 PDCA 循环的四个阶段中，每个阶段都有自己小的 PDCA 循环。比如，ISO 9001：2000 标准的管理职责（5）和资源管理（6）是 PDCA 循环的 P 阶段，产品实现（7）是 D 阶段，测量、分析（8）是 C 阶段，改进（8）是 A 阶段。而“改进”中的“纠正措施”则是该标准大的 PDCA 循环中 A 阶段的小 PDCA 循环。

3. 循环前进，阶梯上升

PDCA 循环是依靠组织力量的推动不断循环的，但是循环并不是原地转圈，而是每一次转动都有新的内容和目标，因而也就向前前进了一步，也就意味着上升到了一个新高度，上升了一个新的阶梯。按照 PDCA 循环前进，就能达到一个新的水平；在新的水平上再进行 PDCA 循环，便能达到更高的水平。

4. 抓住 PDCA 循环的关键阶段

PDCA 循环的关键阶段是处理阶段。处理就是总结经验，肯定成绩，纠正错误，以利再战。如果处理不利，就不能巩固成绩，也就不能避免类似的错误重犯。

课后检测

1. 什么是商品质量？

---

① 图片来自 http://itmustang.blog.163.com。

2. 什么是商品质量管理？
3. 什么是全面质量管理？
4. 决定和影响商品质量的因素有哪些？

知识漫游

本章主要介绍了商品质量的概念和提高商品质量的重要意义，阐明了对各大类商品质量的基本要求，分析了决定和影响商品质量的主要因素，还介绍了商品质量管理的相关概念及商品质量管理的基本方法等内容。

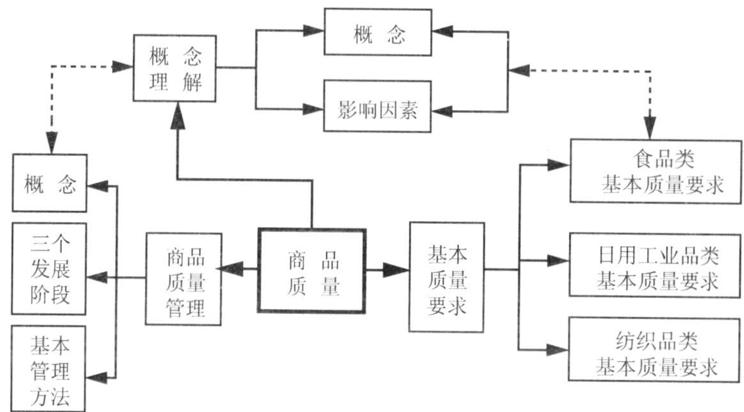

第3章

商品分类与编码

学习目标

阅读本章后，你将能够：

- 理解商品分类、商品代码和商品编码的概念。
- 了解商品分类的标志。
- 掌握商品分类的方法。
- 掌握商品代码的种类。
- 能够将商品信息编码的理论灵活运用到商品质量管理中。

"读书郎"考量商品分类

1997年7月，深圳市嘉英电子有限公司向国家工商总局商标局申请注册"读书郎"商标（见图3.1），商标局于1999年依法核准商标注册，注册号为12611391号，核定使用的商品为《类似商品和服务区分表》中0901类似群中的"电子字典"、"计算机程序（可下载软件）"、"计算机游戏软件"等。自1997年7月以来，嘉英公司一直在该公司生产的"电脑发声图书阅读器"上使用"读书郎"商标。"电脑发声图书阅读器"是一种以计算机软件控制的，能教少年儿童看图、识字、唱歌的产品，嘉英公司认为该产品属于"电子字典"类产品，故在此期间于0901类商品上申请注册了"读书郎"商标。2000年2月28日，嘉英公司将"读书郎"商标转让给深圳市青科公司。青科公司获得该注册商标后，即在其畅销多个省、市的"儿童早教机"上使用该商标。青科公司生产的"儿童早教机"也是一种以计算机软件控制的，能教少年儿童看图、识字、唱歌的产品，因此，尽管"儿童早教机"与"电脑发声图书阅读器"在名称上不一致，但本质上是同一种产品。

图3.1 "读书郎"商标

1998年11月23日，中山市日佳电子有限公司向商标局申请注册"读书郎"商标，商标局于2000年4月7日核准该商标注册，注册号为1380908号，核定使用的商品为《类似商品和服务区分表》中2802类似群中的"智能玩具"。2000年10月23日，中山市日佳电子有限公司将"读书郎"商标转让给中山市读书郎电子有限公司。读书郎公司也在"儿童早教机"上使用"读书郎"商标。该公司生产的"儿童早教机"与青科公司生产的"儿童早教机"是同一种产品。两个"读书郎"都是由文字加图形构成的组合商标，所使用的文字相同，图形和字体则有差异，根据最高人民法院的司法解释，两个"读书郎"属于近似商标。由于商品相同，商标近似，且销售渠道差不多，因而不可避免地在两个"读书郎"之间产生商标纠纷。

在发生商标纠纷后，青科公司和读书郎公司均向有管辖权的工商行政管理部门投诉，指控对方侵权。青科公司的理由是：本公司系0901类中电子字典等商品的"读书郎"商标注册人，读书郎公司在相同的商品上使用近似的商标，侵犯了本公司的注册商标专用权。而读书郎公司则认为："儿童早教机"实质上是一种玩具，属于2802类商品，青科公司将属于0901类的"读书郎"商标用在2802类商品上，侵犯了本公司的注册商标专用权。

资料来源：周艳敏，宋慧献．2004．中华商标，第02期

请思考：

1．"读书郎"的商标纠纷反映了我国商品的分类划分存在哪些方面的问题？

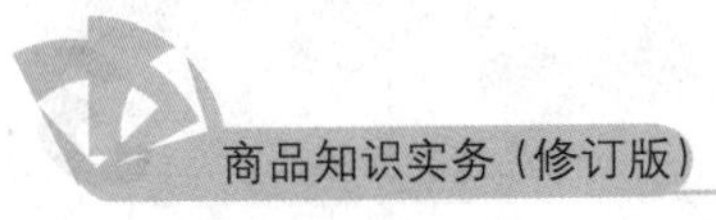

2. 哪个公司的行为构成了侵权？

第一个问题：如何理解商品分类

一、商品分类的概念

任何集合总体根据一定的标志都可以逐次归纳为若干范围较小的单元，直至划分为最小的单元。这种将集合总体科学地、系统地逐次划分的过程称为分类。分类在自然科学和社会科学的理论研究和实际工作中，是最普遍采用的方法，凡是有物、有人、有一定管理职能的地方都会存在分类。运用分类可以按一定的系统和秩序，深入研究每一类的共同点和差异性以及它们与总体之间的联系和发展规律，科学合理的分类会给我们带来方便，提高效率，可以大大简化日常事务。

商品分类是指根据一定的目的，选择恰当的标志，将任何一个商品集合总体科学地、系统地逐级进行划分的过程。商品分类的目的不同，选择的分类标志也不同，商品分类的结果也不一样。由于国情、经济和技术发展水平不同，各国商品分类的层次并不统一，商品类目的划分也是多种多样的。商品分类一般将商品集合总体划分为大类、品类、品种或大类、中类、小类、品种等范围逐渐缩小、特征逐渐趋于一致的局部集合体。商品大类最能体现商品生产和流通领域的行业分工，它既要同生产行业对口，又要与流通组织相适应，如商品可分为纺织品、食品、日常百货用品等。商品中类或品类是指若干具有共同性质和特征的商品的总称，它们各自包括若干商品品种。商品品种是按商品特性、成分等方面的特征进一步划分得到的商品类组，品种的名称也就是商品的具体名称，如空调、电视机等。细目是对品种的详尽区分，包括商品的花色、型号、质量等级等，细目最能具体反映商品的特征，如大衣呢按花色和呢面特征可以划分为平厚大衣呢、立绒大衣呢、顺毛大衣呢、拷花大衣呢等织品。

二、商品分类的作用

商品分类是商品学的重要研究内容，也是商品经营管理的一种手段。其涉及国民经济的各个领域和部门，随着科学技术的进步和商品生产与交换的不断发展，商品种类日趋增多，商品分类的作用也越来越大。

1. 商品的科学分类为国民经济各部门和各企业实施各项管理活动以及实现经济管理现代化奠定了科学基础

商品的种类繁多、特征多样、价值不等、用途各异，对商品进行科学的分类，对国民经济各部门和各企业实施管理是非常必要的。只有将商品进行科学分类，从生产到流通领域的各项日常管理工作才能顺利进行，来自各企业、各部门以及各环节的统计数据和有关商品的信息才具有实用价值。国民经济各部门和各企业必须在商品科学分类的基础上编制各自的商品目录，以保证商品目录的科学性，为开展各项经济管理活动创造先决条件。在商品经营活动中，商品科学分类有利于流通领域的购、销、运、存等业务活动的开展；在国际贸易中，外贸商品分类的科学性与换汇和税收关系很大；电子计算机在商品经济与经营管理中的广泛应用，也是依靠科学的商品分类、编码来实现的。因此，商品的科学分类为实现经济现代化奠定了基础。

2. 商品的科学分类有助于开展商品教学与科研工作

为了适应教学与研究的需要，对商品进行系统的分类称之为教学科研分类。由于商品品种繁多、性质各异，商品学的教学时数有限，不可能对所有的商品一一讲述，只有按照教学和科研的需要对商品进行科学的分类，将研究对象从个别商品特征归结综合为某类商品的类别特征，才能使知识更加系统化、专业化，使学生能够更容易地理解、消化、吸收，从而提高商品学的教学质量。通过商品的科学分类，能够深入分析和了解商品的性质和使用性能，全面分析和评价商品质量以及研究商品质量变化规律，从而有助于商品质量的提高，保证和防止商品数量的损失损耗。通过商品的科学分类，有利于对商品品种和品种结构进行研究，从而为商品品种的发展和商品新品种开发提供科学的依据。

3. 商品的科学分类有利于了解商品特性，有秩序地安排市场供给，合理地布置商场，便于选购商品

商品种类繁多，特征、用途又有所不同，通过对商品进行科学、合理的分类，便于了解各类商品的不同特征。通过对商品各类别的特征分析，有利于对各类商品的质量及变化规律进行深入研究，从而有助于科学地保管、养护商品，保证和防止商品损失损耗。在销售环节中，按商品分类和商品目录的要求，设立商品部、柜组，能有秩序地安排好市场供应，更加合理地布置商场，从而便于消费者和用户选购商品。

4. 商品的科学分类有利于推进标准化活动

通过商品的科学分类，可使商品的包装、名称、计量单位等特征实现统一化、标准化，从而可以避免同一商品在生产和流通领域的不同部门由于商品特征的不统一而造成的困难。商品分类的科学性对国际贸易的影响也是非常大的，商品分类的统一化和标准化也是贸易国实现正常贸易活动的基础和关键。制定各种商品标准时，必须以科学、合理的商品分类为基础和前提，有的放矢地拟订各种商品的具体质量要求和质量指标。

5. 商品的科学分类有助于实现现代化管理

计算机在现代化管理中的应用是非常广泛的。计算机系统的应用主要依靠商品编码和商品目录来实现，而编制商品目录和商品编码是在商品分类基础之上进行的，因此商品的科学分类是实现现代化管理的一项重要的基础性的工作。通过科学、合理的分类建立统一的商品分类目录和配套代码或条码，就可以有效地实现商品名称、类别统一化、标准化，有助于商品流通，加速企业现代化管理的发展。

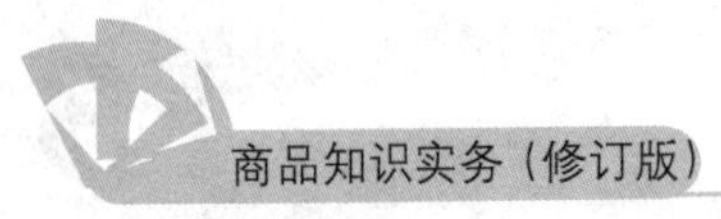

三、商品分类的基本原则

商品分类的原则是形成商品分类体系的重要依据。为了实现科学合理的分类，在分类时必须遵守以下基本原则。

1. 科学性原则

商品分类的科学性是指在建立分类体系时，必须明确分类的目的、分类范围和分类的要求，选择恰当的商品标志。在分类时，必须首先明确分类商品的集合体所包括的范围，不同国家的不同时期，分类对象的集合体所包括的范围并不尽相同，只有明确分类的范围才会使分类的结果具有实际价值。其次，在分类时必须明确商品分类的目的和要求，目的和要求不同会形成不同的商品分类体系，因此只有首先明确分类的目的和要求，制订的商品分类体系才会满足其实用性。再次，商品分类的科学性也表现在恰当标志的选择，选择商品最本质和最稳定的属性或特征作为分类的主要标志是十分必要的。如商品主要成分、加工方法、选用的原材料等属性是比较稳定的，所选择的标志必须能从本质上把不同类别的商品明显区分开来，使商品的每一个品种只能在一个类别里，从而保证分类清晰和体系的稳定。

2. 可扩延性原则

可扩延性原则又称后备性原则，是指为了让商品分类体系能够满足不断出现的新商品的需要，通常设置收容类目，以便保证为新出现的商品留有足够的空位，同时也为下级信息管理系统在本分类体系基础上进行拓展细化创造条件。

3. 系统性原则

系统性是指将选定的商品属性或特征作为标志，将商品总体按一定排列顺序予以系统化，形成一个科学、合理的分类体系。在商品分类时，必须使商品分类建立在并列从属关系的基础上，上一级的类别与从属的类别间存在着有机的联系，下一级的标志必须使上一级标志更加具体化。

4. 兼容性原则

兼容性是指相关的各个分类体系之间应具有良好的对应与转换关系，商品既要求与国家政策以及相关标准协调一致，又要求与原有的商品分类保持一定的连续性和可转换性。

5. 综合使用性原则

综合使用性是指商品分类在满足国家管理系统总任务、总要求的前提下，全面合理地满足系统内各分系统的实际需要。

四、商品分类的方法

商品分类的方法基本上有面分类法和线分类法两种。在建立商品分类体系或编制商品分类目录的实际应用中，我们通常把两种分类方法结合起来应用。

1. 线分类法

线分类法也称为层级分类法，它是将拟分类的商品集合总体，按选定的属性或特征作为划分基准或分类标志，进行层层依次划分成相应的若干个层级类目，并编制成一个有层级的、逐级展开的由大类、中类、小类等不同层次构成的分类体系。在线分类体系中，各层级所选用的标志可以不同，各个类目之间构成了并列或隶属关系。由一个类目直接分出的各个类目称为同位类，同位类的类目之间为并列关系，既不重复，又不交叉。而一个类目相对于由该类目直接划分出来的下一层级的类目而言，称为上位类，由上位类直接划分出来的下一层级的类目，相对于上位类来讲，称为下位类。上位类与下位类之间存在从属关系。如橡胶制品，使用线分类方法可将其按用途分为劳动保护橡胶制品、日用橡胶制品，而日用橡胶制品按用途又可划分为胶鞋、容器、工具等。这样胶鞋相对于日用橡胶品而言是下位类，而日用橡胶制品相对于胶鞋而言是上位类，日用橡胶制品与胶鞋之间属于隶属关系；胶鞋与容器彼此称为同位类，它们之间的关系是并列关系。

线分类方法是商品分类中常采用的方法，使用范围非常广泛。线分类法的优点颇多，主要是信息容量大，层次清楚，逻辑性强，符合传统应用的习惯，既适用于手工操作，又便于计算机处理。但线分类方法也存在弹性较差的缺点，一旦分类完成，其分类体系结构便不可再改动。因此采用线分类法编制商品分类体系时，必须预先留有足够的后备容量。

2. 面分类法

面分类法又称平行分类法，它是将拟分类的商品集合总体，根据其本身固有的属性或特征分成相互之间没有隶属关系的面，每个面都包含一组类目，将每个面中的一种类目与另一个面中的一种类目组合在一起，即组成一个复合类目。如玻璃器皿用面分类法按成型方法、用途和装饰方法分成三个没有任何隶属关系的面，每个面又分成若干个类目，如表 3-1 所示，使用时，将某个面中的一种类目与另一个面中的一种类目组合在一起便形成了一个复合类目，如吹制磨花装饰玻璃品。

表 3-1　玻璃器皿的面分类体系

成型方法	用　途	装饰方法
吹制品	容器	磨花
压制品	装饰品	喷花
自由制品	食器	雕花

面分类法具有结构弹性好，灵活方便，可以较大量地扩充，不必预先确定好最后的

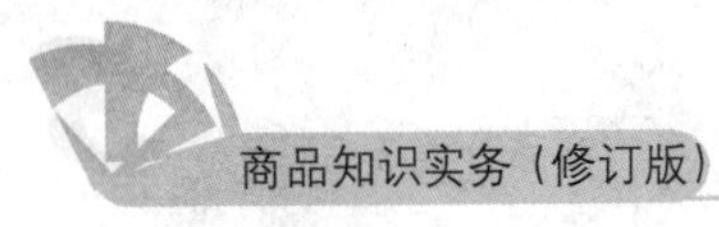

分组，适用于计算机处理等优点，但是面分类法的组配结构复杂，不便于手工处理，并且由于实际中因许多组合没有实际意义，因此而不能有效地充分利用，因此一般将面分类法作为线分类法的补充。

第二个问题：如何理解商品分类标志

商品分类标志的选择是商品分类的基础，是一项十分重要而细致的工作。商品分类可供选择的标志很多，商品的用途、原材料、生产加工方法、化学成分、使用状态等这些商品的本质属性和特征，是最常采用的分类标志。

一、商品分类标志的概念

商品分类是指用来表明商品特征，用以识别不同类别商品的记号，它是编制商品目录和商品分类体系的依据和基础，按照其适用性的不同可将商品分类标准划分为普遍适用的分类标准和局部适用的分类标准。普遍适用的分类标准是指所有的商品都具有的特征和功能等，它主要作为划分商品大类、中类、小类等高层类目的分类标志。如商品的产地、加工方法等即是普遍适用性分类标志。而局部适用的分类标志则是指只有部分的商品具有的特征，如商品的包装方式、储存方法等，这些特殊的分类标志的特征比较具体、容易区分，一般用做细目的划分标志。商品分类的标志很多，在一个分类体系中多采用多种不同的分类标志。通常来讲，将商品的用途、原材料、生产方法、化学成分、使用状态等这些商品最本质的属性和特征作为商品分类标志是比较常见的。

二、商品分类标志选择的原则

对商品进行分类过程中，可供选择的标志很多，正确选择分类标志是商品科学分类的基础，在选择分类标志时应遵守如下原则：

1. 目的性

分类标志的选择必须保证在此基础上建立起来的分类体系能够满足分类的目的和要求，否则将失去商品分类的实际意义。

2. 区分性

必须从本质上把不同类别的商品能明显地区分开来，保证分类清楚，并且同时保证分类后每个商品只能出现在一个类别里，不能重复出现在不同类目中。

3. 适应性

所选择的分类标志必须保证能划分规定范围内所有的商品，并为不断补充新商品留有余地。

4. 唯一性

商品分类体系内在同一类范围内只能采用一种分类标志，不能同时采用两种或多种分类标志；分类后的每个商品品种（或类组）只能出现在一个类别里。

5. 层次性或关联性

必须使商品分类建立在并列从属关系的基础上，使商品分类体系中的下一层级分类标志成为上一层级分类标志的合乎逻辑的继续和自然延伸，从而使体系内的不同类目间的并列、从属关系清楚明了。

6. 简便性

简便性即选择商品分类标志时，必须保证建立起的商品分类体系在实际运用中具有易行性，有利于采用数字编码和运用电子计算机进行处理。

三、常见的商品分类标志

1. 按商品用途分类

商品的用途是体现商品使用价值的标志，同时还是探讨商品质量的重要依据，所以按商品的用途分类，在实际工作中应用最广泛。它不仅适用于商品大类的划分，也适用于对商品种类、品种等的进一步详细分类。例如根据商品的基本用途，将商品分为生产资料与生活资料两大类；生活资料商品又按不同用途分为食品、衣着用品、家用电器、日用品等类别；在日用商品类中，可按用途分为鞋类、玩具类、洗涤用品、化妆品类等。在化妆品中，按用途还可以在分为皮肤用和毛发用化妆品。在此基础上还可以细分，如毛发用品可以分为清洁类、护发养发类、染发剂等。

以用途为标志的分类方法，便于对相同用途的商品质量进行分析比较；有利于消费者按用途选购商品；有利于商品生产者提高商品质量，开发商品新品种；有利于商业部门搞好商品的经营管理。但对于多用途的商品则不宜采用这种分类标志。

2. 按商品原材料分类

商品的原材料是决定商品质量和性能的重要因素，原材料的种类和质量不同，成分、性质、结构不同，使某种商品具有截然不同于其他商品的特征。选择以原材料为标志的分类方法是商品的重要分类方法之一。此种分类方法适用于那些原材料来源较多且对商品性能起决定作用的商品。例如，纺织品以原材料为标志分为棉织品、麻织品、丝织品、毛织品、化纤织品、混纺织品等；皮鞋以原料为标志分为牛皮鞋、猪皮鞋、羊皮鞋等。

以原料为标志分类的优点很多，它分类清楚，还能从本质上反映出各类商品的性能、特点，为确定销售、运输、储存条件提供了依据，有利于保证商品流通中的质量。但对那些用多种原材料组成的商品如汽车、电视机、洗衣机、电冰箱等不宜用原材料作为分类标志。

3. 按商品生产方法分类

很多商品，即使采用相同的原材料制造，由于生产方法和加工工艺不同，所形成商品的质量水平、性能、特征等都有明显差异。因此，对相同原材料可选用多种加工方法生产的商品，适宜以生产加工方法作为分类标志。如酒类按酿造方法可分为蒸馏酒、发酵酒、配制酒；茶叶按加工方法分为发酵茶、半发酵茶、不发酵茶等。对于那些虽然生产方法不同，但产品质量、特征不会产生实质性区别的商品，则不宜使用此种分类方法。

4. 按商品的主要成分或特殊成分分类

商品的许多性能、质量、用途往往由商品的成分决定，其中尤为重要的是组成商品的主要成分或特殊成分，因此，这种分类的标志可以通过商品的主要成分或特殊成分说明其主要性能和用途，如塑料制品可按其主要成分合成树脂的不同，分为聚乙烯塑料制品、聚氯乙烯塑料制品、聚苯乙烯塑料制品、聚丙烯塑料制品等；又如玻璃的主要成分是二氧化硅，但根据其中的一些特殊成分可分为钠玻璃、钾玻璃、铅玻璃、硅硼玻璃等。但对化学成分复杂的商品或化学成分不明显的商品，则不宜采用以主要成分或特殊成分作为分类标志。

5. 以其他特征为分类标志

除上述分类标志外，商品的形状、结构、尺寸、颜色、重量、产地、产季等均可作为商品分类的标志。如蜂蜜以花粉源作为分类标志；农产品中的种植业产品以收获季节或产地作为分类标志。这些分类标志更容易为消费者接受，其特点是概念清楚、形象直观、特征具体、通俗易记、便于区别。

第三个问题：如何理解商品目录与分类体系

一、商品目录

商品目录是商品分类的具体体现，是实现商品管理科学化、现代化的前提，也是商品生产、经营、管理、流通的重要手段。根据商品科学分类编制的商品目录是提高经济管理水平，实行国民经济信息的自动化管理的基础。

1. 商品目录的概念

商品目录又称为商品分类目录，是以特定方式系统记载相关商品集合总体类目、品种等方面信息的文件资料，是国家或相关部门根据商品分类的要求，对所经营管理的商品编制的总的明细分类集。商品目录是在商品逐级分类的基础上，用表格、符号和文字全面记录商品分类体系和排列顺序的书本式工具。从适用范围来看，商品目录可分为国际商品分类目录、国家商品分类目录、行业分类目录、企业商品分类目录；从其表现形式来看，商品目录是在商品分类和编码基础上用文字、表格等全面记录和反映相关商品集合总体综合信息的文件；按业务性质来看，商品目录又可分为外贸商品目录、内贸商品目录、海关统计商品目录等；从其内容结构来看，商品目录一般是商品名称、商品代码、商品分类体系三方面信息的有机组合。

2. 商品目录与商品分类的关系

商品分类是编制商品目录的基础和前提，在编制商品目录时，国家或部门都是按照一定的目的，首先将商品按一定的标志进行定组分类，再逐次制定和编排。也就是说，没有商品分类，就不可能有商品目录，只有在商品科学分类的基础上，才能编制层次分明、科学合理、系统标准的商品目录。商品分类与商品目录是相辅相成的，商品目录的编制，就是商品分类的具体体现，商品目录又是实现商品管理科学化、现代化的前提，是商品生产、经营、管理、流通的重要手段。

3. 商品目录的种类

商品目录的种类很多，依据不同的标准可以划分为不同的种类。按用途编制的商品目录分为生产资料商品目录和消费商品目录；按管理权限编制的商品目录分为一类商品目录、二类商品目录、三类商品目录；按商品的产销地区编制的目录可分为地区产品目录、进口商品目录、内销商品目录、出口商品目录；按适用范围编制的目录分为国际商品目录、国家商品目录、部门商品目录、地区及企业商品目录等。

（1）国际商品目录

国际商品目录是指各国际组织或集团制订的商品目录，是各国在进行对外贸易时应遵守的规则。如海关合作理事会编制的《海关合作理事会商品分类目录》和《商品分类和编码协调制度》、国际关税合作委员会编制的《商品、关税率分类目录》、联合国制定的《国际贸易标准分类目录》等。

（2）国家商品目录

国家商品目录是指由国家指定专门机构编制，是国民经济各部门、各地区进行计划、统计、财务、税收、物价、核算等工作时必须一致遵守的全国性统一商品目录。如经国务院批准，由原国家标准局颁布的国家商品目录，即《国家工农业产品（商品、物资）分类与代码》（GB7635-87）等。国家商品目录是国民经济统一核算和进行计划、统计、会计和业务工作的基础，为提高国家的经济管理水平和实现国家经济信息自动化管理创造了条件。

（3）部门商品目录

部门商品目录是指由行业主管部门（即国务院直属各部委或局）编制并发布的商品

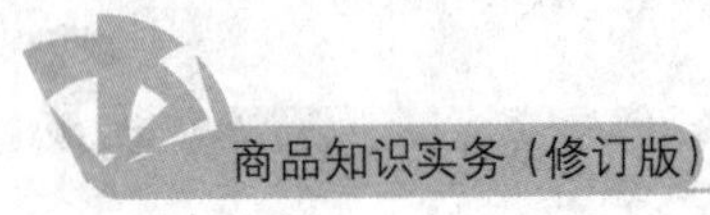

目录，仅在本行业、本部门统一使用，专业性强，适用于各专业部门。如粮食部门、商业部、纺织工业部所编制的商品目录。部门商品目录的编制原则是与国家商品目录保持一致。

（4）地区及企业商品目录

地区及企业商品目录是指地区或企业在兼顾国家和部门商品目录的基础上，为充分满足地区或企业的需要而编制的商品目录。此商品目录使用范围小，一般只限于本地区或本单位使用。一般而言，这种商品目录的类别相对要少而且品种划分更详细具体一些，以利于管理和经营的需要。如仓库保管商品目录，是为了适应保管的工作需要，对仓库保管的商品目录更加详细具体。

二、商品分类体系

在一次商品分类中，可将一个商品集合总体逐次划分为包括大类、中类、小类、品类在内的完整的、具有内在联系的类目系统。这个类目系统即为商品分类体系。商品分类体系是首先选择一个主要标志将商品分成大类，然后再按不同的标志依次地将商品划分为大类、中类、小类、细目等。而其中分类标志的选择和不同分类方法的应用是形成商品分类体系至关重要的环节。目前我国比较广泛采用的商品分类体系可概括为基本分类体系、应用分类体系、国家标准分类体系等三大体系。

1. 基本分类体系

基本分类体系是按商品的基本使用价值即商品的用途作为分类标志，将商品分为生活资料商品（供衣、食、住、穿等的商品）和生产资料商品（农业生产资料商品、工业生产资料商品）两类。当然，这种划分也是相对的，有的商品既是生产资料又是生活资料。基本分类体系对国家的生产积累和消费水平的宏观调控具有重要作用。

2. 应用分类体系

应用分类体系是以实用性为原则，为满足使用者的需要进行分类所形成的分类体系。这种分类体系是从处理商品方便的角度出发的，没有统一的分类标志，而是根据商品的某些共性加以分类，可以适应不同分类目的的需要，是一种实用性极强的分类体系。如按行业分工分类可分为农产品、林产品、水产品、畜产品等，按质量分类可分为优质产品、名牌产品和一般产品等，按加工程序分类可分为粗制品和精制品，按产地分类可分为进口产品、国内产品和地方产品等。

3. 国家标准分类体系

国家标准分类体系是为适应现代化经济管理的需要，以国家标准形式对商品进行科学、系统地分类编码所建立的商品分类体系。国家标准商品分类有利于实行商品分类编码的标准化，有助于建立现代化统一的商品信息系统，以便实现经济管理现代化，提高国家经济管理水平，便于进行国民经济计划统计及各项业务活动。1987 年我国颁布了国家标准《国家工农业产品（商品、物资）分类与代码》（GB7635-87），这是全国各部门、各地区必须一致遵守的商品分类与商品编码准则。该体系将我国生产的工农业产品、商品、物资划分为 99 个大类、1000 多个中类、7000 多个小类，总计 36 万多个品种。国家标准分类体系中各类目的划分及代码如下：

A．农、林、牧、渔业产品

01．农业产品

02．林业产品

03．人工饲养动物和捕猎的野生动物及其产品

04．渔业产品

05．观赏植物

06．其他农、林、牧、渔业产品

B．矿产品及竹、木采伐产品

07．煤、石油和天然气

08．黑色金属矿采选产品

09．有色金属矿采选产品

10．非金属矿采选产品

11．木、竹采伐产品

C．电力蒸汽供热量、煤气（天然气除外）和水

12．电力蒸汽供热量、煤气（天然气除外）和水

D．加工食品、饮料、烟草加工品、饲料

13．加工食品

14．饮料

15．烟草加工品

16．饲料

E．纺织品、针织品、服装及缝纫品、鞋帽、皮革、毛皮及其制品

18．纺织用纤维加工品

19．纺织品

20．针织品

21．服装及其他缝纫制品

22．鞋帽

23．皮革、毛皮及其制品

F．木材、竹、藤、棕、草制品及家具

24．木材、竹、藤、棕、草制品

25．家具

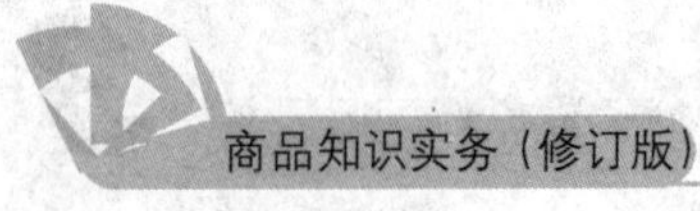

G．纸浆、纸和纸制品、印刷品、文教体育用品
- 26．纸浆、纸和纸制品
- 27．印刷品
- 28．文教体育用品

H．石油制品、焦炭及煤制品
- 29．石油制品
- 30．焦炭及煤制品

J．化工产品
- 31．无机化学品
- 32．化学肥料
- 33．化学农药
- 34．有机化学品及涂料、颜料、染料、催化剂、助剂、添加剂和黏合剂
- 35．高分子聚合物
- 36．信息用化学品
- 37．化学试剂
- 38．日用化工品
- 39．其他化工产品

K．医药
- 40．化学原料药
- 41．化学制剂药
- 42．中药材
- 43．中成药
- 44．畜用药
- 45．生物制品

L．橡胶制品和塑料制品
- 46．橡胶制品
- 47．塑料制品

M．建筑材料及其他非金属矿物制品
- 48．建筑材料及其他非金属矿物制品

N．黑色金属冶炼及其压延产品
- 49．钢铁冶炼产品
- 50．钢材
- 51．其他黑色金属冶炼及其压延产品

P．有色金属冶炼及其压延产品
- 52．有色金属冶炼产品
- 53．有色金属压延产品

Q．金属制品

55．金属结构及其构件

56．工具

57．金属丝及其制品

58．建筑用金属制品

59．搪瓷制品及日用金属制品

60．其他金属制品

R．普通机械

61．锅炉及原动机

62．金属加工机械

63．通用设备

64．铸锻件及通用零部件

65．工业专用设备

66．农、林、牧、渔业机械

67．建筑工程机械和钻探机械

68．医疗器械

69．其他机械产品

S．交通运输设备

72．铁路运输设备

73．公路运输设备

74．船舶及其辅机、飞行器

T．电器机械及器材

75．电机

76．输变电设备

77．电工器材

78．家用电器

79．其他电器装置和设备

U．电子产品及通信设备

80．雷达和无线电导航设备

81．通信设备

82．广播电视设备

83．电子计算机及其外部设备

84．电子元件

85．电子器件

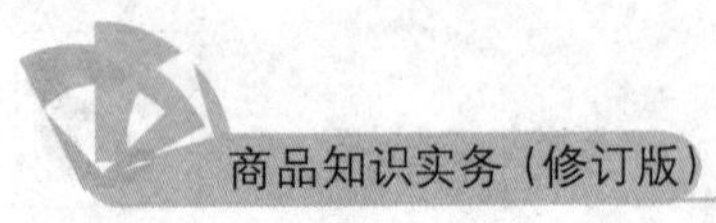

V．仪器仪表、计量标准器具及量具、衡器

87．仪器仪表

88．计量标准器具及量具、衡器

W．工艺美术品、古玩及珍藏品

90．工艺美术品

91．古玩及珍藏品

X．废旧物资

92．废旧物资

Z．其他产品（商品、物资）

99．其他产品（商品、物资）

此分类体系是采用层级分类法，将每个大类商品划分四个层次，每个层次可容纳99个类目。

第四个问题：如何进行商品编码

一、商品编码的概念

商品编码是指用一组有序的代表符号来标识分类体系中不同类目商品的过程，符号可以由数字、字母和特殊标记组成。商品中所使用的标识性的代表符号即商品代码。商品编码可以使多种多样的符号以便于记忆，有利于建立统一的商品分类代码系统，为建立统一的商品产、供、销和储运信息系统以及运用计算机网络进行物流、商流的现代化科学管理创造了条件。商品编码是在商品分类之后进行的，商品科学合理的分类是编码合理性的前提条件，而商品编码也会直接影响商品分类体系的实用价值。因此说商品编码是科学分类的一种手段，又是分类科学化的具体体现。

二、商品编码的原则

1．唯一性

唯一性原则是商品编码的基本原则，也是最重要的一项原则，它是指商品项目与其标识代码一一对应，即一个商品项目只有一个代码，一个代码只标识同一商品项目。基本特征相同的商品视为同一商品项目，基本特征不同的商品视为不同的商品项目。通常商品的基本特征包括商品名称、商标、种类、规格、数量、包装类型等。商品的基本特征一旦确定，永不改变，即使该商品停止生产、停止供应了，在一段时间内（有些国家规定为3年）也不得将该代码分配给其他商品项目。只要商品的一项基本特征发生变化，就必须分配一个不同的商品标识代码。例如，某个服装企业将商标、品种、款型、面料、颜色作为服装的五个基本特征项，那么只要这五个基本特征项中的一项发生变化，就必须分配不同的商品标识代码来标识商品。

2. 无含义性

无含义性是指代码数字本身及其位置不表示商品的任何特定信息。在 EAN 及 UPC 系统中，商品编码仅仅是一种识别商品的手段，而不是商品分类的手段。无含义使商品编码具有简单、灵活、可靠、充分利用代码容量、生命力强等优点，这种编码方法尤其适合于较大的商品系统。

3. 稳定性

稳定性原则是指商品标识代码一旦分配，只要商品的基本特征没有发生变化，就应保持不变。代码的频繁变动会造成人力、物力、财力的浪费。因此，在编码时，代码应考虑变化的最小可能性，保证编码体系的稳定性。同一商品项目，无论是长期连续生产还是间断式生产，都必须采用相同的标识代码。即使该商品项目停止生产，其标识代码应在一定时期之内不能用于其他商品项目上。另外，即便商品已不在供应链中流通，由于要保存历史纪录，需要在数据库中较长期地保留它的标识代码，因此，在重新启用商品标识代码时，还需要考虑此因素。

4. 简易性

代码应尽可能地简单明了，尽可能使代码的长度最短。这样可以简化商品编码的过程，方便手工处理，减少差错率，同时也减少计算机的处理时间和存储空间。

5. 可扩充性

在编码时必须在代码结构体系中留有足够的备用码，以便适应因新类目增加和旧类目删减的需要，使对分类和编码进行必要的补充和修订变为可能。

6. 自检性

代码必须具有检测差错的自身核对能力，以便适应计算机的处理。

7. 通用性和协调性

商品编码对各行各业都应该是通用的、共享的，不受地域、空间的限制，具有流通性，同时商品编码要同国家商品分类编码标准相一致，与国际通用的商品分类编码制度相协调，以便实现信息共享和信息的交流。

三、商品代码的种类及编码方法

进行商品分类的目的不同，所使用的商品代码也不相同。目前，商品代码主要有如

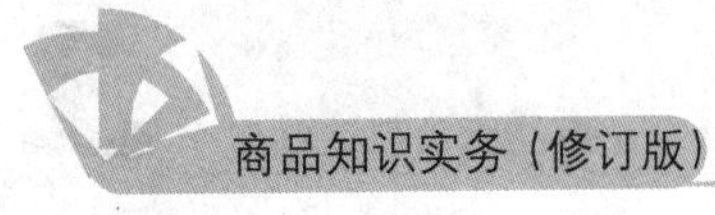

下几种：

1. 数字型代码

数字型代码是用一组阿拉伯数字编设的代码。结构简单、使用方便、易于推广、便于利用计算机进行处理是数字型代码的最大优点，这也是目前大多数国家广泛采用此种代码的原因所在。编制商品数字代码的方法有顺序码法、层次编码法、平行编码法和混合编码法四种。

（1）顺序编码法

按商品类目在分类体系中先后出现的次序，依次给以顺序代码，称为顺序编码法。通常为了满足信息处理的需要，多采用等长码，即每个代码标志的数列长度完全一致。顺序编码法比较简单，适用于容量不大的编码对象集合体。编码时，可以留有“空号”，以便随时增加类目。

（2）层次编码法

层次编码是按照商品类目在分类体系中的层级顺序，依次赋予相应的数字代码，代码的层次与分类层级相一致。这种编码方法常被用于线分类体系。由于分类对象是按层级归类的，所以在给类目赋予代码时，编码也是按层级依次进行，分成若干个层次，使每个分类的类目按分类层级，一一赋予代码。从左至右的代码，第一位代表第一层级类目，第二位代表第二层级类目，依此类推，因此代码的结构就反映了分类层级的逻辑关系。层次编码法的优点也就自然表现出来，此方法的逻辑性较强，层次鲜明，能准确地反映出分类编码对象的属性或特征及其相互关系，便于机器汇总数据。但是结构弹性较差、代码长度长也是层次编码法的最大缺点。以 1987 年我国颁布的《国家工农业产品（商品、物资）分类与代码》（GB7635-87）为例来进一步分析层次编码法，在这个分类与代码标准中提出的编码方法如下：

1）商品分类代码为层级结构，共分成四层（不包括门类），每层都用两位阿拉伯数字表示，每层代码一般都从 01 开始，按升序排列，最多编制至 99。为了便于使用，设置了门类，门类是用英文字母表示其顺序。

2）各层中数字为“99”的代码均表示收容类目。在同一层内又分成若干个区间，每个区间一般用末位数字为“9”的代码表示收容类目。

3）当第一、二、三层的类目不再继续细分时，在它们的代码后面需补 0，直至第八位，保证代码位数为 8 位。

4）为了增加或调整类目的需要，在每层都要留有适当的空码。

5）第三层可以设有开列区，其类目用 01～09 表示，并且设有开列区的类目在代码前需标注“*”。如果没有设立开列区，那么主分区的第三层类目的代码数字要从“10”开始编写。

（3）平行编码法

平行编码法一般用于面分类体系，是对每一个分类面都确定一定数量的码位，代码标志标识各组数字之间是并列平行关系。平行编码法的优点是编码结构有较好的弹性，能够比较简单地增加分类面数目，必要时还可更换个别的面，可用全部代码，也可用部分代码。而平行编码法的缺点是代码过长，不便于计算机管理。

平行编码法也可以用于线分类体系。对于同一线分类体系中同一层级的类目，可以用平行编码方法按顺序给出数字代码。

（4）混合编码法

混合编码法是层次编码法和平行编码法的合成，此方法是将分类对象的各种属性或特征分列出来之后，其中的某些属性或特征用层次编码法表示，而其余的属性或特征则用平行编码法表示。这种编码方法在实践中被经常使用，因为它吸取了层次编码法和平行编码法的优点，使用的效果更加理想。如 1987 年我国颁布的《全国工农业产品（商品、物资）分类与代码》（GB7635-87）就是采用的混合编码法，在同一级别中，采用平行编码法，而将不同级别的代码按相应的商品类目间的逻辑关系进行组配。

2. 字母型代码

字母型代码在商品分类编码中很少，它是用一个或若干个字母表示分类对象的代码。按字母顺序对商品进行分类编码时，一般用大写字母表示商品大类，用小写字母表示其他类目。字母型代码所采用的字母种类在各个国家有所不同，例如在中欧，主要用拉丁字母和希腊字母按其顺序为商品编制代码。字母型代码的最大优点是便于记忆，便于人们识别信息，但其不便于机器处理信息，特别是当分类对象数目较多时，常常会出现重复现象。因此字母型代码常常用于分类对象较少的情况。

3. 数字、字母混合型代码

混合型代码又称数字、字母混合型代码，是由数字和字母混合组成的代码。字母常用于标示商品产地和性质等特征，可放在数字前面或后面，用于辅助数字代码，如“H1226”代表浙江产的杭罗。这种代码兼有数字型代码、字母型代码的优点，结构紧密，具有良好的直观性，使用方便。但计算机输入不方便，录入效率低，错误率增高，不便于机器处理。因此，在商品分类编码中不经常使用这种混合型代码，少数国家在标准分类时采用混合代码。我国标准《全国工农业产品（商品、物资）分类代码》（GB7635-87）就主要采用的是此种代码。

第五个问题：如何理解商品条码

条码技术是随着计算机与信息技术的发展和应用而诞生的，它是集编码、印刷、识别、数据采集和处理于一身的新型技术。商品条码的诞生极大地方便了商品流通，现代社会已离不开商品条码。据统计，目前我国已有 50 万种产品使用了国际通用的商品条码。我国加入世贸组织后，企业在国际舞台上必将赢得更多的活动空间。要与国际惯例接轨，适应国际经贸的需要，使商品能够在全世界自由、广泛地流通，我们必须更加重视商品条码的使用。

一、商品条码的概念

商品条码是指由一组规则排列的条、空及其对应字符组成的标识，是一种用光电扫描阅读设备识读并实现数据输入计算机的特殊代码，是一种用以表示一定的商品信息的符号。其中条为深色、空为浅色，用于条码识读设备的扫描识读。其对应字符由一组阿拉伯数字组成，供人们直接识读或通过键盘向计算机输入数据使用。这一组条、空和相应的字符所表示的信息是相同的。它作为一种可印刷的计算机语言，以其特有的优点被广泛地应用于交通运输、仓储等领域，是迄今为止在自动识别技术中应用最为广泛经济的一种信息标识技术。通常，商品条码直接印刷在商品包装上，或者制成条码标签附在商品上，对于小批量产品来说，条码也可印在不干胶上张贴。在编制商品条码时应该按照国家标准《商品条码》（GB12904）的相关规定，在国家中心分配的厂商识别代码的基础上，以商品项目为单位选行编码，同时计算校验码，最终才可得出一个完整的商品条码。目前世界上常用的码制有 ENA 条码、UPC 条码、二五条码、交叉二五条码、库德巴条码、三九条码和 128 条码等，而商品上最常使用的就是 EAN 商品条码。

二、商品条码的产生与发展

条码技术始于 20 世纪中叶。20 世纪 50 年代，美国就有关于铁路车辆采用条码标识的报道，60 年代的美国已经开始将条码应用于食品零售业，而 20 世纪 70 年代以后，条码相继流行于北美、西欧等地。1973 年，美国统一代码委员会从多种条码方案中选定 IBM 公司提出的条码系统方案，并将其作为北美地区的通用产品代码（简称为 UPC 条码），应用于食品杂货类商品和超级市场中绝大多数商品的编码。1974 年，欧洲的 12 个国家——英国、原联邦德国、丹麦、挪威、比利时、法国、芬兰、意大利、奥地利、瑞士、荷兰、瑞典的制造商和销售代表决定成立欧洲条码系统筹备委员会，为统一欧洲的商品编码体系奠定了坚实的基础。在吸取 UPC 条码经验的基础上开发出了欧洲物品编码系统，简称 EAN 条码。1977 年 2 月，正式成立了欧洲物品编码协会（简称 EAN），并于 1981 年更名为国际物品编码协会（简称仍为 EAN）。EAN 的建立不但促进了条码技术在各个领域的应用，而且为实现全球统一的物品标识体系提供了根本保证。现在，条码技术已经被广泛应用于各行各业中，EAN 的会员已遍及世界 50 多个国家和区。目前，全世界约有 15 万家公司加入到 EAN 系统中，有 20 多万家商店安装了条码扫描销售管理系统，实现了商店的自动化管理。

我国条码技术的研究始于 20 世纪 70 年代，条码技术在 80 年代末开始在我国的图书管理、仓储等一些领域得到应用。1988 年中国物品编码中心正式成立，并在各地设立了分支机构，负责研究、推广条码技术，统一组织、协调管理我国的条码工作，并于 1991 年 4 月正式加入国际物品编码协会，为我国推广应用条码技术创造了有利的条件。

三、商品条码的优点

作为向计算机输入数据的一种特殊代码的条形码是迄今为止最经济、实用的一种自动识别技术。条码技术具有以下几个方面的优点：

1. 可靠、准确

通过扫描条码向计算机输入数据，其准确率比键盘输入高得多，有资料可查键盘输入平均每 3000 个字符产生一个错误，而条码输入平均每 300 万个字符产生一个错误。由此可见，条码的输入准确率是相当高的。

2. 数据的输入速度快

条码的输入速度非常快。键盘输入，一个每分钟打 90 个字的打字员 1.6 秒可输入 12 个字符或字符串，而使用条码，做同样的工作只需 0.3 秒，速度提高了 5 倍。

3. 经济实用

与其他自动化识别技术相比较，推广应用条码技术所需费用较低，并且条码识别装置的结构简单、易操作、可靠性高，无需专门训练。

4. 操作灵活

条码符号作为一种识别手段可以单独使用，也可以和有关设备组成识别系统实现自动化识别，还可和其他控制设备联系起来实现整个系统的自动化管理；同时，在没有自动识别设备时，也可实行手工键盘输入。

5. 易于制作

条码又称为“可印刷的计算机语言”，条码标签易于制作，对印刷技术设备和材料无特殊要求。

四、商品条码的编码原则

1. 唯一性原则

唯一性是指商品项目与其标识代码一一对应，即一个商品项目只分配一个唯一的代码，一个代码只标识同一商品项目。商品项目代码一旦确定，永不改变，即使该商品停止生产，停止供应了，在一段时间内也不得将该代码分配给其他商品项目。在商品条码系统中，商品及商品价格的差异，是靠不同的代码识别的。假如把两种不同价格的商品用同一代码标识，自动识别系统就把它们视为同一种商品，这样不是给顾客造成经济损失，就是给销售商带来经济损失，同时这样做的结果，还会导致销售商和制造商不能准确掌握商品销售信息，使商店自动化系统失去意义。如果同一商品项目有几个代码，自

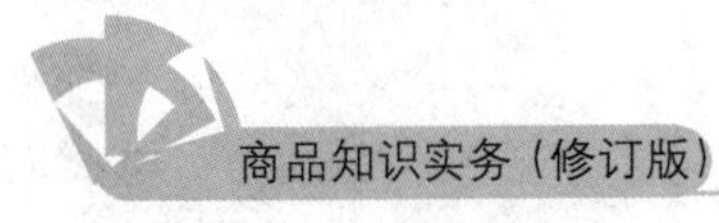

动识别系统将视其为几种不同的商品，这样不仅大大增加数据处理的工作量，而且会造成管理上的混乱。在我国，同一种商品往往由不同的厂家生产，确保相同商品必须有同一代码就显得格外重要。

为此，中国物品编码中心做出规定，凡是获准使用他人注册商标的商品，必须采用商标注册者拥有的厂商代码和商标注册者统一编定的商品项目代码。例如，很多省、市的粮油食品进出口公司经营的罐头食品，均获准使用中国粮油食品进出口公司注册的“长城”牌商标。这些罐头食品不论是哪个厂生产的，都必须使用中国粮油食品进出口公司的厂商代码（1009）和该公司编制的关于罐头食品的商品项目代码。当然这些厂家生产的使用自己注册商标的产品不在其内。唯一的商品项目代码与厂商代码和国别（地区）代码组配在一起（在 UPC 系统中，商品项目代码与厂商代码和编码系统字符组配使用），就可保证商品的代码标识在一个国家（地区）乃至世界范围内都是唯一的。唯一性是商品编码最重要、最基本的一条原则。

2. 无含义性

无含义代码是指代码数字本身及其位置不表示商品的任何特定信息。平常说的“流水号”就是一种无含义代码。在 EAN 及 UPC 系统中，商品编码仅仅是一种识别商品的手段，而不是商品分类的手段。无含义使商品编码具有简单、灵活、可靠、充分利用代码容量、生命力强等优点，这种编码方法尤其适合较大的商品系统。

与无含义代码相对应的是有含义代码，即代码数字本身及其位置能够表示商品特定信息的代码。由于不同种类商品的数量不均衡，而且很难预测新产品的种类与数量，这就给设计有含义代码带来困难。其结果可能是一些商品的代码容量留多了，造成浪费，另一些商品的代码容量留少了，只好占用给其他商品预留的代码。这样一来，有含义代码最终还是变成无含义代码。特别是当企业没有固定的编码人员时，由于对代码含义（例如商品分类）理解有所不同等原因，有含义代码很难长期保持下去。

当然，如果一个企业的产品种类不多，有固定的编码人员和严格的编码制度，有含义代码也是可以使用的，但不提倡。

五、商品条码的种类

商品条码起源于 20 世纪 40 年代，最先应用于商业领域。根据编码主体的不同，可将商品条码分为商店条码和厂商条码。我们一般所提及的商品条码主要是指厂商条码。

1. 厂商条码

厂商条码是指生产厂家在生产过程中直接印在商品包装上的条码，它们不包括价格信息。常用的厂商条码主要有国际通用商品条码（EAN 条码）和北美通用产品条码（UPC 条码）两种。

（1）EAN 商品条码

亦称通用商品条码，由国际物品编码协会制定，通用于世界各地，是目前国际上使用最广泛的一种商品条码。我国目前在国内推行使用的也是这种商品条码。EAN 商品条码分为 EAN-13（标准版）和 EAN-8（缩短版）两种。

1）EAN-13 通用商品条码。EAN-13 通用商品条码是由 13 位数字的字符代码组成，一般由前缀部分、制造厂商代码、商品代码和校验码组成（见图 3.2①）。商品条码中的前缀码是用来标识国家或地区的代码，赋码权在国际物品编码协会，如 00～09 代表美国、加拿大，45～49 代表日本，690～692 代表中国大陆，471 代表中国台湾地区，489 代表中国香港特别行政区。制造厂商代码表示生产的厂家、商店、公司或商品的代理商，其赋码权在各个国家或地区的物品编码组织，我国由国家物品编码中心赋予制造厂商代码。商品项目代码是用来标识商品的代码，表示商品的名称、规格等，其赋码权由产品生产企业自己行使，生产企业按照规定条件决定在自己的何种商品上使用哪些阿拉伯数字为商品项目代码。商品条码最后用 1 位校验码来校验商品条码中左起第 1～12 数字代码的正确性，用以提高数据的可靠性和校验数据输入的准确性。

图 3.2 EAN-13 码

商品条码的编码遵循唯一性原则，以保证商品条码在全世界范围内不重复，即一个商品项目只能有一个代码，或者说一个代码只能标识一种商品项目。不同规格、不同包装、不同品种、不同价格、不同颜色的商品只能使用不同的商品代码。

商品条码的标准尺寸是 37.29 毫米 × 26.26 毫米，放大倍率是 0.8～2.0。当印刷面积允许时，应选择 1.0 倍率以上的条码，以满足识读要求。放大倍数越小的条码，印刷精度要求越高，当印刷精度不能满足要求时，容易造成条码识读困难。

由于条码的识读是通过条码的条和空的颜色对比度来实现的，一般情况下，只要能够满足对比度的要求的颜色即可使用。通常采用浅色作空的颜色，如白色、橙色、黄色等，采用深色做条的颜色，如黑色、暗绿色、深棕色等。最好的颜色搭配是黑条白空。根据条码检测的实践经验，红色、金色、浅黄色不宜做条的颜色，透明、金色不能做空的颜色。

图 3.3 EAN-8 码

2）EAN-8 商品条码是指用于标识的数字代码为 8 位的商品条码，它是 EAN-13 条码的缩短版（见图 3.3②）。EAN-8 条码与 EAN-13 条码的前缀码相同，制造厂商代码和商品项目代码由 4 位或 5 位数字表示，最后一位数字表示校验符。EAN-8 条码与 EAN-13 条码的不同之处主要是减少了表示数据字符的条码字符数量，其主要应用于印刷空间不足的小包装商品，

① 图片引自 http://tupian.hudong.com。

② 同上。

如香烟。根据国际物品编码协会的有关规定，EAN-8 条码只有在 EAN-13 条码所占面积超过总印刷面积的 25%时才可使用。

（2）UPC 条码

UPC 条码是通用产品条码的简称，是由美国统一编码委员会编制的，广泛应用于美国和加拿大的商品流通领域，各国出口到美国、加拿大等北美国家的商品在包装上也必须使用 UPC 条码。UPC 条码有标准版和缩短版两种形式。

图 3.4　UCP-A 码

1）UPC 条码的标准版即 UPC-A 条码（见图 3.4[①]），是由条、空和下面对应的 12 位阿拉伯数字组成，其中第一位数字是编码系统字符，为前缀号，由美国统一代码委员会分配给每一个会员，用 0～9 表示，其中，0 表示规定数量包装的商品，2 表示不规则重量的商品，3 表示医药卫生商品，4 表示零售商专用，5 表示用信用卡销售的商品，7 表示专供申报的 UCC 会员专用，而 1、6、8、9 为备用码；中间 10 个数字是编码数字，其中前五位数字是厂商代码，用于标识商品生产厂家，由美国统一编码委员会分配和管理，后五位数字是商品标识代码，用于标识商品的属性或特征，由商品制造厂商根据美国统一编码委员会的规则自行编制和管理；最后一位数字是校验码，用于校验代码符号的正确性。

2）UPC 条码的缩短版即 UPC-E 条码，它是 UPC-A 条码的缩短版，是 UPC-A 条码系统字符为 0 时，通过一定规则压缩而得到的。UPC-E 条码由条、空以及下面对应的 8 位数字组成。在这 8 位数字 UPC-E 条码中，第一位是前缀码，最后一位是校验码，中间的六位数字是商品信息代码。UPC-E 条码的校验码的计算方法与 UPC-A 条码相同，但是首先必须将 UPC-E 条码还原为 UPC-A 条码的形式。UPC-E 条码的应用范围比较小，只有当商品小到无法印刷 UPC-A 条码的时候，才允许使用 UPC-E 条码，并且只有当 UCC 给企业分配的编码系统字符是“0”时，才可以使用 UPC-E 条码。

2. 商店条码

商品条码又可称为店内码，是在自动扫描商店内，为了方便对商品的自动扫描结算，商店对没有条码或条码不能识读的商品进行自行编制和印刷条码，并只限于在自己店内使用。例如，鲜肉、水果、蔬菜、乳酪、熟食品等商品是以随机重量销售的，这些商品的编码任务一般不由商品的生产者承担，而是由零售商完成的。零售商进货后，对商品进行包装，用专用设备对商品称重并同时自动编码、制成条码，然后将条码粘贴或悬挂

---

① 图片引自 http://tupian.hudong.com。

在商品包装上。这种专用设备取决于编码方法，所以设备制造商必须根据与零售商签订的协议生产设备。零售商编制的商品代码，只能用于商店内部的自动化管理系统。有些零售商为了实现商店的自动化管理，对按件数计价销售的商品不得不对本应由制造商编码的商品进行编码，这样的商品代码虽然也可以称为“店内码”，但已超出店内码的原来含义了。这种“店内码”的长度应从常规的商品代码长度中选取，例如，13 位、8 位或 12 位。表示“店内码”的条码也应按常规的印刷方法印制。

课后检测

1. 什么是商品分类？
2. 商品分类的方法有几种？其特点是什么？
3. 常用的商品分类标志有哪些？
4. 什么是商品条码？
5. 什么是 EAN 条码？其标准版的代码结构由哪些部分组成？

知识漫游

本章是对商品分类与编码有关理论知识的总体概述，主要介绍了商品分类的基本概念，分析了商品分类的作用，阐明了商品分类的基本原则，介绍了商品分类的主要方法、常用的几种分类标志以及商品目录种类。同时详细阐明商品代码的基本概念、种类以及我国的商品代码，简要分析了商品条码的作用，阐述了商品条码的种类及其应用。

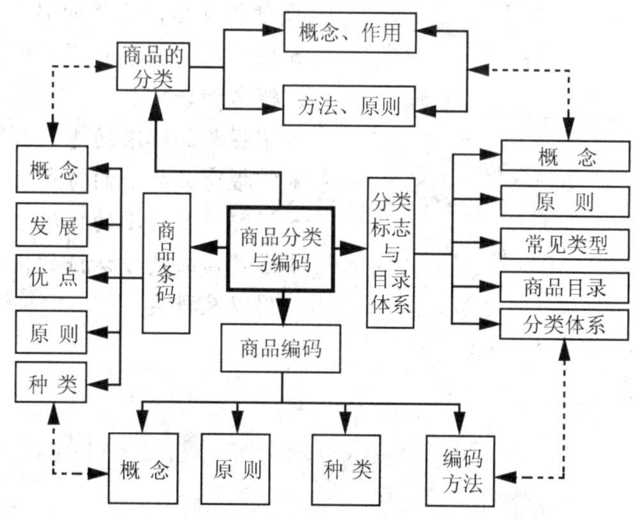

第4章

商品标准

学习目标

阅读本章后，你将能够：

- 理解商品标准和商品标准化的概念和含义。
- 掌握商品标准的基本内容。
- 掌握商品标准的特点和种类。
- 了解商品标准的作用。
- 了解商品质量认证的概念、作用以及种类。

“农残标准”戳伤茶叶出口

自从2007年欧盟以及日本、美国、澳大利亚等国实施新的农药残留限量标准后，我国多个茶叶出口大省的出口量迅速下降。海关最新统计，2007年前8个月，我国出口茶叶19.2万吨，比2006年同期下降1.8%，出口量在持续增长5年之后首次出现下降。

图4.1　这是什么茶？

海关最新统计数据表明，我国茶叶出口受阻的主要原因是国外不断增设的贸易壁垒，而农药残留问题则是“罪魁”（见图4.1[①]）。

从2007年1月起，欧盟开始实行更加严格的食品及饲料安全新规定，对茶叶农药残留的标准可以用“苛刻”二字来形容。新规定中，茶叶农药残留的检验项目从原先的193项增加到210项，210项以外的农药残留项目采用0.01毫克/千克的“默认标准”；茶叶中硫丹的限量从原来的30毫克/千克调整为0.01毫克/千克。欧盟新标准很快对我国茶叶出口产生作用，2007年1～4月，我国茶叶出口量8.49万吨，与2006年同期相比降幅较大，而产茶大省安徽更遭遇前所未有的打击，2007年1～4月，安徽省出口茶叶4637吨，价值691万美元，分别比2006年同期下降16.9%和5.3%。事情远不止于此，自从欧盟实施新的农药残留限量标准后，日本、美国、澳大利亚等国也纷纷以食品安全为由，仿效欧盟，提高茶叶农药残留的控制标准，增加对进口茶叶中非茶类杂物、重金属、放射性物质、黄曲霉素和微生物等项目的检验。5月29日，酝酿多时的日本“肯定列表制度”正式实施，将进口茶叶残留检测项目由71项增加到276项。受其影响，我国出口日本的茶叶量普遍下降。与此同时，日本“肯定列表制度”还调整了农残检测方法，用“全茶”检测法代替过去一直采用的“茶汤法”。检验检疫专家分析，两种检测方法数据相差至少10倍。该制度的实施，严重影响我国的茶叶出口，在实施后的6～8月，我国茶叶对日出口6635吨，降幅高达43.6%，在日本市场遭遇重挫。

低标准制约着我国茶叶的出口。随着全球茶叶市场对规模化、健康型、高附加值等方面的要求越来越高，欧盟、日本等国对我国茶叶的“设限”速度不断加快。近年来，发达国家在设置技术壁垒时最常用的“武器”，就是农药化学残留。我国茶叶屡屡被曝光农药残留问题，一方面，缺少“从土地到茶杯”的全方位、全过程的质量标准；另一方面，中国茶叶的产业化程度较低，对种植和养护过程中农药的使用难以进行有效监控。

2007年10月1日茶叶行业新的强制性国家标准正式实施。根据新国标，《食品中污染物限量》对2种污染物在茶叶中的含量做出限量规定，《食品中农药最大残留限量标准》对9种农药在茶叶中的含量做出限量规定。但是相比日本的标准，显然要低很多。

① 图片引自http://www.shm.com.cn。

目前，我国关于茶叶的农残和污染物检测项目只有十几项，即使算上农业部禁止使用的39种农药，我国现行有关茶叶的农残及污染物的限量项目也只有50多种，与欧盟的210项及日本的276项相比，差距甚大。主要原因是对种植和养护过程中农药的使用难以进行有效监控，而解决这一问题的关键是减少农业化学品的使用，走综合防治之路，同时应尽快与国际标准接轨。标准不统一，已经给我国茶产业造成被动。如农业部禁用的农药，在欧盟或日本并没有禁用；卫生部制定的部分茶叶卫生指标高于国外标准，它们随时会成为对方设置贸易壁垒的借口。而欧盟和日本在制定茶叶标准时，对本国广泛使用的农药检测值就放宽，对别国则相当严格。此外，我国的出口茶叶基地备案，在满足国家强制性技术规范的同时，还考虑到进口国的标准。所以，备案出口日本的茶叶，一般只能销往日本，如果出口欧盟，可能被检为不合格。专家认为，中国作为国际上主要的产茶国，应该就茶叶的国际标准发出自己的声音，尽快结束目前我国茶产业二元市场、双重标准的被动局面。

资料来源：http://cn.china.cn/content/0129448,88431,445_1469,1.html

请思考：

1．我国茶叶出口受挫的主要原因是什么？

2．面对茶叶出口遭遇绿色壁垒，应如何采取应对措施？

第一个问题：什么是商品标准

一、商品标准的概念

1．标准的概念及含义

1983年7月，国际标准化组织（International Organization for Standardization, ISO）发布的《ISO 第二号指南（第四版）》对标准下的定义为：由有关各方根据科学技术成就与先进经验，共同合作协商起草，并取得一致或基本上同意的技术规范和其他公开文件，其目的在于促进最佳的公众利益，并由标准化团体批准。

1983年，我国参照了ISO定义，结合我国实际情况，颁布的国家标准（《GB3935.1-83》）中，对标准定义为：标准是对重复性事物和概念所作的统一规定，它以科学、技术和实践经验的综合成果为基础，经有关方面协商一致，由主管机构批准，以特定形式发布，作为共同遵守的准则和依据。

我们可以从不同角度来定义标准，但是标准所表达的含义是基本一致的：

（1）标准制定的目的

制定标准的目的是为了在一定范围内获得最佳秩序，针对某类重复性的事物和概念做出统一规定，以促进最大社会效益。一定“范围”是依据标准对象来确定的，可以是组织、国家或区域等。

（2）标准有一套自己的格式和制定颁发程序

为了便于标准的应用和管理，保证标准的编写质量，标准必须有自己的一套规范的格式和办法程序。

（3）制定标准的对象具有重复性

重复性是指事物和概念的特征反复出现的特性。只有重复出现才有制定标准的必要，只有重复才能选择出最佳方案。

（4）标准以科学、技术和经验的综合成果为基础

标准是科学技术和实践经验的综合结果，它不但是人们不断总结实践中的经验的结果，又是新技术、新工艺、新材料等科学技术进步创新的结果。制定标准应注意两个方面的工作；一方面要利用分析、比较、选择、综合等方法，将科学研究和技术进步的新成果及先进经验纳入标准；另一方面是在消化成果和先进经验的过程中要体现各方成果的协调一致，标准的制定越民主，在标准执行中就越具有权威性。

（5）标准是协商一致的产物

标准是经过有关各利益方，如销售商、生产商、政府、消费者等共同协商一致，由主管机构或团体批准，最后以一定的形式发布的。协商一致的基础是获得最佳秩序、促进最大社会效益这一目标，绝对的一致是不可能的，但其制定过程的民主性，使标准在实施中不但能够统一、一致而且具有一定程度的灵活性。

2. 商品标准的概念

商品标准是标准的一个组成部分，是为保证商品的适用性，对商品必须达到的某些或全部要求所制定的标准。质量等级建立在商品标准化之上，没有标准，也就没有等级。

所谓商品标准是对商品质量以及与质量有关的各个方面（如商品的品名、规格、性能、用途、使用方法、检验方法、包装、运输、储存等）所做的统一技术规定，是评定、监督和维护商品质量的准则和依据。商品标准是科学技术和生产力发展水平的一种标志，它是社会生产力发展到一定程度的产物，又是推动生产力发展的一种手段。凡正式生产的各类商品，都应制订或符合相应的商品标准。商品标准由主管部门批准、发布，是一种技术法规，具有法律效力，同时，也具有政策性、科学性、先进性、民主性和权威性。它是贸易双方评价商品、洽谈业务、发生争执（或纠纷）时的依据，也是进行国际贸易中企业商品进入国际市场的通行证，同时也是国家政府部门对企业进行质量监督的依据。

但是，商品标准作为判断产品质量的唯一证据也存在不足之处，首先，多数顾客并无足够测试设施，故无法核查，即使有，其检验结果一般缺乏与专业生产厂提供的试验数据相抗衡的权威性；其次，仅凭各种检验手段，未必能揭示出由于生产设计与制造体系中存在缺陷而导致的质量隐患（往往要多年才发现）；再次，即使对生产过程作了检验，属于合格，但无法了解流通过程及售后服务等方面对产品质量产生的影响；最重要的是按技术标准检验，为说明问题，又必须抽取较多样本，这将耗费较大的经费而且有些是无法用仪器检验的，且难以制定标准。

二、商品标准的特点

1. 权威性和民主性

商品标准是由有关方面如生产企业、科研机构、政府等的代表，通过充分协商，认真研究，反复讨论，在对标准的实质性问题取得一致的基础上，共同做出的统一规定，它不是个别部门或少数人员的意见看法的反映，而是从全局利益出发经过共同协商一致而定出的，因此商品标准体现出民主性。当然商品标准一经发布，就是一种技术法规，在商品生产和流通过程中必须共同遵守，因此又体现出商品标准的权威性。

2. 科学性和先进性

商品标准是以科学技术和实践经验的综合成果为基础的。它将国内外的科研成果、新技术和实践中总结出的先进经验，通过综合分析、反复论证、概括而成为商品标准，并且此标准会随着科学技术的进步和实践经验的积累而不断修订完善，因此我们可以说商品标准标志着一个国家或地区的科学技术、生产技术和管理水平的高低。

3. 规范性

为了保证标准的编写质量，方便标准的管理和应用，商品标准的形成程序和形式都有一套特定的格式和审批、颁布程序。

4. 统一性

为了在一定范围内获得最佳秩序，需对不同级别的商品标准在不同的使用范围内统一，对不同类型的商品从不同的角度和不同的侧面进行统一。但统一并非绝对的，商品标准不限制新产品的出现和发展，相反，商品标准通过不断的修订和改进来促进商品的创新和发展。

三、商品标准的分类

商品标准分类方法多种多样，可以从不同角度进行分类：

1. 按标准的属性分为技术标准、管理标准、工作标准和基础标准

1）技术标准是对标准化领域中需要协调统一的技术事项所制定的标准，如产品标准、技术基础标准、方法标准、工艺标准等。产品标准是制造者组织生产、检验、交货验收和签订合同的技术依据，也是产品质量监督检查的依据，它是对产品的质量、结构等方面所做的技术规定；而方法标准是对各项技术活动的方法所制订的标准，它是实施产品标准和工作标准的手段，对工作效率的提高、先进方法的推行具有重要意义。

2）管理标准是对标准化领域中需要协调统一的管理事项所制定的标准。管理标准主要包括营销管理标准、能源管理标准、管理基础标准等。

3）工作标准是对标准化领域中需要协调统一的各类人员的工作所制定的标准。这

里所提及的工作主要是指在执行相应管理标准和技术标准时，与工作岗位和职责、工作内容要求与方法等有关的重复性事物和概念。工作标准主要有岗位工作标准、人员操作标准以及管理人员通用工作标准等。

4）基础标准主要是指具有广泛的普及范围或者包含一个特定领域的通用规定的标准，基础标准主要包括标准化工作基础标准，如标准化工作导则标准，和标准化与各学科公共基础标准，如测绘基础标准。

2. 按商品标准的表达形式可分为文件标准和实物标准

文件标准是指以文字（包括表格、图形等）的形式对商品质量所做的统一规定。绝大多数商品标准都是文件标准。文件标准在其开本、封面、格式、字体、字号等方面都有明确的规定，应符合《标准化工作导则标准出版印刷的规定》（GB1.2-81）的有关规定。

实物标准是指对某些难以用文字准确表达的质量要求（如色泽、气味、手感等），由标准化主管机构或指定部门用实物做成与文件标准规定的质量要求完全或部分相同的标准样品，作为文件标准的补充，同样是生产、检验等有关方面共同遵守的技术依据。例如，粮食、茶叶、羊毛、蚕茧等农副产品，都有分等级的实物标准。实物标准是文件标准的补充，实物标准要经常更新。

3. 按标准的约束程度不同可分为强制性标准和推荐性标准

强制性标准又称法规性标准，即一经批准发布，在其规定的范围内，有关方面都必须严格贯彻执行。国家对强制性标准的实施情况依法进行有效的监督，国家对违反强制性标准的行为将依法追究当事人的法律责任。根据国家质量技术监督局在 2000 年 3 月颁布并实施的《关于强制性标准实行条文强制的若干规定》，对强制性标准做出具体要求：

1）产品及产品生产、储运和使用中的安全、卫生、环境保护等技术要求。

2）工程建设的质量、安全、卫生、环境保护要求及国家需要控制的工程建设的其他要求。

3）防止欺骗、保护消费者利益的要求。

4）国家需要控制的重要产品的技术要求。

5）保障人体健康和人身、财产安全的要求。

6）污染物排放限量和环境质量的要求等。

强制性标准可以分为全文强制和条文强制两种，全文强制形式主要是指标准的全部内容需要强制，而条文强制形式是指标准中部分技术内容需要强制，一般在标准的前言第一段以黑体注明。

推荐性标准又称自愿性标准，是指自愿采用、不强制执行的标准，推荐性标准没有法律约束力，但一旦被强制性标准引用时便具有了约束力。如推荐性国家标准是指国家制定的标准，由各企业自愿采用，自愿认证，国家利用经济杠杆鼓励企业采用。实行市

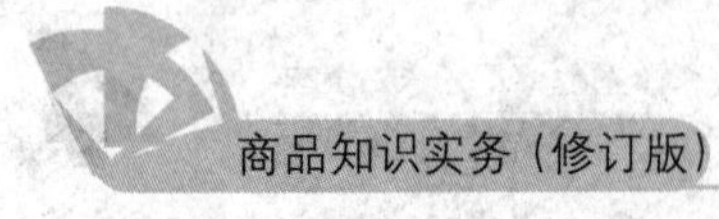

场经济体制的国家大多数实行推荐性标准。我国标准为了更好地适应商品经济的发展需要，从1985年开始也从单一的强制性标准调整为强制性标准与推荐性标准相结合。

4. 按标准的成熟程度不同可分为正式标准和试行标准

试行标准与正式标准具有同等效用，同样具有法律约束力。试行标准一般在试行2～3年后，经过讨论修订，再作为正式标准发布。现行标准绝大多数为正式标准。

5. 按商品标准的保密程度可以分为公开标准和内部标准

我国的绝大多数标准都是公开标准，少数涉及军事技术或尖端技术机密的标准，只准在国内或有关单位内部发行，这类标准称为内部标准。

四、商品标准的级别与代号

1. 我国商品标准的级别与代号

按照商品标准制定的部门、使用范围和审批权限等的不同，将商品标准分为国家标准、行业标准、地方标准和企业标准。

（1）国家标准

国家标准是指对需要在全国范围内统一的技术要求所制定的标准，是由国务院标准化行政主管部门编制计划，组织草拟，统一审批、编号和发布的。如影响国家经济、技术发展的重要工农业产品（如种子、化肥、农药，通用零部件、元器件、构配件、工具、计量器具以及有关安全要求的建筑材料等）的标准；可能危及人体健康和人身、财产安全的产品（如药品、食品、化妆品、易燃易爆品、锅炉压力容器等）的标准等。国家标准分为推荐性国家标准和强制性国家标准。

国家标准代号由大写汉字拼音字母构成，“GB”是强制性国家标准代号，“GB/T”是推荐性国家标准代号。

国家标准由国家标准代号、标准顺序号和发布的年号组成。其中，发布年号的表示方法是1996年以后发布的标准用四位数字表示，之前的用两位数字表示。

具体如下：

GB（/T）　××××× —— ××××

国家标准代号　标准顺序号　发布年号

例如，GB18168—2000表示2000年发布的第18168号强制性国家标准。又如，GB/T12113—1996表示1996年发布的第12113号推荐性国家标准。

（2）行业标准

行业标准是指对没有国家标准而又需要在全国某个行业范围内统一的技术要求所制定的标准。如行业的工艺规程标准，行业范围内通用的零配件标准，行业范围内通用的术语、符号、规则、方法等基础标准。行业标准分为强制性标准和推荐性标准，一般而言，药品行业标准，食品卫生行业标准，工程建设的质量、安全、卫生行业标准，行

业范围内需要控制的产品通用试验方法、检验方法和重要的营业产品行业标准等是属于强制性行业标准。

行业标准由国务院有关行政主管部门制定、审批和发布，并需要报国务院国家质量技术监督局备案。行业标准不得与国家有关法律、法规或国家标准相抵触，有关行业标准之间也应该保持协调、统一，不得有重复现象。在发布实施相应的国家标准之后，该项行业标准即行废止。

行业标准代号用汉字拼音大写字母表示。行业标准编号是由行业标准代号、标准顺序号和发布年号组成的，如表4-1所示。

表4-1 行业标准代号

序　号	行业标准名称	行业标准代号
1	农业	NY
2	水产	SC
3	水利	SL
4	林业	LY
5	轻工	QB
6	纺织	FZ
7	医药	YY
8	民政	MZ
9	教育	JY
10	烟草	YC
11	黑色冶金	YB
12	有色冶金	YS
13	石油天然气	SY
14	海洋石油天然气	SY
15	化工	HG
16	石油化工	SH
17	建材	JC
18	地质矿产	DZ
19	土地管理	TD
20	测绘	CH
21	机械	JB
22	汽车	QC
23	民用航空	MH
24	兵工民品	WJ
25	船舶	CB
26	航空	HB
27	航天	QJ
28	核工业	EJ
29	铁路运输	TB
30	交通	JT
31	劳动和劳动安全	LD
32	电子	SJ
33	通信	YD
34	广播电影电视	GY

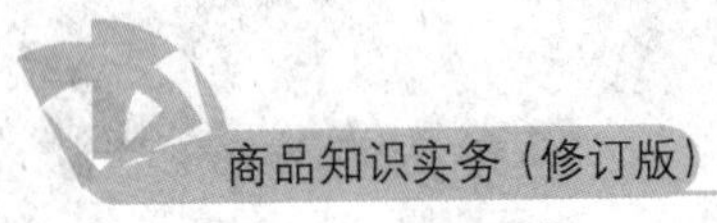

续表

序　　号	行业标准名称	行业标准代号
35	电力	DL
36	金融	JR
37	海洋	HY
38	档案	DA
39	商检	SN
40	文化	WH
41	体育	TY
42	商业	SB
43	物资管理	WB
44	环境保护	HJ
45	稀土	XB
46	城镇建设	CJ
47	建筑工业	JG
48	新闻出版	CY
49	煤炭	MT
50	卫生	WS
51	公共安全	GA
52	包装	BB
53	地震	DB
54	旅游	LB
55	气象	QX
56	外经贸	WM
57	邮政	YZ

（3）地方标准

地方标准是指没有国家标准或行业标准而又需要在省、自治区、直辖市范围内统一的工业产品的安全、卫生要求所制定的标准。如本地区特色产品、特需产品所制定的标准。

地方标准由各省、直辖市、自治区标准化行政主管部门制定、审批和发布，需报国家质量技术监督局和国务院有关行政主管部门备案。地方标准不得与上一级标准相抵触。在发布实施相应的国家标准和行业标准后，该项标准即行废止。

地方标准代号为“DB”，强制性地方标准代号为“DB”加上地区代码，推荐性地方标准代号为是“DB”加上地区代码/T。其编号方式为：（地方标准代号）（标准顺序号）—（发布年号）其中，地区代码为各省、自治区、直辖市行政区划代码的前两位数字，如 11 表示北京市，12 表示天津市，13 表示河北省，14 表示山西省等。例如，DB11/068—1996 表示 1996 年发布的第 068 号强制性北京地方标准。又如，DB34/T166—1996 表示 1996 年发布的第 166 号推荐性安徽省地方标准。

（4）企业标准

企业标准是指对企业生产的产品没有相应的国际标准和行业标准时所制定的标准。企业标准是在该企业范围内统一使用的标准，是企业组织生产、经营活动的依据。企业标准一经制定颁布，就对整个企业具有约束力，是企业法规性文件，没有强制性与推荐性之分。

企业的产品标准由企业组织制定、发布，并报当地政府标准化行政主管部门和有关行政主管部门备案。已有国家标准和行业标准的，国家鼓励企业制定严于国家标准或行业标准的企业标准，在企业内部使用，以提高产品质量水平，争优质、创名牌。严于国家标准或行业标准的企业标准可以不公开、不备案。企业标准不得与有关法律、法规或上一级标准相抵触。

企业标准代号由“Q”和斜线加企业代号组成。企业代号的规定又分两种情况：一是凡中央所属企业的企业代号，由国务院有关行政主管部门规定；二是各地方所属企业的企业代号，由所在省、自治区、直辖市政府标准化主管部门规定。企业代号可用汉语拼音或阿拉伯数字或两者间用表示。

企业标准的编号由企业标准代号、标准顺序号和标准发布的年号组成，具体形式为：

（企业标准代号）（即 Q/---）（标准顺序号）—（发布年号）

例如，Q/EGF024—1997 表示 1997 年发布的北京市某企业的第 024 号企业标准。

由省、自治区、直辖市发布的标准，还要在其企业标准代号“Q”前加上本省、自治区、直辖市的简称汉字，如“京 Q/---”、“皖 Q/---”等。

2. 国际商品标准

（1）国际标准

国际标准是指由国际上权威专业组织制定发布，并为世界上大多数国家承认和采用的标准。主要是指由国际标准化组织（ISO）和国际电工委员会（IEC）制定和发布的标准，以及经国际标准化组织确认并公布的其他国际组织制定的标准。如国际食品法典委员会（CAC）、国际计量局（BIPM）、国际无线电咨询委员会（CCIR）、世界卫生组织（WHO）等。国际标准的编号由标准代号、顺序号和发布年号组成。

国际标准对于促进国际贸易往来和科学、文化、技术的交流具有重大意义。国际标准都为推荐性标准，但由于其具有较高的权威性和科学性，因而越来越多地被世界各国所尊重和自愿采用。我国于 1978 年 9 月加入了国际标准化组织，为加强标准化的国际交流提供了条件，也为扩大我国标准的使用范围奠定了基础。截至 2000 年，在我国的 19278 项国家标准中，有 8387 项采用了国际标准和国外先进标准，采标率达 43.5%（等同采用 1795 项，占 9.3%；等效采用 2824 项，占 14.7%；非等效采用 3768 项，占 19.5%），其中采用 ISO 标准 4341 项，采用 IEC 标准 1818 项，采用其他标准 2453 项。行业标准、地方标准和企业标准也大量采用了国际标准和国外先进标准。一些高新技术和重点行业国家标准采用国际标准和国外先进标准比率已超过 60%。有近一半的重要产品按国际标准和国外先进标准组织生产，一些高档耐用品质量已达到国际水平，提高了国际贸易竞争力。

根据《采用国际标准产品标志管理办法（试行）》的规定，国家质量技术监督局从

1994 年开始在全国推行采用国际标准产品标志，截至 2000 年，全国累计完成采标标志 8162 项，这项工作引起了消费者的注意，并受到了企业的欢迎。一些申请采标标志的企业，已在产品上使用了采标标志。

（2）国际区域性标准

国际区域性标准也称国际地区性标准，它是由国际地区性（或国家集团性）标准化组织制定和发布的标准。这种国际地区性（或国家集团性）组织有的是由于地理原因，有的是由于政治经济原因而形成的，这些标准仅在这些地区（或国家集团）内发生作用。如欧洲标准化委员会制定、发布的标准，主要在西欧国家通行。

（3）国外先进标准

国外先进标准是指未经 ISO 确认并公布的其他国际组织的标准、发达国家的国家标准、国际上有权威性的区域性标准、区域性组织的标准和其他国家的某些先进标准。

五、商品标准的基本内容

根据《标准化工作导则》编写标准的一般规定，商品的文件标准由概述部分、技术内容部分和补充部分三部分组成。概述部分主要是概括地说明标准化的对象和内容、适用范围以及批准、发布、实施的时间等，包括封面、目录、标准名称、引言等内容；技术内容部分是整个标准化的核心，其对标准化对象的实质性内容作了具体规定。技术内容部分包括：名词术语、符号代号、产品品种规格、技术要求、试验方法、检验规则、标志、包装、运输、储存等内容；商品标准的补充部分是对标准条文所作的必要补充说明和提供使用的参考资料，包括附录和附加说明两部分。我国商品标准的基本内容包括以下几方面：

1. 说明标准的对象

在商品标准中，应该明确说明该标准适用的对象，包括生产制造该产品的原料、方法、产品的适用范围和用途等。

2. 规定商品质量的主要指标以及对商品类别的具体要求

这项内容是商品标准的最核心内容，主要包括商品的理化指标、感官指标和商品的技术要求。商品质量指标直接影响到商品的使用寿命、适用范围、安全卫生性以及外观等方面，而这些指标一经确定，将成为生产部门、商业部门准确评价商品质量的技术依据。

3. 规定检验规则

检验规则主要包括检验项目，抽样方法和用具、用量，样品的处理和封存方法，检验方法的选择，检验结果的评定等多项内容。

4. 规定试验的方法

主要包括试验原理、方法、试验所用仪器、设备种类及规格、试验所用试剂的种类及配制方法、试验的条件、准备工作和试验程序以及试验结果的计算、分析记录等。

5. 商品包装标志、运输和储存条件的规定

例如，国家标准中对我国小麦的包装、运输和储存的规定内容为小麦的包装、运输和储存必须符合保质、保量、运输安全和分等储存的要求，严防污染。

第二个问题：如何理解商品标准化

商品标准化的水平标志着一个国家或地区的现代化水平，现代化水平越高就越需要商品标准化。

一、商品标准化的概念

商品标准化是指在商品生产和流通的各个环节中制定、发布以及实施商品标准的活动。推行商品标准化的最终目的是达到标准统一，从而获得最佳市场秩序和社会效益。由此可见，商品标准化是一项系统的管理活动，不但专业技术水平要求高，而且政策性强、活动涉及面广。因此，建立一整套完善的标准化机构和管理体系，利用各方面力量，分工协作是顺利完成商品标准化的重要保证。

商品标准化的主要内容包括名词术语统一化、商品质量标准化、商品零部件通用化、商品品种规格系列化、商品质量管理与质量保证标准化、商品检验与评价方法标准化、商品分类编码标准化及商品包装、储运、养护标准化等。根据《中华人民共和国标准化法》的规定，国家质量技术监督局在各个领域组建了“全国专业标准化技术委员会”。至 1999 年，已成立了 258 个全国专业标准化技术委员会、420 多个分委员会，聘请 26500 多名各方面专家和管理人员为委员会委员。

二、商品标准化的作用

1. 标准化是提高商品质量和合理发展商品品种的技术保证

通过商品标准化，不但可以正确评价商品质量，淘汰低功能或多余的商品品种，形成最佳的品种构成，而且能够组合出更多的合理新品种，从而为全面提高商品质量、发展商品品种提供良好的技术保证。

2. 标准化是合理利用国家资源，保护环境和提高社会经济效益的有效手段

商品标准化产生的社会经济效果就是能够增产节约、保护环境，因此标准化是合理利用有效资源，提高社会经济效益的重要手段。

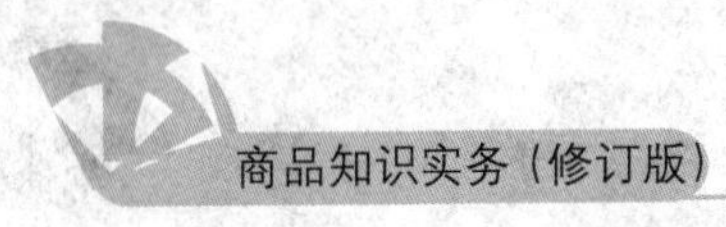

3. 标准化是组织现代化商品生产和发展专业化协作生产的前提条件

生产的高度社会化是现代化商品生产的主要特征，而随着社会化的大生产趋势的日益增强，专业化协作的深度和广度也日趋提高，社会分工越来越细，而对协作关系的要求也越来越密切，因此专业化高效率的设备和技术、管理上的协调一致也就成为普遍要求了，而商品标准化正是实现和发展专业化协作的有效手段。

4. 标准化是国际经济、技术交流的纽带和国际贸易的调节工具

为了有效促进国际经济的合作和技术交流，通过国际标准可以消除国际贸易中的技术壁垒，推进各国间的贸易往来和技术交流。

5. 标准化是实现现代化科学管理和全面质量管理的基础

商品标准为企业实现现代化科学管理和全面质量管理提供科学依据，企业质量管理具体体现在商品标准上，因此要进行全面质量管理，必须制定并推行商品标准化。

三、商品标准化的形式

标准化的形式是标准化内容的存在方式，历史上广为流行的标准化形式有简化、统一化、系列化、通用化、组合化和模块化。标准化的科学意义和经济价值都是通过这些生动的形式表现出来的。研究各种标准化的形式，不仅有利于在实际工作中根据不同的标准化任务来选择适宜的标准化形式，从而达到标准化的目标，同时还可以根据标准化的发展和社会的客观需要，及时创立新的标准化形式，推动商品标准化开辟新的途径。

1. 简化

简化是最早的标准化形式，又是标准化的一般形式或基本形式，标准化的其他形式都体现着简化的思想。简化着眼于精练。从古至今，人类一直在对事物的复杂性进行简化并用统一化建立共同遵循的秩序。简化在一定范围内缩减商品的类型数目，使之在既定时间内满足一定需要的商品标准化形式。简化一般是事后进行的，也就是商品多样化已经发展到一定规模以后，才对商品类型数目加以缩减。通过合理的简化不但可以去掉不必要的商品类型，随时淘汰低档功能商品品种，为新的类型出现多样化的合理发展扫清障碍，而且还可以有效控制商品品种、规格的盲目膨胀。

当然，简化并不是盲目的缩减，更不是消极的治乱。它不但能简化目前的复杂，同时还可以有效预防和控制将来不必要复杂性的产生。简化的理想结果应该是保证满足社会的一般性的需要。

2. 统一化

统一化是把同类商品两种以上的表现形式归并为一种或限定在一定范围内的商品

标准化的形式，其目的在于消除不必要的多样化造成的混乱，为人类的正常活动建立共同遵循的秩序。统一化是标准化最明显的体现，只有在一致的基础上才能互相理解与交流。统一有两类：一类是绝对统一，是没有灵活性的，如编码、计量单位；另一类是相对统一，是指在一定范围内的统一，允许一定的灵活性，如包装。

3. 系列化

系列化是标准化的最高形式，是指将同一事物的若干形态按最佳序列进行科学排列，形成品种系列，从而以尽可能少的形态（品种、规格等）满足尽可能多的需要。

系列化是在技术进步加快、商品过剩以及形成明显的买方市场的情况下产生的。系列化是企业优势的延伸策略，即以老产品为基础，开发出能更好地满足市场需求的派生、变型产品。它通过对同一类产品的分析研究，结合现有的生产技术条件，经过全面的技术经济比较，对商品的主要参数、尺寸、形式等做出合理的规划，以协调同类产品和配套产品之间的关系。

4. 通用化

通用化是指在相互独立的系统中，选择和确定具有功能互换或尺寸互换性的子系统或功能单元的标准化形式，它是以互换性为前提，因此又可以说通用性就是互换性。如，统一订书针、笔尖、轮胎、单车钢丝等。

在工业化时代，产品或零部件的通用化程度越高，其市场范围越广、生产量越大，制造成本就越低，维修也越经济。当通用化从企业内部延伸到企业之间，从一个行业拓展到另外的行业时，它就为更大范围内的统一化奠定了基础。

5. 组合化

组合化是通用化的进一步运用，它是按照标准化的原则，设计并制造出一系列通用性较强的单元（标准单元），根据需要组合成不同用途的商品的一种标准化形式，如组合机床、组合家具等。

组合化是企业“以少变求多变，以组合求创新”的开发策略，是通过可互换的标准单元组合为物体，这些单元又可重新拆装，组成具有新功能的新物体或新结构，而结构单元可多次重复利用，利用组合化的方法，可以有效地降低运输成本，提高生产效率等，在家具、仪表产品、工艺装备的设计制造等领域已经取得了明显的经济效益。

6. 模块化

模块化是指在系统的设计、计算和结构布局中，制定和使用尺寸协调的标准模数的活动。在这里模数是指在某种系统的设计、计算和布局中，普遍重复使用的一种基准尺寸，例如，造型、房屋设计、具有良好的尺寸拼加性的集装箱等。

模块化是 20 世纪中期发展起来的一种标准化形式。快速设计和快速生产的舰船武

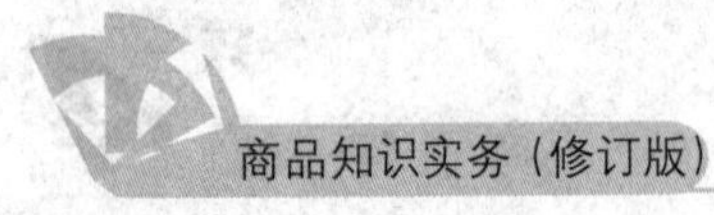

器系统、大型装备、航天器和电子设备等高度复杂的产品向传统的设计方式和生产模式提出了挑战，当设计、制造或研究、开发面对着过于庞大、复杂的系统时，通常处理和思考问题的方法已无能为力，人们就将把大系统分割成若干相对独立的部分，从而产生了模块化这一使问题易于解决的标准化方案。英国从 20 世纪 60 年代后期就应用模块化概念开发武器系统，美国首先出现了标准电子模块。随着复杂的大系统日渐增多，模块化也就成为了人们用来处理复杂问题的常用方法。模块化综合了以往标准化形式的特点，是一种解决复杂系统类型多样化、功能多变的一种标准化形式，有利于减少复杂性，具有创造多样性和多变性特点，是标准化的高级形式。模块是构成系统的、具有特定功能的、可兼容和互换的独立单元。模块既可构成系统，又是系统分解的产物，可以组成新系统（系统创新）乃至复杂的大系统，这是模块与一般零部件的重要区别。模块具有特定的、相对独立的功能，可以以商品的形式单独生产和销售，可以依据一定规则单独设计、运转、测试，这是模块化设计和模块化产品一系列优势的本源。模块的互换性和可兼容性是模块化操作或模块运筹组合的条件，它要求模块具有相互连接并传递信息和功能的接口及相应的结构，具备通用性和多种组合的可能性。

模块化是标准化的高级形式，但简化、统一化、通用化、系列化、组合化等形式在各自层面上仍然起着不同的作用，每个标准化过程都不可能只运用单一形式，而是多种形式的综合运用。

第三个问题：如何进行产品质量认证

为维护社会经济秩序，保护消费者权益，提高商品质量水平，必须加强对商品质量的监督和管理，而作为评价型的质量监督形式的质量认证是随着现代工业的发展，作为一种外部质量保证的手段逐步发展和完善起来的。

现代的第三方质量认证制度起始于英国，1903 年英国开始使用第一个质量认证标志——风筝标志（BS 标志），并于 1922 年按英国商标法注册，成为受法律保护的商品质量认证标志，至今在国际上仍享有较高的声誉。从 20 世纪 30 年代开始，商品质量认证得到了较快的发展，到了 50 年代，已普及到所有工业发达国家。70 年代发展中国家开始普及质量认证制度。从 70 年代起，质量认证开始跨越国界，建立起若干区域认证制度和国际认证制度，如欧洲电子元件认证制度、国际电工产品安全认证制度等。

一、产品质量认证概述

1. 产品质量认证的概念

产品质量认证也称产品认证，国际上称合格认证。根据 1991 年实施的《中华人民共和国产品质量认证管理条例》，产品质量认证是依据产品标准和相应技术要求，经认

证机构确认并通过颁发认证证书和认证标志来证明某一产品符合相应标准和相应技术要求的活动。ISO对产品质量认证的定义是：由可以充分信任的第三方证实某一产品或服务符合特定标准或其他技术规范的活动。

产品认证可以分为强制认证和自愿认证两种。一般来说，对有关人身安全、健康和其他法律法规有特殊规定者为强制性认证，即“以法制强制执行的认证制度”。其他产品实行自愿认证制度。我国的产品质量认证包括安全认证和合格认证两种。凡根据安全标准进行认证或只对商品标准中有关安全的项目进行认证的，称为安全认证。它是对商品在生产、储运、使用过程中是否具备保证人身安全与避免环境遭受危害等基本性能的认证，属于强制性认证。实行安全认证的产品，必须符合《中华人民共和国标准化法》中有关强制性标准的要求；合格认证是依据商品标准的要求，对商品的全部性能进行的综合性质量认证，一般属于自愿性认证。实行合格认证的产品，必须符合《中华人民共和国标准化法》规定的国家标准或者行业标准的要求。

产品质量认证概念包括以下几个要点：

1）质量认证的依据是标准。标准是对重复性事物和概念所作的统一规定。它以科学、技术和实践经验的综合成果为基础，经有关方面协商一致，由主管机构批准，以特定形式发布，作为共同遵守的准则和依据。由于它是发展生产、提高质量、促进贸易的衡量准则，自然成为质量认证的基础。

2）质量认证的对象是产品。按照国际标准化组织的规定，将产品分为两类，即有形产品（通常人们使用的产品或商品）和无形产品（包括工艺性作业，例如，电镀、热处理、焊接以及各类形式的服务）。

3）质量认证的批准方式是颁发认证证书和认证标志。

4）认证是贯彻标准和相应技术要求的一项质量监督活动。

5）认证活动是由认证机构领导并实施的。按照国际标准化组织的要求，认证机构必须具备不受第一方（生产方）和第二方（使用方）经济利益所支配的第三方公正地位，它和第一方、第二方都不存在经济上的利害关系和行政上的隶属关系。

2. 产品质量认证的意义

实行产品质量认证的目的是为了保证产品质量，提高产品信誉，保护用户和消费者的利益，促进国际贸易和发展国际质量认证合作。其意义具体表现在以下几方面：

（1）提高商品质量信誉和在国内外市场上的竞争力

企业将商品质量视为生命，商品在获得质量认证证书和认证标志并通过注册加以公布后，就会与非认证商品形成一道无形的分界线，凡是通过质量认证的商品，就可以在激烈的国内国际市场竞争中提高自己产品质量的可信度，有利于占领市场，提高企业经济效益。目前质量认证制度已被越来越多的国家所接受，各国之间通过签订认证合作协议，取得对方的认可和信任，因此通过国际权威认证机构认证的商品会得到世界各国的

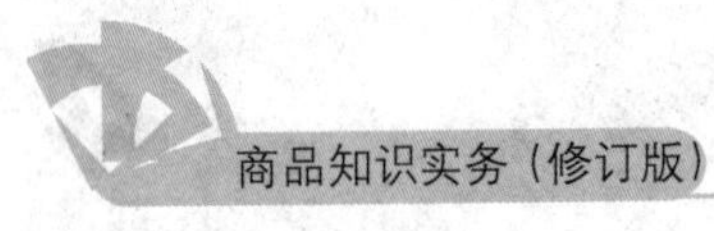

普遍认可，并可享受一定的优惠政策，大大增强了商品的国际竞争力。

（2）提高商品质量水平，全面推动经济发展

商品质量认证制度的实施，可以促进企业进行全面质量管理，并及时解决在认证检查中发现的质量问题，同时可以促进国家对商品质量进行有效的监督和管理，促进商品质量水平不断提高。

（3）还可以减少重复检验和评定的费用

在供需频繁交易中，都会重复地做产品检验和质量保证能力的检查，而这些重复的查验都会造成一定的费用，这无疑对企业，对整个社会都是巨大的损失。而通过产品质量认证就可以有效避免烦琐查验，大大提高交易的效率。

（4）提供商品信息，指导消费，保护消费者利益，提高社会效益

消费者购买商品时，可以从认证注册公告或从商品及其包装上的认证标志中获得可靠的质量信息，经过比较和挑选，购买到满意的商品。

3. 产品质量认证的依据

产品质量认证的依据是指认证检验机构对产品质量进行检验、评定所依据的标准和相应的技术要求。由于我国的标准体系中有国家标准、行业标准、地方标准、企业标准，不同产品有不同的特性要求，所以认证机构在开展产品质量认证工作时，主要有以下几类依据：

1）对于一般产品开展质量认证，应以具有国际水平的国家标准或行业标准为依据。对于现行国家标准或行业标准内容不能满足认证需要的，应当由认证机构组织制定补充技术要求。根据产品质量第十四条第二款规定：国家参照国际先进的产品标准和技术要求，推行产品质量认证制度，这一规定的目的是为了体现出认证的水平和层次。

2）对于我国名、特、优产品开展产品质量认证，应当以经国家质量技术监督局确认的标准和技术要求作为认证依据。

3）对于经过国家质量技术监督局批准加入了相应国际认证组织的认证机构，例如电子元器件认证委员会、电工产品认证委员会进行产品质量认证，应采用国际认证组织已经公布的、并已转变为我国的国家标准或行业标准为依据。

4）对于我国已与国外有关认证机构签订双边或多边合作协议的产品，应按照合作协议规定采用的标准开展产品质量认证工作。

4. 产品质量认证的方式

产品认证的方式多种多样，主要有以下几种：

（1）型式试验

型式试验是指按规定的试验方法对产品的样品进行试验，用来证明样品是否满足标准或技术规范的全部要求。型式试验所需样品的数量是由认证机构确定，取样一般选择随机抽样法，在经过认可的独立检验机构进行检验。型式试验是新产品定型鉴定的必要

程序，也是产品质量认证不可缺少的要素。

（2）型式试验加供方抽样检验

此形式与第一种相似，只是要经过供方的抽样检查。

（3）型式试验加市场抽样检验

这是一种带有监督性质的型式试验，监督的办法是从市场或商品仓库中抽取样品进行检验，目的是验证产品质量的稳定性。

（4）型式试验加市场抽样检验和供方抽样检验

这种认证形式是第二种和第三种形式的结合利用，从而强化了监督力度，保证认证的产品能够持续符合标准要求。

（5）型式试验加对供方质量管理体系的评估

这种认证形式的最大特点是在批准认证的条件中，不但要求对产品进行型式试验，同时还要求对供方质量管理体系的评估，评估检查的目的是证明该企业在管理上和技术上是否有能力持续生产符合标准的产品，相应的检查人员是由认证机构委派的具有较多质量管理知识和实践经验的人员。

（6）批量检验

批量检验是指对某批产品进行的抽样检查。这种检验形式由于存在随机性，所以一般情况下只在供需双方协商同意时才可有效执行。

（7）百分之百检验

这种检验形式是指对每一种产品都要依据标准，由认可的独立检验机构进行全数检验。一般情况下，此种认证形式的工作量大、费用高、破坏力强、检验的时间较长，因此只有极少数的与人身健康密切相关的产品才可实施这种方式的认证。

二、质量认证机构

不同的国家实施质量认证的机构有所不同，有的是政府部门设立的专门机构，也有的是政府授权的民间机构，由其代表政府全权负责质量认证工作，一般来说，质量认证机构包括认证管理机构、认证检验机构和认证审核机构。

就我国而言，是由国务院产品质量监督部门统一管理全国商品质量认证工作，国家质量技术监督部门直接设立认证机构或者授权其他行政主管部门设立的行业认证委员会，负责认证的具体实施。具有第三方地位的检验机构经国家质量监督局审查认可后，承担质量认证的检验任务。认证委员会由国家质量监督检验检疫总局直接设立，如中国方圆认证委员会，以及国家质量监督检验检疫总局授权国务院有关行政主管部门设立的行业认证委员会。各行业认证委员会分别管理本行业内商品的质量认证，并将批准的认证向国家质量技术监督局备案。认证委员会由商品的生产、销售、使用、科研、质量监督等有关部门的专家组成，具体的职责是：提出可以开展认证的产品目录方案；制定实施认证的具体办法；确认用于认证的国家标准或行业标准；推荐承担认证检验任务的机构；受理认证申请；组织对申请认证的企业的质量体系进行审查；批准认证，颁发认证证书，并向国务院标准化行政部门备案；处理认证纠纷；负责对获准认证的产品及其生产企业进行监督检查；依法撤销认证证书。

三、办理质量认证的条件和程序

1. 办理产品质量认证的条件

按《中华人民共和国产品质量认证管理条例实施办法》的规定，中国企业、外国企业均可提出认证申请。提出申请的企业应当具备以下条件：

1）产品符合国家标准或者行业标准要求及其补充的技术要求，或者符合国务院标准化行政主管部门确认的标准。

2）产品质量稳定，能正常批量生产。

3）生产企业的质量体系符合国家质量管理和质量保证标准及补充要求。

2. 产品质量认证的程序

1）企业提出认证。中国企业向认证委员会提出书面申请，外国企业或者代销商向国务院标准化行政主管部门或者其指定的认证委员会提出书面申请。申请认证的企业要填写认证机构提供的专用申请表格，确定所申请认证的具体产品或产品系列，认证机构确认申请并收到保证金后，需要时可要求企业提供认证所需的有关资料。

2）认证委员会通知承担认证检验任务的检验机构对产品进行检验。

3）认证委员会对申请认证的生产企业的质量体系进行审查。审查主要是检查、评定企业的质量保证体系是否具有持续稳定生产符合标准要求的产品的能力。经审核合格后，由认证机构委托符合法定条件的检查机构对申请的产品按照认证办法的相关规定抽取样品，按适用的标准和认证办法的具体规则进行型式试验，如果初次测试的是试制样品，还应该在恰当时间对生产样品进行确认验证。

4）颁发证书。当完全满足规定要求时，认证委员会对认证合格的产品，颁发认证证书，并准许使用认证标志。对于经过审查不满足规定要求的，应该将不合格项通知申请者，如果企业在规定期限内采取补救措施，经过复查合格后可颁发认证证书，但经过复查仍然达不到要求的，则申请被取消。

5）发证后的监督。发证后的监督工作可以由原发证的认证机构负责，也可以委托具有资格的代理机构实施监督工作。认证机构对产品和质量体系进行的定期或不定期的监督检查和检验。当监督的结果不符合要求时，认证机构有权撤销证书或暂停使用证书和标志。

6）纠纷和申诉。在发生认证纠纷时，企业有权按照认证机构规定的申诉程序进行申诉。

四、产品质量认证证书和认证标志

产品质量认证证书是证明产品质量符合认证要求和许可产品使用认证标志的法定证明文件。认证委员会负责对符合认证要求的申请人颁发认证证书，并准许其使用认证标志。认证证书由国务院标准化行政主管部门组织印刷并统一规定编号。证书持有者可将标志标示在产品、产品铭牌、包装物、产品使用说明书、合格证上。使用标志时，须在标志上方或下方标出认证委员会代码、证书编号、认证依据的标准编号。对于因认证产品的质量严重下降或者生产该产品的企业的质量体系达不到认证时所具备的条件，给用户或者消费者造成损害的，经监督检查，发现获准认证的产品不合格，属生产企业责任的由颁发认证证书的认证委员会撤销认证证书。经过认证的产品出厂销售，不符合认证要求时，生产企业应当负责包修、包换、包退；给用户或者消费者造成损害的，生产企业应当依法承担赔偿责任。

产品质量认证标志是认证机构为证明产品符合认证标准和技术要求而设计、发布的一种专用质量标志。产品上带有认证标志，不仅可以把准确可靠的质量信息传递给用户和消费者，对企业而言，还起到质量信誉证的作用，表明该产品经过公正的第三方证明，符合规定标准。带有认证标志产品的生产企业要接受认证机构的监督复查，确保出厂的认证产品持续稳定符合规定标准要求，这样就可以起到维护消费者利益、保证消费者安全的作用。产品质量认证标志在使用时，需要在标志图案正下方标示出证书编号、认证委员会代码以及认证依据的标准编号。

产品质量认证标志分为方圆标志、长城标志、PRC 标志。方圆标志分为合格认证标志和安全认证标志两种。方圆标志用于没有行业认证委员会的商品的合格认证或安全认证。长城标志为电工产品专用安全认证标志。长城标志的颜色及其印制是遵守国务院标准化行政主管部门和中国电工产品认证委员会有关认证标志管理办法的规定。PRC 标志为电子元器件专用合格认证标志。其颜色及其印制应当遵守国务院标准化行政主管部门和中国电子元器件认证委员会关于认证标志管理办法的规定。

近年来，环境问题在全球普遍得到重视，各国相继制定出环境标志，用于证明产品从原材料的开发利用到废弃、回收的整个过程都符合一定的环境保护要求，对生态环境无害或污染较少，并有利于资源的再生和回收。为了合理保护环境，各国普遍限制无环境标志的商品进口，以保护本国的利益。我国的环境标志见图 4.2。

图 4.2　我国的环境标志

按《中华人民共和国产品质量认证管理条例》规定，已经授予认证证书的产品不符合认证时采用的标准而使

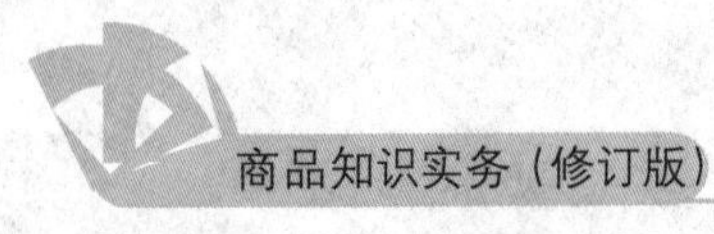

用认证标志出厂销售的、产品未经认证或者认证不合格而使用认证标志出厂销售的、转让认证标志的，由标准化行政主管部门责令停止销售，并处以罚款。

一般情况下，产品质量认证标志不是必须标注的产品标识。即使是生产者获得了产品质量认证，也可以不使用。但是，对于国家法律、行政法规和质量技术监督部门会同国务院有关部门制定的规章规定的实施安全认证强制性监督管理的产品，比如电视机、电冰箱等电工产品，必须取得电工产品安全认证，并在产品上加贴安全认证标志。按照《中华人民共和国产品质量认证管理条例实施办法》的规定，根据产品的特点，产品质量认证证书的有效期为 3 年、4 年或 5 年，经认证合格的产品，方可使用产品质量认证标志。因此，获得产品认证标的企业，有权在产品质量认证合格有效期内，在获得认证的产品上使用产品质量认证标志。超过有效期或者未获得认证的产品上，不得使用产品质量认证标志。图 4.3 为我国部分产品质量认证机构的认证标志。

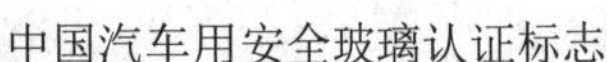

中国汽车用安全玻璃认证标志

中国玩具产品认证标志

中国药品品种 GMP 认证标志

图 4.3　部分产品质量认证标志

课后检测

1．什么是商品标准？
2．什么是商品标准化？商品标准化的作用是什么？
3．我国商品标准是如何分级的？各级的使用范围有何不同？
4．产品质量认证的标志有哪些？
5．什么是产品质量认证？产品质量认证的条件、程序是什么？

知识漫游

本章主要介绍了商品标准的概念和含义、商品标准的作用以及商品标准的分类与分级，阐述了商品标准化的概念、作用和意义，简要介绍了国际商品标准以及我国实施国际标准化的情况。最后介绍了质量认证的基本知识和产品质量认证的有关标志。

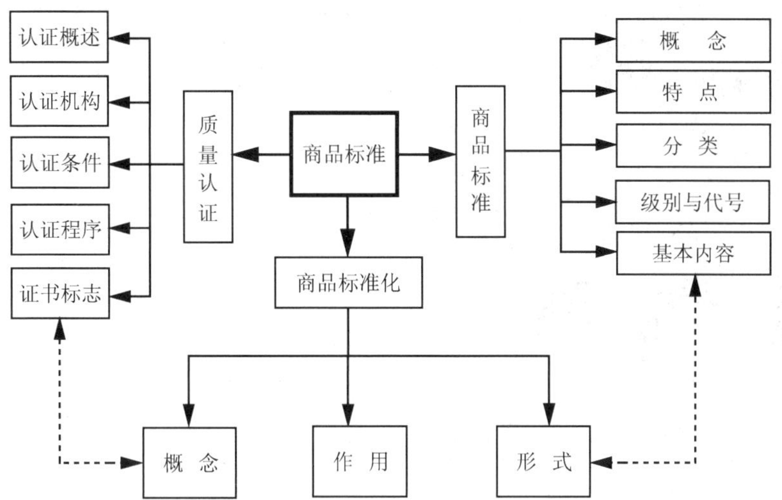
认证概述
认证机构
认证条件
认证程序
证书标志
质量认证
商品标准
商品标准
概念
特点
分类
级别与代号
基本内容
商品标准化
概念
作用
形式

第5章

商品检验与养护

学习目标

阅读本章后，你将能够：

- 理解商品检验、商品抽样和商品养护的概念。
- 理解商品质量的监督管理内容与法规。
- 熟练掌握商品检验、商品抽样的基本方法。
- 掌握商品储运中的质量变化和影响因素。
- 掌握储运商品的养护方法。

案例导入

欲速则不达：水果后熟却盲目“催熟”

台山市某镇某果农至今还是心有余悸。他为了使自己的柑橘提前上市卖个好价钱，盲目使用了陕西一厂家生产的“增色防裂剂”（标示有“提前成熟”作用）用来催熟，结果造成了橘树大量落叶落果，损失较大。果树催熟到底有哪些方法？应该注意哪些环节？

图 5.1　水果浑身“药”，到底谁来管？①

水果催熟分采前和采后催熟，当前采前催熟还没有很完备的技术，因此主要使用采后催熟的方法。该法主要在香蕉、芒果等后熟水果中广泛运用。具体做法是在这类水果成熟前半个月内采摘，然后利用适当浓度的乙烯利溶液对其进行浸泡，再将处理后的水果置于密封的环境下，保持一定的温度和湿度，通过乙烯利释放的乙烯（具有催熟作用）加速水果成熟，几乎不会影响产品品质。

据了解，乙烯除了具有催熟作用之外，还会造成一定的落叶落果，催熟过程同时也就是加速其老化的过程，因此，如果直接对挂果的树体施用乙烯利，若使用量控制不当，将会使果树出现严重的落叶落果现象。

柑橘类水果应慎用催熟剂。据介绍，不同的果树对乙烯利的敏感度不同，其中，如沙糖橘、贡柑等宽皮类柑橘对乙烯利比较敏感，5ppm 浓度就会造成严重的落花落果。对柑橘类这种不具有后熟作用的水果而言，采摘后果品、果味便已确定。所谓催熟作用充其量只是“褪绿”而已，过早采摘进行催熟处理，就会造成“色熟肉不熟”的结果，即水果表面颜色看起来成熟了，但果肉并没成熟，果味不佳、营养不全。结果影响了品质，只有好颜色也是徒劳，卖不了好价钱。

资料来源：http://spzx.foodsl.com/show_79153.htm

请思考：

1．什么是后熟？

① 图片转引自 http://news.xinhuanet.com/politics/2011-05/20/c_121437727.htm。

2．后熟对水果的品质有什么样的影响？

3．还有哪些后熟水果？

第一个问题：如何理解商品检验

一、商品检验的概念

商品检验是指商品的卖方、买方或者第三方在一定条件下，借助于某种手段和方法，按照合同、标准或国家的有关法律、法规、惯例，对商品的质量、规格、数量以及包装等方面进行检查，并做出合格与否或通过验收与否的判定，或为维护买卖双方合法权益，避免或解决各种风险损失和责任划分的争议，便于商品交接结算而出具各种有关证书的业务活动。通常我们所说的商品检验是指其狭义概念，专指商品质量检验，即根据商品标准规定的各项指标，运用一定的检验方法和技术，综合评定商品质量优劣，确定商品品级的活动。从这个概念中，我们可以看出商品检验的目的是运用科学的检验技术和方法，正确地评定商品质量。

二、商品检验的作用

商品检验是商品质量监督和认证的一项基础工作，是商品生产和流通中不可缺少的一个重要环节，它对于确保商品质量，维护产、供、销三方的正当利益，都有重要意义。生产企业通过对生产各环节的商品质量检验来保证产品质量，促进产品质量不断提高；商品流通部门在流通各环节进行商品检验，及时防止假冒伪劣商品进入流通领域，以减少经济损失，维护消费者利益；质量监督部门通过商品检验，实施商品质量监督，向社会传递准确的商品质量信息，促进我国市场经济的发展。

三、商品检验的类型

根据不同的目的，商品检验有多种分类，在这里介绍两种分类方法。

1．按检验数量的不同分类

按检验数量的不同，将待检产品分为抽样检验、全数检验和免于检验。

1）抽样检验是根据预先确定的抽样方案，从受检产品中随机抽取少量单位产品组成样本，再根据对样本中单位产品逐一测试的结果，与标准或合同规定比较，最后从样本质量状况统计推断整批产品质量状况的检验方法。抽样检验适用于批量大、质量要求不高和价值低、检验项目多的产品。它具有占用人力、物力和时间少的优点，具有一定的科学性和准确性，是比较经济的检验方式。检验结果相对于整批商品实际质量水平，会有一定误差。但通过做好科学的抽样，进行合理控制，能够得到理想的抽样效果，因此得到了广泛的应用与推广。

2）全数检验是对受检产品中的所有单位产品逐个地进行检验。这种方法可提供较多的质量信息，给人以心理的安全感，但这种方法存在耗时长、成本高等不足，所以适用于批量小、质量特征单一、精密、贵重、重型的关键产品，而且对时间要求比较宽松的产品，不适用于批量大、价廉、质量特性复杂、需要进行破坏性检验的产品。

3）免于检验是对商品质量保证体系良好、质量控制完备、成品质量长期稳定的生产企业所生产的产品，在企业自检合格后，商业企业或进出口公司可以直接收货，免于检验。我国进出口商品免检办法中规定，对于法定检验的进出口商品，凡具备下列情况之一者，申请人可以申请免检：在国际上获得质量奖未超过 3 年时间的商品；经国家商检部门认可的国际有关组织实施质量认证，并经商检机构检验质量长期稳定的商品；连续 3 年出厂合格率及商检机构检验合格率均为百分之百，并且没有质量异议的出口商品；连续 3 年商检机构检验合格率及用户验收合格率均为百分之百，并且获得用户和消费者良好评价的进出口商品。

2. 按照检验主体不同分类

按照检验主体的不同，可以分为第一方检验、第二方检验和第三方检验。

（1）第一方检验

第一方检验就是自检，即出厂检验。生产厂商为了保证产品质量，对原材料、半成品和产成品进行检验，以控制产品质量，维护企业信誉。在目前的市场竞争日益严峻的情况下，各企业都在加强自身的质量管理水平，建立全面质量监控制度，把好质量关。

（2）第二方检验

是由商品的买方为了维护自身及其顾客利益，保证所购商品符合标准或合同要求所进行的检验活动。目的是及时发现问题，反馈质量信息，促使卖方纠正或改进商品质量。在实践中，商业或外贸企业还常派“驻厂员”，对商品质量形成的全过程进行监控，对发现的问题，及时要求产方解决。

（3）第三方检验

所谓第三方，就是介于第一方和第二方之外的另一主体。这些主体通常是指质量监督与认证部门以及消费者协会等。他们站在双方利益之外实施检验，比较公正、中立、权威。实施第三方检验主要是正确地维护买卖双方的合法权益和国家的利益，同时可以对产品起到质量证明作用。

此外，还可以按商品内、外销售情况分为内销商品检验和进出口商品检验。具体形式有：工厂签证，商业（销售企业）免检；商业监检，凭工厂签证收货；工厂签证收货，商业定期或不定期抽检；商业批检；行业会检；库存商品检验；法定检验和公主检验；委托业务检验等。

四、商品检验的内容

商品检验的基本内容包括商品的质量、规格、数量、重量、包装以及是否符合安全、

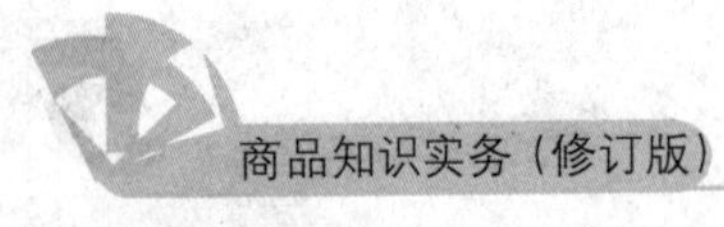

卫生要求等。

1. 质量检验

质量检验就是运用感官检验、化学检验、仪器分析、物理测试、微生物学检验等各种检验手段，对商品的质量、规格、等级等进行检验，确定其是否符合贸易合同（包括成交样品）、标准等规定。

1）内在质量检验一般指有效成分的种类、含量、有害物质的限量、商品的化学成分、物理性能、机械性能、工艺质量、使用效果等的检验。

2）外观质量检验主要是指对商品外观尺寸、造型、结构、款式、表面色彩、表面精度、软硬度、光泽度、新鲜度、成熟度、气味等的检验。

2. 卫生检验

卫生检验主要是根据《中华人民共和国食品卫生法》、《化妆品卫生监督条例》、《中华人民共和国药品管理法》等法规，对食品、药品、食品包装材料、化妆品、玩具、纺织品、日用器皿等进行的卫生检验，检验其是否符合卫生条件，以保障人民健康和维护国家信誉。

3. 包装检验

包装检验是根据购销合同、标准和其他有关规定，对进出口商品或内销商品的外包装和内包装以及包装标志进行检验。包装检验首先核对外包装上的商品包装标志（标记、号码等）是否与有关标准的规定或贸易合同相符。对进口商品主要检验外包装是否完好无损，包装材料、包装方式和衬垫物等是否符合合同规定要求。对外包装破损的商品，要另外进行验残，查明货损责任方以及货损程度。对发生残损的商品要检查其是否由于包装不良所引起。对出口商品的包装检验，除包装材料和包装方法必须符合外贸合同、标准规定外，还应检验商品内外包装是否牢固、完整、干燥、清洁，是否适于长途运输和保护商品质量、数量的要求。

4. 安全性能检验

安全性能检验是根据国家规定、标准（对进出口产品，应根据外贸合同以及进口国的法令要求），对商品有关安全性能方面的项目进行的检验，如易燃、易爆、易触电、易受毒害、易受伤害等性能，以保证生产、使用和生命财产的安全。

5. 数量和重量检验

商品的数量和重量是贸易双方成交商品的基本计量计价单位，是结算的依据，直接关系到双方的经济利益，也是贸易中最敏感而且容易引起争议的因素之一。商品的数量和重量检验包括商品的个数、件数、长度、面积、体积、容积、重量等。

6. 规格检验

规格表示同类商品在量（如体积、容积、面积、粗细、长度、宽度、厚度等）方面的差别，与商品品质优次无关。如鞋类的大小、纤维的长度和粗细、玻璃的厚度和面积等规格，只表明商品之间在量上的差别，商品品质取决于品质条件。商品规格是确定规格差价的依据。

五、商品检验的依据

商品检验是一项科学性、技术性、规范性较强的复杂工作，为使检验结果更具有公正性和权威性，必须根据具有法律效力的质量法规、标准及合同等开展商品检验工作。

1. 购销合同

买卖双方必须按照《中华人民共和国经济合同法》的要求，签订购销合同，务必将质量及其检验条款写清楚，必须共同遵守。一旦发生质量纠纷，购销合同的质量要求，即成为仲裁、检验的法律依据。

2. 商品质量法规

国家有关商品质量的法律、法令、条例、规定、制度等，规定了国家对商品质量的要求，保障了国家和人民的合法权益，具有足够的权威性、法制性和科学性。商品质量法规是国家组织、管理、监督和指导商品生产和商品流通，调整经济关系的准绳，是各部门行动的共同准则，也是商品检验活动的重要依据。质量法规包括商品检验管理法规、产品质量责任制法规、计量管理法规、生产许可证及产品质量认证管理法规等。

3. 技术标准

技术标准是指规定和衡量标准化对象的技术特征的标准。它对产品的结构、规格、质量要求、实验检验方法、验收规则、计算方法等均作了统一规定，是生产、检验、验收、使用、洽谈贸易的技术规范，也是商品检验的主要依据，它对保证检验结果的科学性和准确性，具有重要意义。这里的标准可以是国家标准、行业标准和企业标准，到底依据何种标准，按照合同约定的执行。

第二个问题：如何对商品进行抽样

产品的质量情况是通过检验来获得的，但不可能对每件产品都进行检验，只可能从受检的产品中，按规定抽取一定数量、具有代表性的部分。如何选择这些代表性的产品、这些产品的质量结果能否具有代表性是很关键的问题，所以商品抽样对商品检验效果具有重要意义。

一、抽样的概念和原则

1. 抽样的概念

抽样也称取样、采样、拣样，是指从被检验的商品中按照一定的方法采集样品的过程。即在检验整批商品质量时，用一定的方法，从中抽取具有代表性的、一定数量的样品，作为评定这批商品的质量依据。这种抽取样品的工作，称为商品抽样。

2. 抽样的原则

要从一大批被测物品中，抽取到能代表整批被测物质量的少量样品，必须遵守一定的规则，掌握适当的方法。

1）代表性原则。要求被抽取的一部分商品必须具备有整批商品的共同特征，以使鉴定结果能成为决定此批商品质量的主要依据。

2）典型性原则。指被抽取的样品能反映整批商品在某些或某个方面的重要特征，能发现某种情况对商品质量造成的重大影响。如食品的变质、污染、掺杂及假冒劣质商品的鉴别。

3）适时性原则。针对组分、含量、性能、质量等会随时间或容易随时间的推移而发生变化的商品要求及时适时抽样并进行鉴定。如新鲜果菜中各类维生素含量的鉴定及各类农副产品中农药或杀虫剂残留量的鉴定等。

二、抽样的要求

1）抽样应当依据抽样对象的形态、性状，合理选用抽样工具与样品容器。抽样工具与样品容器必须清洁，不含被鉴定成分，供微生物鉴定的样品应无菌操作。

2）外地调入的商品，抽样前应检查有关证件，如商标、运货单、质量鉴定证明等，然后检查外表，包括检查包装以及起运日期、整批数量、产地厂家等情况。

3）按各类商品的抽样要求抽样，注意抽样部位分布均匀，每个抽样部位的抽样数量（件）保持一致。

4）抽样的同时应作好记录，内容包括抽样单位、地址、仓位、车间号、日期、样品名称、样品批号、样品数量、抽样者姓名等。

5）抽取的样品应妥善保存，保持样品原有的品质特点。抽样后应及时鉴定。抽样鉴定除了要求有一定的样品数量和一定的方法外，还必须要求抽样者了解被抽样商品的生产、加工工艺过程以及运输、储存期间的质量变化规律。只有这样，才能正确抽样，才能保证所抽样品符合鉴定要求。

三、抽样的方法

抽样的目的在于通过尽可能少的样本所反映出的质量状况来统计推断整批商品的

质量水平。所以如何抽取对该批商品具有代表性的样品，对准确评定整批商品的平均质量，显得十分重要，是关系生产者、消费者利益的大事。所以要正确选择抽样方法，控制抽样误差，以获取较为准确的检验结果。根据商品的性能特点，抽样方法在相应的商品标准中均有具体规定。

目前，被广泛采用的是随机抽样法。即被检验整批商品中的每一件商品都有同等机会被抽取，被抽取机会不受任何主观意志的限制，抽样者按照随机的原则、完全偶然的方法抽取样品，因此比较客观，适用于各种商品、各种批量的抽样。常用的抽样方法有简单随机抽样、分层随机抽样和系统随机抽样。

1. 简单随机抽样

简单随机抽样法又称单纯随机抽样法，它是对整批同类商品不经过任何分组、划类、排序，不加挑选地从中按照随机原则抽取检验样品。任何商品都有被抽到的机会。简单随机抽样通常用于批量不大的商品的抽样，通常是将此批中各单位商品编号，利用抽签或随机表抽样。从理论上讲，简单随机抽样最符合随机的原则，可避免检验员的主观意志的影响，是最基本的抽样方法，是其他复杂的随机抽样方法的基础。当批量较大时，则无法使用这种方法。

2. 分层随机抽样

分层随机抽样方法又称分组随机抽样法、分类随机抽样法。它是将整批同类商品按主要标志分成若干个组，然后从每组中随机抽取若干样品，最后将各组抽取的样品放在一起作为整批商品的检验样品的抽样方法。分层随机抽样方法适用于批量较大的商品检验，尤其是当批中商品质量可能波动较大时，如不同设备、不同时间、不同生产者生产的商品组成的被检批。它抽取的样本有很好的代表性，是目前使用最多、最广泛的一种抽样方法。

3. 系统随机抽样

系统随机抽样法又称等距随机抽样法、规律性随机抽样法。它是先将整批同类商品按顺序编号，即按自然数 1，2，3，4…进行排列，并随机决定某一个数为抽样的基准号码，然后按已确定的抽样距离机械地抽取样品的方法。抽样距离通过公式计算得出：

$$S=\text{总商品个数}/\text{样品个数}$$

如果中选号码为 2，则被选出的样品号码为 2，$2+S$，$2+2S$，$2+3S$，…，$2+nS$，假如 $S=10$，则样品号码为 2，12，22…这种抽样方法抽样分布均匀，比简单随机抽样更为精确，适用于较小批量商品的抽样，但当被检商品质量问题呈周期性变化时，易产生较大偏差。

第三个问题：如何进行商品检验

现代商品琳琅满目、种类繁多，检验项目各不相同，商品质量检验的方法也很多，通常分为感官检验、理化检验、生物学检验法等几个方面。

一、感官检验法

1. 感官检验法的概念

感官检验法是借助人的感觉器官的功能和实践经验来检测评价商品质量的一种方法。也就是利用人的眼、鼻、舌、耳、手等感觉器官作为检验器具，结合平时积累的实践经验对商品外形结构、外观疵点、色泽、声音、气味、滋味、弹性、硬度、光滑度、包装和装潢等的质量情况，并对商品的种类品种、规格、性能等进行识别。感官检验的商品主要有食品、纺织品及服装、乐器等。

2. 感官检验法的特点

感官检验法在商品检验中有着广泛的应用，并且任何商品对消费者来说总是先用感觉器官来进行评价质量的，所以感官检验十分重要。

（1）感官检验法的优点

1）方法简单，快速易行。

2）不需复杂、特殊的仪器设备和试剂或特定场所，不受条件限制。

3）一般不易损坏商品。

4）成本较低。

（2）感官检验法的缺点

1）不能检验商品的内在质量，如成分、结构、性质等。

2）检验的结果不精确，不能用准确的数字来表示，是一种定性的方法，结果只能用专业术语或记分法表示商品质量的高低。

3）检验结果易带有主观片面性，常受检验人员知识、技术水平、工作经验、感官的敏锐程度等因素的影响，再加上审美观不同以及检验时心理状态波动，影响结果的准确性，检验结果有时带有一定的主观性，科学性不强。

3. 感官检验法的分类

感官检验依据检验时主要使用的感觉器官的不同，分为视觉检验法、听觉检验法、味觉检验法、嗅觉检验法和触觉检验法。

（1）视觉检验法

视觉检验是通过视觉器官来观察商品的外形、结构、色泽、外观疵点、包装装潢等感官指标，并据此评定商品的质量特性的检验方法。视觉检验在检验日用工业品、纺织品时主要检验其美学特点和表面缺陷，在检验食品时则主要检验其新鲜度、成熟度和加工程度。

（2）味觉检验法

味觉检验是借用人的味觉器官来检查有一定滋味要求的商品品质的过程。基本味觉有酸、甜、苦、辣、咸五种。其中辣味也被认为是热觉、痛觉和味觉的混合。食品的滋味和风味是决定食品品质的重要因素，凡品质正常的食品均具有应有的滋味和风味。同一原料来源的食品，由于加工调制方法的不同，滋味和风味也各异。质量发生变化的食品，滋味必然变劣，产生异味。所以味觉评定是检验食品品质的重要手段之一。

味觉检验应注意被检样品的温度要与对照样品温度一致，在一些检验细节上必须严格遵循检验规程，如检验前后必须漱口等。

（3）听觉检验法

听觉检验是凭借听觉器官来鉴定商品质量的方法。听觉检验一般用来检验玻璃制品、瓷器、金属制品有无裂痕或其他内在缺陷；评价以声音作为重要指标的乐器、音响装置、家用电器；评定食品的成熟度、新鲜、冷冻程度等。听觉检验需要适宜的环境条件，力求安静，尽量避免外界因素对听觉灵敏度的影响。

如人们在购买鸡蛋时，常将鸡蛋放在耳边轻轻摇动，如有明显晃动声发出，说明鸡蛋由于放置时间较长，内部蛋清因水分散失而体积收缩，这时就有一个空间在人们摇动时使蛋清与蛋壳碰撞发出声音。又如罐头“打检”是判定罐头食品品质的行之有效的简易方法。检验人员手持打检杆，轻敲罐盖，发出清脆的叮叮声者品质正常，而发出混浊的声音则属次品。最常见的是对西瓜的选择，有经验的瓜农用手指敲敲瓜皮，通过声音是否清脆来判断西瓜是否成熟。

（4）嗅觉检验法

嗅觉检验是凭借嗅觉器官鼻子来鉴定商品气味，评定商品品质的检验方法。嗅觉检验应用于食品、家用化工用品和香精香料等商品的质量检验。凡品质优良的商品均具有其特有的正常气味或香气。而劣质商品有的乏味，有的则会有霉、臭等怪味。商品气味的基本要求是正常无异味。对不同的商品，嗅觉检验的内容和要求也相应不同。

嗅觉检验的结果能否正确反映商品的品质，除了检验者自身的素质外，检验场所的清洁度、有无异味对检验结果也有很大影响。因此进行嗅觉检验时，检验场所、盛样器皿、检验者的手和衣物等均不应有不利于嗅觉检验的异种气味。

（5）触觉检验法

触觉检验是利用人的触觉器官感受商品，从而对商品品质做出判定的检验方法。人的手指和头面部的触觉感受性较强。触觉检验主要用于检查纸张、塑料、纺织品以及食品和其他日用工业品的表面光滑细致程度、强度、厚度、弹性、紧密程度、软硬等质量特性。触觉检验时，应注意环境条件的稳定性以及手指皮肤正常状态的保持。

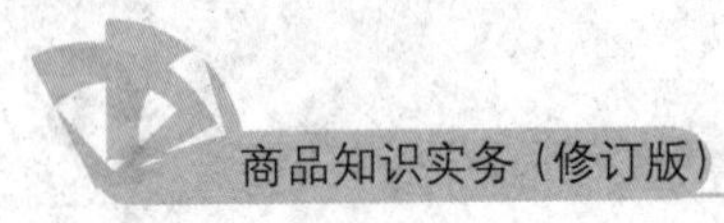

二、理化检验法

1. 理化检验法的概念

理化检验法是在实验室的一定环境条件下，借助各种仪器、设备和试剂，运用物理、化学的方法来检测评价商品质量的一种方法。它主要用于检验商品的成分、结构、物理性质、化学性质、安全性、卫生性以及对环境的污染和破坏性等。

2. 理化检验法的特点

（1）理化检验法的优点

1）检验结果精确，可用数字定量表示（如成分种类和含量、某些物理化学、机械性能等）。

2）检验结果客观，它不受检验人员的主观意志的影响，对商品质量的评价具有客观而科学的依据。

3）能深入地分析商品成分、内部结构和性质，反映商品的内在质量。

（2）理化检验法的缺点

1）需要一定仪器设备和场所，成本较高，要求条件严格。

2）往往需要破坏一定数量的商品，消耗一定数量的试剂，费用较大。

3）检验需要的时间较长。

4）要求检验人员具备扎实的基础理论知识和熟练的操作技术。

因此，理化检验法在商业企业直接采用较少，多作为感官检验之后的必要补充检验方法，或委托商检机构作理化检验。

3. 理化检验的具体方法

理化检验法主要有物理检验法、化学检验法、生物学检验法。

（1）物理检验法

物理检验法是运用各种物理仪器、量具对商品的各种物理性能和指标进行测试检验，以确定商品质量的方法。根据测试检验的内容不同，可分为以下几类。

1）度量衡检验。它是利用各种量具、量仪来测定商品的长度、宽度、厚度、体积、密度、容重、表面光洁度等物理特性的检验方法。如纤维的长度、细度，粮谷的容重、水果个体的体积和重量。

2）光学检验。光学检验是利用光学仪器光学显微镜、折光仪、旋光仪等来检验商品光学特性的方法。光学显微镜用于观察商品的细微结构，进而判定商品的使用性能。折光仪用于测定液体的透射率，通过透射率的测定可分析液体商品的品质。如通过测定油脂的透射率可判定油脂的新陈与掺假与否。旋光仪是通过对旋光性物质如蔗糖、葡萄糖等的旋光度进行测定，从而判定旋光性物质的纯度。

3）热学检验。它是使用热学仪器测定商品热学特性的方法。商品的热学特性有沸

点、熔点、凝固点、耐热性等。橡胶、塑料制品、玻璃和搪瓷制品、金属制品、化工制品、皮革制品等，其热学性质与商品质量相关。如搪瓷制品的耐热性测定，是将搪瓷制品加热到一定温度后，将其迅速投入冷水中，以珐琅层在突然受冷时不致炸裂和脱落的温度表示，温度差越大，耐热性越好。

4）力学检验。力学检验是用各种力学仪器测定商品的力学性能的检验方法。这些机械性能包括抗拉强度、抗压强度、抗冲击强度、硬度、弹性、耐磨强度等，商品的力学性能与商品的耐用性密切相关。

5）电学检验。电学检验是利用电学仪器测量商品电学特性的检验方法，如电阻、电容、导电率、介电常数等。对电器类商品，其电学特性直接决定商品的质量。

（2）化学检验法

化学检验法是用化学试剂和仪器对商品的化学成分及其含量进行测定，从而判定商品品质的检验方法。化学检验法按检验手段可分为化学分析法和仪器分析法。

1）化学分析法。它是根据检验过程中试样和试剂所发生的化学反应和在化学反应中试样和试剂的用量，鉴定商品的化学组成和化学组成中各成分的相对含量。

2）仪器分析法。它是采用光学、电学方面较为复杂的仪器，通过测量商品的光学性质、电化学性质来确定商品的化学成分的种类、含量以及化学结构，以判断商品品质的检验方法。仪器分析法适用于微量成分含量的分析。

三、生物学检验法

生物学是通过仪器、试剂和动物来测定食品、药品和一些日用工业品以及包装对人体健康安全等性能的检验。生物学检验法分为微生物学检验法和生理学检验法。

1）微生物学检验是对商品中有害微生物存在的种类及其数量进行的检验，它是判定商品卫生质量的重要手段。一般有害微生物有大肠菌群、致病菌等，它们直接危害人体健康及商品的储存安全。

2）生理学检验是用于测定食品可消化率、发热量、维生素种类及含量、矿物质含量等指标的检验，生理学检验一般用活体动物进行试验。

第四个问题：如何进行商品质量监督管理

一、商品质量监督管理的法律依据

《中华人民共和国产品质量法》明确规定，销售的产品质量应当检验合格，生产者、销售者应当对其产品质量各负其责。

1. 生产者应当对其生产的产品质量负责

（1）产品质量的要求

不存在危及人身、财产安全的不合理的危险，有保障人体健康、人身财产安全的国家标准、行业标准的，应当符合该标准；具备产品应当具备的使用性能，但是，对产品存在使用性能的瑕疵作出说明的除外；符合在产品或者其包装上注明采用的产品标准，符合以产品说明、实物样品等方式表明的质量状况。生产者不得生产国家明令淘汰的产品；生产者不得伪造产地、不得伪造或者冒用他人的厂名、厂址；生产者不得伪造或冒用认证标志、名优标志等质量标志；生产者生产产品不得掺杂、掺假，不得以假充真、以次充好，不得以不合格产品冒充合格品。

（2）产品或者其包装上标识的要求

有产品质量检验合格证明；有中文标明的产品名称、生产厂厂名和厂址；根据产品的特点和使用要求，需要标明产品规格、等级、所含主要成分的名称和含量的，相应予以标明；限期使用的产品，标明生产日期和安全使用期或者失效日期；使用不当，容易造成产品本身损坏或者可能危及人身、财产安全的产品，有警示标志或者中文警示说明；裸装的食品和其他根据产品的特点难以附加标识的裸装产品，可以不附加产品标识；剧毒、危险、易碎、贮运中不能倒置以及有其他特殊要求的产品，其包装必须符合相应要求，有警示标志或者中文警示说明标明储运注意事项。

2. 销售者应当对其销售的产品质量负责

销售者应当执行进货检查验收制度，验明产品合格证明和其他标识；销售者应采取措施，保持销售产品的质量；销售者不得销售无效、变质的产品；销售者销售的产品的标识应当符合产品或者其包装上的标识；销售者不得伪造产地，不得伪造或者冒用他人的厂名、厂址；销售者不得伪造或者冒用认证标志、名优标志等质量标志。销售者销售产品，不得掺杂、掺假，不得以假充真、以次充好，不得以不合格产品冒充合格产品。

二、商品质量监督管理的内容

商品质量监督管理是在市场经济条件下，为维护消费者、用户合法权益，保证社会经济稳定，促进社会经济发展，国家通过制订有关法律法规和采取相应行政手段，调动全社会的积极因素，以规范市场行为，保障消费者利益不受侵害而进行的产品质量管理。《中华人民共和国产品质量法》中明确指出：国家鼓励推行科学的质量管理方法，采用先进的科学技术，鼓励企业产品质量达到并且超过行业标准、国家标准和国际标准。对产品质量管理先进和产品质量达到国际先进水平，成绩显著的单位和个人给予奖励，国家鼓励、支持一切组织和个人对损害消费者合法权益行为进行社会监督。

产品质量监督管理的主要内容如下：

1）国务院产品质量监督管理部门负责全国产品监督管理工作。国务院有关部门在各自的职责范围内负责产品质量监督管理工作。县级以上地方人民政府管理产品质量监督工作的部门负责本行政区内的产品质量监督管理工作。县级以上地方人民政府有关部门在各自的职责范围内负责产品质量监督管理工作。

2）国家对产品质量实行以抽查为主要方式的监督检查制度，对可能危及人体健康和人身、财产安全的产品，影响国计民生的重要工业品以及用户、消费者、有关组织反映有质量问题的产品进行抽查，产品质量抽查的结果进行公布。法律对产品质量的监督检查另有规定的，依照有关法律的规定执行。

3）用户、消费者有权就产品质量问题，向产品的生产者、销售者查询，向产品质量监督部门、工商行政管理部门及有关部门申诉，有关部门应当负责处理。

4）保护消费者权益的社会组织可以就消费者反映的产品质量问题建议有关部门负责处理，支持消费者对于因产品质量造成的损害向人民法院起诉。

三、商品质量监督管理的有关法规

市场经济也是法制经济，企业的各种营销活动均离不开法律的规范，受法律约束。目前，我国相继出台的保证商品质量、维护消费者合法权益的法律法规，主要有如下几种：

1）《中华人民共和国产品质量法》是为了加强对产品质量的监督管理，提高产品质量水平，明确产品质量责任，保护消费者的合法权益，维护社会经济秩序而制定的法律。

2）《中华人民共和国消费者权益保护法》是为维护消费者的合法权益，保护消费者在购买、使用商品或者接受服务中受到损害或侵害时能获得赔偿而制定的法律。

3）《中华人民共和国食品卫生法》是为了保证食品卫生，保障消费者健康和生命安全而制定的法律。

4）《中华人民共和国价格法》是为了对物价进行管理，防止商品和服务乱涨价和变相涨价，使消费者的经济利益不受损害而制定的法律。

5）《中华人民共和国商标法》是通过保护商标专用权，使商标所代表的商品与实际商品的质量相一致，防止冒牌货给消费者造成的损害。

6）《中华人民共和国广告法》是为了规范广告活动，促进广告业的健康发展，正确指导消费，防止虚假广告，保护消费者的合法权益，维护社会经济秩序，发挥广告在社会主义市场经济中的积极作用而制定的法律。

第五个问题：如何把握储运商品的质量变化

商品的质量是指商品在一定条件下，满足人们需要的各种属性。由于商品本身的性能特点不同，加上受各种外界因素的影响，商品在储存期间，有可能发生各种各样的质量变化。

一、储运商品质量变化的类型

储运商品质量变化的类型，主要有机械物理变化、化学变化、生化变化等。

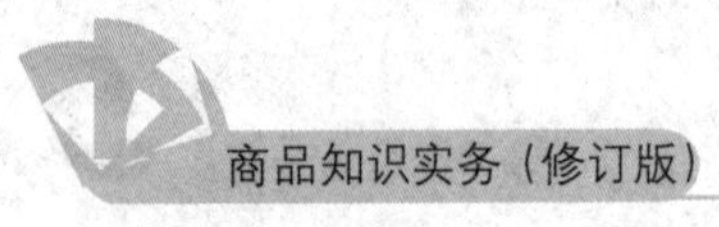

1. 机械物理变化

物理变化是指没有新物质生成，只是改变物质外在形态或状态，而不改变其本质，并且可以反复进行变化的现象。商品的机械变化是指商品在外力的作用下，发生形态上的变化。机械物理变化后，结果不是数量损失，就是质量降低，甚至使商品失去使用价值。商品常见的机械物理变化有挥发、熔化、溶化、凝结、渗漏、串味、破碎与变形等。

（1）溶化

溶化是某些具有较强吸湿性和水溶性的晶体、粉末状或膏状的商品，因吸收空气和环境中的水分，当吸收数量达到一定程度时，就会溶化成液体的现象。商品溶化后本身的性质没有发生变化，但由于形态改变，给存储带来很大的不便。对易溶化的商品应按商品性能，分区分类存放在干燥阴冷的库房内，避免与含水量较大的商品共同储存。在堆码时要注意底层商品的防潮和隔潮，垛底要垫得高一些，并采取吸潮和通风相结合的温湿度管理方法来防止商品吸湿溶化。常见的易溶化的食品有食盐、食糖、糖果等；化工商品中的明矾、氯化镁、氯化钙等；化肥中的氮肥及某些中药中的制剂等。

（2）熔化

熔化是指低熔点的固体商品受热后发生软化以至化为液体的现象。商品的熔化，除受气温高低的影响外，还与商品本身的熔点、商品中杂质种类和含量高低密切相关。熔点越低，越容易熔化；一般来说，杂质含量越高，越易熔化。商品熔化的结果，有的会造成商品流失、粘连包装、玷污其他商品；有的因产生熔解热而体积膨胀，使包装爆破；有的因商品软化而使货垛倒塌。预防商品的熔化应根据商品的熔点高低，选择阴冷通风的库房储存。在保管过程中，一般可采用密封和隔热的措施，加强库房的温湿度管理，防止日光照射，尽量减少温度的影响。常见的易发生熔化的商品有：医药商品中的胶囊、糖衣片等；化工商品中的松香、石蜡等；化妆品中的香脂等。

（3）挥发

挥发是低沸点的液体商品，经汽化而散发到空气中的现象。商品挥发的速度与气温的高低、空气流动速度的快慢、液体表面接触空气面积的大小成正比关系。液态商品挥发的结果是减少液体的数量，同时降低液体商品的质量。防止商品挥发，主要措施就是要加强包装的密封性。此外，要控制仓库温度，高温季节要采取降温措施，在较低温度条件下储存，以防挥发。常见的易挥发的液体有酒精、香水中的香精、汽油、氨水等诸多商品。

（4）串味

串味指吸附性较强的商品吸附其他气体、异味，从而改变其本来气味的现象。商品串味与其表面状况、与异味物质接触面积的大小、接触时间的长短，以及环境中的异味的浓度有关。预防商品的串味，应对易被串味的商品尽量采取密封包装，在储存中不得不与有强烈气味的商品同库储存，同时还要注意仓储环境的清洁卫生。常见的易串味的商品有茶叶、饼干、食糖、木耳、面粉等；会引起其他商品串味的商品有肥皂、化妆品、农药、樟脑等。

（5）破碎与变形

破碎与变形是指商品在外力作用下所发生的形态上的改变。对于容易破碎和变形的商品，要注意妥善包装，轻拿轻放。在对商品堆垛时，还要注意商品或商品外包装的压力极限。

（6）渗漏

渗漏是指液体商品，特别是易挥发的液体商品，由于包装容器不严密，包装质量不符合商品性能的要求及在搬运装卸时碰撞震动破坏了包装，而使商品发生跑、冒、滴、渗的现象。商品渗漏的结果是造成商品的流失，严重的会造成空气和环境污染。商品渗漏的原因与包装材料性能、包装容器结构以及包装技术有关，还与仓储温度变化有关。因此，对液体商品应加强入库验收和在库商品检查，做好环境温湿度的管理和控制。

（7）玷污

玷污是指商品外表沾有其他较脏的物质，或含有其他污秽的现象。其主要原因是生产、运输储存中卫生条件差以及包装不严。对于有些外观质量要求比较高的商品，比如服装、丝绸、仪器等要特别注意。

2. 化学变化

商品的化学变化不仅改变物质的外表形态，也改变物质的分子结构，在此过程中生成新物质，且不能恢复原状。商品发生化学变化，即商品质变的过程，严重时会使商品完全丧失其使用价值。常见的化学变化有化合、分解、锈蚀氧化、聚合、老化、风化、水解、陈化等。

（1）氧化

氧化指商品与空气中的氧或其他氧化性物质接触发生化学反应的现象。商品发生氧化的结果是会降低商品的质量，有些商品在氧化过程中产生热量，发生自燃，甚至发生爆炸事故。对此类商品，一定要存储在干燥、通风、散热以及温度比较低的仓库内。易于发生氧化的商品很多，如我们的衣服在长期穿着的过程中会发生变色褪色的现象，就是因为其长期与日光接触，纤维材料发生氧化的结果；一些化工产品如亚硝酸钠、硫代硫酸钠等都易发生氧化；油布、油纸如果没有干透，容易氧化而发生自燃。

（2）化合

化合指商品在储存期间，在外界条件的影响下，与其他物质相互作用，生成一种新物质的反应。这种反应，一般不是单一存在于化学反应中，而是两种反应（分解和化合）一次先后发生。化合的结果是使商品质量发生改变，甚至失去原有的价值。

（3）分解

分解是指有些性质不稳定的商品，在光、热、电、酸及潮湿空气的作用下，由一种物质生成两种或以上物质的变化现象。商品发生分解反应后的结果是数量减少、质量降低，有的还会在反应过程中，产生一定的热量和可燃气体，引起事故。例如，双氧水在

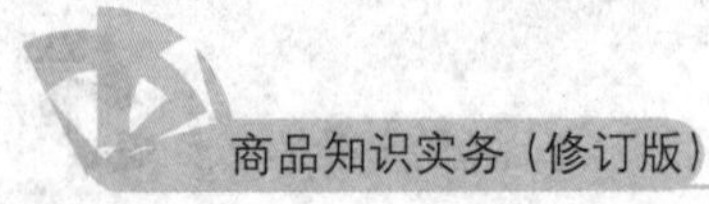

常温下缓慢分解，在高温下迅速分解，生成氧气和水，失去漂白和杀菌的功效，氧气若遇到强氧化性物质还会发生燃烧或爆炸。

（4）锈蚀

锈蚀是指金属或金属合金，同周围的介质相互接触时，相互间发生了化学反应或电化反应，而逐渐遭到破坏的过程。金属商品之所以会发生锈蚀，一是由于金属本身化学性质不稳定，在其组分中存在着自由电子和杂质；二是由于受到水分和有害气体的作用所造成的。按照锈蚀的原理，金属的锈蚀可分为化学锈蚀和电化学锈蚀两种类型。化学锈蚀是指金属在干燥气体或非电解质溶液中的锈蚀，主要是金属被氧或二氧化硫氧化，在表面生成氧化膜，使金属表面生锈，降低光泽；电化锈蚀指在潮湿的环境中，金属与水及溶解于水中的物质接触时，由于原电池的作用而发生的电化学反应，这种腐蚀对金属的影响最严重，也是导致金属锈蚀的主要原因。

（5）聚合

聚合指有些商品在外界条件影响下，同种分子互相加成后结合成大分子聚合物的现象。储存此类商品要特别注意日光和储存温度，以免发生聚合反应，造成商品质量降低。

（6）水解

水解是指某些商品与水作用而发生分解的现象。比如肥皂和硅酸盐，其水解的产物是碱和酸。不同的商品在酸或碱的条件下发生水解的情况也不一样。如羊毛纤维在碱性溶液中容易分解，而在酸性溶液中则比较稳定。

（7）风化

风化是指含结晶水的商品，在一定温度和干燥空气中，丢失结晶水而使晶体崩解，变成非结晶状态的无水物质的现象。

（8）老化

老化是指某些高分子化合物为主要成分的商品，如橡胶制品、塑料制品以及纤维制品等，在受到日光、热和空气中的氧等环境因素作用而失去原来优良性能，以致最后丧失其使用价值的现象。商品老化主要是高分子化合物在光、热等因素的作用下，发生了裂解或聚合反应所引起的。影响商品老化的因素很多，主要有构成高分子商品的材料种类、化学组成、结构状态和加工方法，以及物理、化学和生物等因素，如光、热等。在储存此类商品时要防止日光照射和高温，更不能暴晒，如轮胎等橡胶制品。

3. 生化变化

生化变化是指有生命活动的有机体商品，在生长发育过程中，为了维持它们的生命，本身所进行的一系列生理变化，如粮食、水果、蔬菜、鲜鱼、鲜肉、鲜蛋等有机体商品，在储存过程中，受到外界条件的影响，或者和其他生物作用，往往会发生这样或那样的变化。这些变化主要有呼吸、发芽与抽薹、胚胎发育、后熟、霉变、虫蛀、自溶、僵直和软化等。

（1）呼吸

呼吸指有机商品在生命活动过程中，不断进行呼吸，分解体内有机物质，产生热量，维持其本身的生命活动的现象。旺盛的呼吸能加速商品成分的分解，引起品质劣变。商品的呼吸作用在有氧和缺氧的条件下均能进行。商品进行有氧呼吸时，基本的成分变化是淀粉分解为葡萄糖，葡萄糖被氧化为二氧化碳和水，并产生热量。商品处于缺氧条件下，进行缺氧呼吸，商品中葡萄糖分解为酒精、二氧化碳，并产生热量。这个化学反应过程与发酵酒一样，因此又可看成发酵作用。旺盛的有氧呼吸和缺氧呼吸均不利于商品品质，故应采取适宜措施，抑制商品的呼吸作用，使商品的呼吸作用处于微弱状态，既可防止商品品质劣变，又能保持商品的天然耐储性和抗病性。

（2）发芽与抽薹

发芽和抽薹是二年生或多年生蔬菜产品（如马铃薯、葱头、大蒜等）打破休眠状态，由营养生长期进入生殖生长期时出现的一种生物学现象。发芽是有机商品如蔬菜在适宜的条件下，休眠芽开始发芽生长，而抽薹则是花茎生长的结果。高温、高湿、充分的氧气及日光照射等条件，均能促进有机商品如蔬菜的发芽和抽薹。

发芽的结果会使有机体的营养物质转化为可溶性物质，供给有机体本身的需要从而降低商品的质量。造成发芽或抽薹的因素主要有高温、高湿、充足的氧气，因此对于能够发芽和抽薹的商品，必须控制水分含量，并加强温湿度管理，防止发芽、萌发现象的发生。具体应将温度控制在 5℃以下，相对湿度控制在在 80%～85%，采用避光以及气调储藏法控制有机体的休眠期，延缓发芽和抽薹的时间。

例如，大蒜食用部分是地下肥大的鳞茎，大蒜富含大蒜素，具有抑菌和杀毒作用。大蒜一般休眠期为 2～3 个月，采收后的大蒜在休眠期内不发芽，一旦脱离休眠期，遇到 5℃以上的环境，就会发芽，并且会逐渐消耗营养，变得干瘪，失去商品和食用价值。

（3）后熟

后熟是指瓜果、蔬菜等食品在脱离母株后继续其成熟过程的现象。瓜果、蔬菜的后熟，能改进色、香、味以及适口的硬脆度等食用性。后熟过程是有机体生理衰老的阶段，当瓜果、蔬菜完成后熟时已处于生理衰老阶段，所以后熟作用完成后，则容易发生腐烂变质，难以继续储藏甚至失去食用价值，因此，对于这类鲜活食品，应在其成熟之前采收并采取控制储存条件的办法，来调节其后熟，延长其储藏时间。

（4）自溶

在自溶酶的作用下，肌肉中的复杂有机化合物进一步被分解为分子量低的物质过程称为自溶。当肉的成熟作用完成后，肉的生物化学变化就转向自溶作用，是肉开始腐败的前奏。处于自溶阶段的肉，虽可以食用，但气味和滋味已大为逊色；并且随着自溶作用的进行，肉的 pH 值逐渐向中性发展，从而适合细菌繁殖。所以处于自溶阶段的肉不适合长期保存。

（5）僵直和软化

僵直又称尸僵，是指畜、禽、鱼死后一段时间内发生的生化和形态上的变化，肌肉

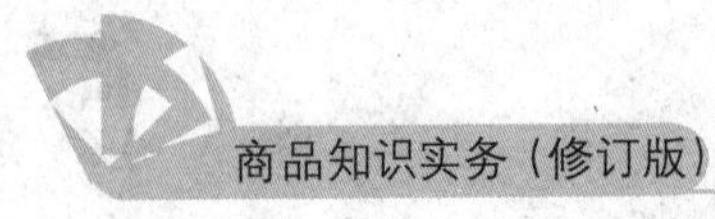

纤维收缩，肉体呈僵直状态。动物死亡之后，呼吸停止，依靠血液循环的肌肉供氧也随之停止，但这时肉中的各种酶仍然活着，由酶催化的反应仍在继续，此时因无氧存在，糖原、葡萄糖的分解只能以无氧酵解的方式进行，其产物为乳酸，所以肉的 pH 值逐渐下降，结果是造成肌肉组织收缩，失去原有的弹性和柔软性，肉质变得僵硬。处于僵直阶段的肉，弹性差、保水性差，肉质不如鲜肉，而且不容易煮烂，熟肉的口味也差，不宜直接食用。但僵直阶段的肉因其主要成分尚未分解，基本保持了原有的营养成分，适合直接冷冻储藏。软化是指畜禽肉在僵直达到最高点以后的进一步变化。

知道了僵直和软化现象，那么什么时候吃鱼营养价值最高呢？其实活鱼比不上“鲜死鱼”营养价值高。鱼、禽畜类肌肉经过四个阶段——僵直、后熟、自溶、腐败，后熟阶段最适烹调，当鱼肉处于这个阶段生烹调，鱼的营养价值最高。后熟时间夏季一般 1.5 小时，冬季 3～4 小时，鱼宰杀清洗后，包裹保鲜纸，冰箱冷藏 4～5 小时再烹调。

（6）虫蛀

商品在储存期间，经常会遭受仓库害虫的蛀蚀，破坏商品的组织结构，使商品产生破碎和孔洞现象，而且其排泄的各种代谢废物污染商品，影响商品质量和外观，降低商品使用或食用价值，因此，害虫对商品危害性是很大的，凡是含有有机成分的商品，都容易遭受害虫的蛀蚀，如纺织品、食品等。

（7）霉变

霉变是指非金属商品在霉变微生物作用下所发生的霉变、腐败、性能降低甚至完全损坏的现象。霉变微生物破坏性较大，在气温高、湿度大的季节，如果仓库温湿度控制不好，多数霉变微生物会大量生长，使商品受到不同程度的损失，严重的甚至造成人畜食用后中毒。

二、储运商品质量变化的影响因素

影响储运商品质量的因素很多，主要有两个方面：一是商品外在的因素，二是商品内在的因素。外在因素是指商品所处的外部环境；内在因素是指商品本身的自然属性，包括商品的化学成分、结构、性质等；在商品储存和养护过程中，要注意对商品质量的内在和外在因素的控制，防止商品质量变化。

1. 商品质量变化的外在因素

（1）温湿度

温度是影响商品质量变化的重要因素，它的变化会使物质微粒的运动速度发生变化，高温能促进商品挥发、渗漏、熔化等物理变化及一些化学变化，低温易引起商品的冻结、沉淀等变化，同时温度适宜时会给微生物和仓库害虫生长和繁殖创造有利条件，加速霉变和虫蛀。

湿度是指空气的干湿程度。湿度的变化也会使商品的含水量、化学成分、外形或体态结构发生变化，所以在商品保管与养护过程中，一定要控制和调节仓储的温湿度，尽量创造适合商品储存的温湿度条件。湿度下降，商品将放出水分，所以含水量降低，重量减轻，如水果、蔬菜类商品，当水分减少时会萎蔫；湿度过高，商品的含水量增加，重量相应增加，但易使商品发生结块等现象，如食糖、化肥、水泥等。

由此可见，空气的温湿度对商品质量有较大的影响，所以在商品储存与养护过程中，要熟悉库内商品的适宜温湿度要求，控制库内温湿度，保证商品的质量。

（2）日光

太阳光含有热量、紫外线、红外线等，对商品起着正反两方面的作用：一方面，日光能加速受潮商品的水分蒸发，杀死微生物和商品害虫，是有利于商品的养护的；另一方面，某些商品在日光照射下，会发生物理化学变化，如挥发、老化、褪色等。所以要根据不同商品特点，注意避免或减少日光的照射。

（3）臭氧和氧

仓库内一定量的臭氧可以高效、快速、广泛地杀菌，也能够起到商品防护保鲜的作用，但是若含量过高，对人和物都会造成损伤；氧很活跃，空气中21%左右的气体是氧气，能和许多商品发生作用，对商品质量变化影响很大，所以，在商品保管养护中，要对受臭氧和氧影响较大的商品，采取一定方法进行隔离。

（4）有害气体

有害气体主要来自燃料（如煤、煤气、汽油等）燃放时放出的烟尘以及工业生产过程（如造纸、化肥生产等）中产生的粉尘、废气。废气中对空气产生污染的主要是CO_2、SO_2、H_2S、HCl等。商品储存在有害气体浓度大的空气中，其质量变化明显，特别是金属商品，必须远离二氧化硫等酸性气体。

（5）微生物及虫鼠害

微生物和虫鼠会使商品发生霉腐、虫蛀现象，产生腐臭味和色斑霉点，影响商品的外观，同时使商品受到破坏、变质，丧失其使用或食用价值。虫鼠在仓库不仅蛀食动植物性商品和包装，有的还能危害塑料、化纤等化工合成商品，甚至毁损仓库建筑物。在储存商品过程中，必须采取防虫、防鼠措施。

（6）卫生条件

卫生条件不好，不仅灰尘、油垢、垃圾等会污染商品，造成某些外观瑕疵和感染异味，而且还为微生物、仓库害虫创造了活动场所，所以在储存过程中，一定要搞好环境卫生，保持商品本身的卫生，防止商品间的感染。

2. 商品质量变化的内在因素

商品在储存期间发生各种变化，起决定作用的是商品本身的内在因素。商品的组织结构、化学成分及理化性质等，都是在制造过程中决定的，在储存过程中，要充分考虑这些性质和特点，创造适宜的储存条件，减少或避免其内部因素发生作用而造成商品质量的变化。

与商品储存密切相关的商品的化学性质包括：商品化学稳定性、毒性、腐蚀性、燃烧性、爆炸性等。商品的物理性质主要包括导热性、耐热性、吸湿性、含水率、吸湿率、透气性、透湿性、透水性。物理性质是决定和判断商品品质、种类的依据，反映商品种类、品种的特征，特别是能据此判断许多食品品质优次和正常与否。商品的机械性质指商品的形态、结构在外力作用下的反应，主要包括商品的弹性、塑性、强度等。商品的这种性质与其质量关系极为密切，是体现适用性、坚固耐久性和外观的重要内容。

第六个问题：如何对商品进行养护

一、商品养护的概念

商品养护是指商品在储存过程中所进行的保养和维护。从广义上说，商品从离开生产领域至进入消费领域之前这段时间的保养与维护工作，都称为商品养护。商品养护的目的，在于保持商品的质量，保护商品的使用价值。商品养护是商品储存和流通过程中的一项极为重要的工作，是保证商品在储存和流通期间质量安全的有力措施，它不仅是仓库管理工作的重要任务之一，而且关系到我国对外经济贸易的信誉。

二、商品养护的方法

1. 仓库的温湿度管理

影响商品储存质量发生变化的环境因素很多，其中最主要的是空气的温度和湿度。可以说，商品储存中几乎所有的质量变化都与温、湿度有关，因此，必须加强库内温、湿度管理，采取各种措施，创造适宜的温湿度条件，从而确保商品储存的安全。

（1）空气温度

空气温度是指空气的冷热程度，又叫气温。仓库温度的控制既要注意库房内外的温度，也要注意储存物品本身的温度。仓库日常温度多用摄氏度表示，其他比较常用的温度单位还有华氏温度和绝对温度，它们之间的换算关系为

$$摄氏温度=（华氏温度-32）\times 5/9$$

$$华氏温度=32+摄氏温度\times 9/5$$

$$绝对温度=273+摄氏温度$$

（2）空气湿度

空气湿度是指空气中所含水汽量的多少或大气干、湿的程度。空气湿度的变化对商品影响较大。表示空气湿度大小的方法很多，有绝对湿度、饱和湿度、相对湿度、露点等方法。

1）绝对湿度。是指单位容积的空气里实际所含的水汽量，一般以克为单位。温度对绝对湿度有着直接影响。一般情况下，温度越高，水汽蒸发得越多，绝对湿度就越大；相反，绝对湿度就小。

2）饱和湿度。是表示在一定温度下，单位容积空气中所能容纳的水汽量的最大限度。如果超过这个限度，多余的水蒸气就会凝结，变成水滴。空气的饱和湿度不是固定不变的，它随着温度的变化而变化。温度越高，单位容积空气中能容纳水蒸气就越多，饱和湿度也就越大。

3）相对湿度。是指空气中实际含有的水蒸气量（绝对湿度）距离饱和状态（饱和湿度）程度的百分比。即在一定温度下，绝对湿度占饱和湿度的百分比数。相对湿度越大，表示空气越潮湿；相对湿度越小，表示空气越干燥。相对湿度用百分率来表示。公式为

$$相对湿度=绝对湿度/饱和湿度\times 100\%$$

$$绝对湿度=饱和湿度\times 相对湿度$$

空气的绝对湿度、饱和湿度、相对湿度与温度之间有着相应的关系。温度如果发生了变化，则各种湿度也随之发生变化。

4）露点。指含有一定量水蒸气（绝对湿度）的空气，当温度下降到一定程度时，空气中所含的水蒸气就会达到饱和状态（饱和湿度）并开始液化成水，这种现象叫做结露。水蒸气开始液化成水时的温度叫做“露点温度”，简称“露点”。如果温度继续下降到露点以下，空气中超饱和的水蒸气，就会在商品表面凝结成水滴，此现象俗称商品“出汗”。

此外，气流（风）与空气中的温湿度有密切关系，是影响空气温湿度变化的重要因素 之一。

（3）仓库温湿度的控制与调节

仓库温湿度的变化对库存商品的安全有着密切的关系，为确保库内商品质量完好，防止库外气候对库内商品的不利影响，库内温湿度应经常保持在一定范围内。控制和调节仓库环境的方法有很多，实践证明，密封、通风和吸潮相结合的方法，是控制与调节温湿度行之有效的方法。

1）密封指在库外高温高湿条件下，使商品库房严密封闭、减少温湿度对商品的影响以达到安全储存的目的。密封是温湿度管理的基础，它是利用一些不透气、能隔热、隔潮的材料，把商品严密地封闭起来，以隔绝空气，降低或减少空气温湿度变化对商品的影响。密封形式可分为整库、整垛、整件密封等。不过，密封只有控制库房的温度作用，而没有调节的作用。密封是相对的，当出现不适宜温湿度的情况下，还必须进行调节，所以只靠密封一种措施是不能达到使库房温湿适宜的目的的，必须和其他措施相结合。

2）通风是利用库内外空气温度不同而形成的气压差，使库内外空气形成对流，来达到调节库内温湿度的目的。通风的方法有自然通风，即开启库房门窗和风洞产生自然对流；亦有机械通风，是指在库房上部装设排风扇，下部装设送风扇，以加速空气的交换。

3）吸潮是在库房密封条件下，采用吸潮剂或机械设备排除空气中的水分，以降低库内的相对湿度的一种措施。在梅雨季节或阴雨天，当库内湿度过高，不适宜商品保管，

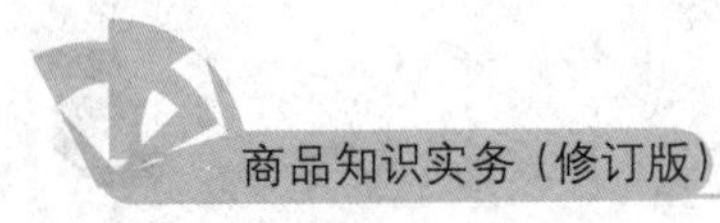

而库外湿度也过大，不宜进行通风散潮时，可以在密封库内用吸潮的办法降低库内湿度。仓库常用的吸潮剂有无水氯化钙、硅胶和生石灰等。仓库中使用的吸潮机械主要指空气去湿机。务必注意吸湿应在密封的条件下进行，否则难以达到理想的效果。

在仓库储存多数日用商品和纺织品时要降低湿度，多数生鲜商品和鲜活商品时需要增加湿度。

4）升温和降温。在不能用通风来调节温度时，可用暖气设备来提高库房温度，也可用空调设备来升温或降温。

5）自动调控温湿度。利用光电自动控制设备，在规定的仓库温湿度范围内自动报警、开窗、开动去湿机、记录和调节库内温湿度等，当库内温湿度调至适宜时，又可自动停止工作。该种设备具有占地面积小，控温灵敏准确的优点，是最先进的仓储设备。

2. 商品的霉变与防治

霉变是仓储商品的主要质量变化形式，但并非任何商品在任何情况下都能发生霉变。霉变的产生有三个必要条件，缺一不可。它们是：商品受到霉变微生物污染；商品中含有可供霉变微生物利用的营养成分（如有机物构成的商品）；商品处在适合霉腐微生物生长繁殖的环境条件下。例如，糖类、蛋白质、油脂和有机酸等物质是微生物生长繁殖所必需的营养物质，在环境条件适宜微生物生长繁殖的情况下，它将在含有这些营养物质的商品上迅速地生长繁殖，造成商品的霉变。

常见的易霉变的商品有：含纤维素较多的商品，如棉麻织品、纸张及其制品、部分橡胶、塑料和化纤制品等；含蛋白质较多的非食品商品，如丝毛织品、毛皮及皮革制品等；含蛋白质较多的食品商品，如肉、鱼蛋及乳制品等；含多种有机物质的商品，如水果、蔬菜、干果干菜、卷烟、茶叶、罐头及含糖较多的食品等。

商品防霉变就是针对商品霉变的原因所采取的有效措施。在仓库储存中，主要是针对商品霉变的外因，用化学药剂抑制或杀死寄生在商品上的微生物，或控制商品的储存环境条件。经常使用的防霉变的方法如下：

1）化学药剂防霉腐。是将对霉变微生物具有杀灭或抑制作用的化学药品散加或喷洒到商品体和包装物上，或喷散在仓库内，达到防霉的目的。如苯甲酸及其钠盐对人体无害，是国家标准规定的食品防腐剂，托布津用于对果菜的防腐保鲜；另外，还可用水杨酰苯胺及五氯酚钠等对各类日用工业品及纺织品、服装鞋帽等进行防腐。

2）干燥防霉变。是通过降低仓库环境中的水分和商品本身的水分，达到防霉的目的。一方面对仓库进行通风除湿，另一方面可以采用晾晒、烘干等方法降低商品中所含的水分。

3）气调防霉变。有些商品可以采用气调防霉方法，即在密封条件下，采用缺氧的方法，抑制霉腐微生物的生命活动，从而达到防腐的目的。气调防霉变主要有真空充氮防霉变和二氧化碳防霉变两种方法。气调防霉变对好气性微生物的杀灭具有较理想的效果。

真空充氮防霉变是把商品的货垛或包装用厚度不少于 0.25～0.3 毫米的塑料薄膜进行密封，用气泵先将货垛或包装中的空气抽到一定的真空程度，再将氮气充入。

二氧化碳防霉是将密封货垛少量抽出一些空气，然后充入二氧化碳，当二氧化碳气体的浓度达到 50%时，即可对霉腐微生物产生强烈的抑制和杀灭作用。

4）低温冷藏防霉变。一般的易霉变商品，可以通过上述措施加以防霉防腐。但是，多数含水量大的易腐商品，如鲜肉、鲜鱼、水果、蔬菜等，要长期保管，多采用低温冷藏的办法。低温冷藏是利用各种制冷剂降低温度，以保持仓库中所需要的一定低温，来抑制微生物的生理活动和酶的活性，使易腐商品在整个保藏期内，基本上处于无变化的状态。常用的制冷剂有液态氨、天然冰以及冰盐混合物等。按降低温度的范围，分为冷藏和冷冻两种。

5）加强仓储管理。加强仓储管理是防霉腐的重要措施。仓库温度和湿度是微生物生长繁殖的重要外界因素，为了劣化微生物生长繁殖的温湿度条件，就要调节一个可以抑制或延缓其生长繁殖的温度范围，以及与商品安全含水量相适应的相对湿度范围。所以，必须根据不同商品的不同要求，认真地控制和调节库房的温湿度。

3. 仓库虫、鼠、蚁的防治

（1）仓虫的防治

很多商品是用动物性或植物性材料制成的，因而易遭仓虫危害。仓虫不但破坏商品组织结构，使商品出现孔洞直至破碎，还会排泄各种代谢废物玷污商品，降低商品外观和内在质量。

仓库害虫是变温动物，能使其生长、发育、繁殖的温度是 15～35℃，停止生育的温度是 0～15℃及 35～40℃，低于 0℃和高于 40℃就达到了仓库害虫致死温度。仓虫体内的水分主要来源于商品所含水分。一般仓库害虫可在商品水分 13%以上和相对湿度在 70%以上的条件下生活。干燥的环境会使害虫休眠以至死亡。

1）卫生防治。卫生是杜绝仓虫来源和预防仓虫感染的基本方法，可以造成不利于仓虫生长发育的条件。仓储中要经常保持库房的清洁卫生，使害虫不易孳生，彻底清理仓具和密封库房内外缝隙、孔洞等，进行严格消毒；严格检查入库商品，防止害虫进入库内，并做好在库商品的经常性检查，发现害虫及时处理，以防蔓延。

2）物理机械防治。以自然或人为的调节库房温度，使库内最低温度和最高温度超过仓虫不能自下而上的界限，达到致死仓虫的目的。

3）化学药剂防治。利用杀虫剂杀灭仓虫的方法，具有彻底、快速、效率高的优点，兼有防与治的作用。但也有对人有害、污染环境、易损商品的缺点，因此，在粮食及食品中应限制使用。化学药剂防治方法如下：①驱避法。具易挥发和刺激性的固体药物放入商品包装内或密封货垛中，以达到驱虫、杀虫目的，常用的有萘、樟脑精等，一般可用于毛、丝、棉、麻、皮革、竹木、纸张等商品的防虫，不可用于食品和塑料等商品。

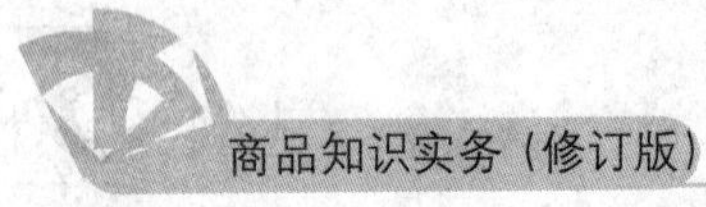

②熏蒸法。利用液体和固体挥发成剧毒气体用以杀死仓虫的防治方法，常用的药剂有溴代甲烷、磷化铝等。一般多用于毛皮库和竹木制品库的害虫防治。③喷液法。用杀虫剂进行空仓和实仓喷洒，直接毒杀仓虫。常用的杀虫剂有敌杀死、敌敌畏、敌百虫等。除食品外大多数商品都可以用来进行实仓杀虫或空仓杀虫。

（2）白蚁的防治

白蚁属等翅目昆虫，在热带、亚热带地区危害尤为严重。白蚁主要靠蛀蚀木竹材、分解纤维素作为营养来源，也能蛀蚀棉、麻、丝、毛及其织品、皮革及其制品，以及塑料、橡胶、化纤等高聚物商品，对仓库建筑、货架、商品包装材料等都有危害，因此有“无牙老虎”之称。影响白蚁生存的环境条件是气温、水分和食料。预防白蚁，应根据其生活习性，阻断传播入库途径。灭治白蚁，主要采用药杀法、诱杀法、挖巢法等。

（3）鼠害的防治

老鼠属啮齿目鼠科动物，对人类危害很大，它直接损害粮食及其他库存商品，破坏商品包装，并传播病菌。防鼠主要采取切断鼠路、堵塞鼠洞、断绝水源食源、减少可隐蔽场所等方法。捕鼠一般采用有效器械诱杀，灭鼠主要使用化学毒药如磷化锌、敌鼠钠盐等配制毒饵进行诱杀。

4. 金属商品防锈

金属商品发生锈蚀，不仅影响外观质量，造成商品陈旧，同时会使其机械强度下降，降低使用价值，严重的甚至报废。金属的防锈蚀就是防止金属与周围介质发生化学作用或电化学作用，使金属免受破坏。在仓储中一般采用改善仓储条件、控制环境温湿度和空气中腐蚀性气体（如 O_2、CO_2、H_2S、SO_2 等）的含量、表面涂防锈油、气相防锈、可剥性塑料封存、干燥空气封存等方法防治锈蚀。

（1）涂防锈油

涂防锈油是在金属表面涂刷一层油脂薄膜，使商品在一定程度上与大气隔离开来，而达到防锈目的。这种方法省时、省力、节约、方便且防锈性能较好。常用的防锈油脂有防锈油、凡士林、黄蜡油、机油等。

（2）可剥性塑料封存

可剥性塑料是将此塑料液喷涂于金属制品表面，能形成可以剥脱的一层特殊的塑料薄膜，像给金属制品穿上一件密不透风的外衣，它有阻隔腐蚀性介质对金属制品的作用，以达到防锈的目的。

（3）气相防锈

气相防锈是利用挥发性缓蚀剂，在金属制品周围挥发出缓蚀气体，来阻隔腐蚀介质的腐蚀作用，以达到防锈目的。常用的气相防锈有气相防锈纸防锈、粉末法气相防锈、溶液法气相防锈三种形式。

5. 危险化学品的养护

危险品又称“化学危险品”、“危险货物”，是指容易引起爆炸、燃烧、中毒、腐蚀或有放射性，在运输、装卸、储存和使用过程中处置不当会直接导致人身伤亡和财产损毁的物品。化学危险品的养护措施主要如下：

1）危险品入库时应严格检验物品质量、数量、包装情况，有无泄漏。

2）在储存期内定期检查，发现品质变化、包装破损、渗漏应及时处理。

3）库房的温度、湿度应严格控制，经常检查，发现变化及时调整。

4）严格控制危险品的库存。

1．储运商品会发生哪些变化？

2．影响储运商品质量变化的因素有哪些？

3．商品抽样方法有哪些？

4．怎样进行商品检验？

5．什么叫后熟？

6．怎样进行商品的养护？

本章主要介绍了商品抽样和检验的基本概念、原理和方法，进而介绍对商品质量进行监督管理的有关法规及规定。同时，具体说明了储运商品的质量变化、影响因素并进一步介绍了进行商品养护的方法。

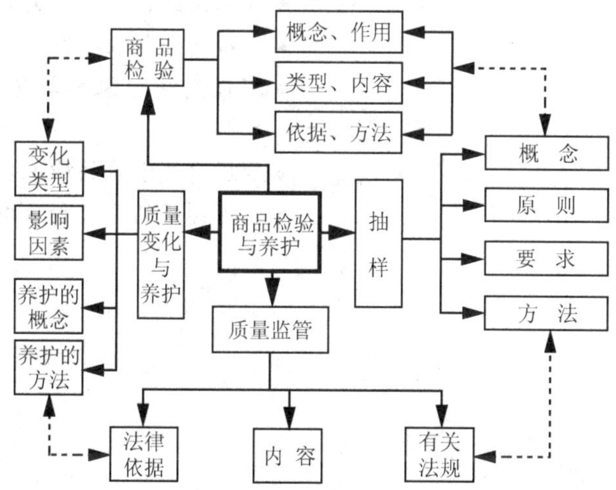

第6章

商品包装

学习目标

阅读本章后，你将能够：

- 掌握商品包装的概念、功能。
- 理解商品包装的分类和设计要求。
- 掌握商品包装材料的种类及特点。
- 掌握销售包装和运输包装的基本知识。
- 理解商品包装的绿色发展趋势。
- 掌握商标的含义和应用管理规定。

山姆森玻璃瓶——一个价值600万美元的玻璃瓶

说起可口可乐的玻璃瓶包装，至今仍为人们所津津乐道。1898年鲁特玻璃公司一位年轻的工人亚历山大·山姆森在同女友约会中，发现女友穿着一套筒型连衣裙，看起来非常美。约会结束后，他突发灵感，根据女友穿着这套裙子的形象设计出一个玻璃瓶（见图6.1）。

图6.1　山姆森设计的包装

经过反复的修改，山姆森不仅将瓶子设计得非常美观，很像一位亭亭玉立的少女，他还把瓶子的容量设计成刚好一杯水大小。瓶子试制出来之后，获得身边朋友的交口称赞。有经营意识的山姆森立即到专利局申请专利。

当时，可口可乐的决策者坎德勒在市场上看到了山姆森设计的玻璃瓶后，认为非常适合作为可口可乐的包装。于是他主动向山姆森提出购买这个瓶子的专利。经过一番讨价还价，最后可口可乐公司以600万美元的天价买下此专利。要知道在100多年前，600万美元可是一项巨大的投资。然而实践证明可口可乐公司这一决策是非常成功的。

山姆森设计的瓶子不仅美观，而且使用非常安全，易握不易滑落。更令人叫绝的是，其瓶型的中下部是扭纹型的，如同少女所穿的条纹裙子；而瓶子的中段则圆满丰硕，体现少女的身材。此外，由于瓶子的结构是中大下小，当它盛装可口可乐时，给人的感觉是分量很多的。采用山姆森设计的玻璃瓶作为可口可乐的包装以后，可口可乐销量飞速增长，在两年的时间内，销量翻了一番。从此，采用山姆森玻璃瓶作为包装的可口可乐开始行销美国，并迅速风靡世界。600万美元的投入，为可口可乐公司带来了数以亿计的回报。

资料来源：http://www.aerolite.net.cn/view.point/boliping.html

请思考：

1．本案例说明包装有什么作用？
2．本案例说明商品包装设计应满足什么要求？

第一个问题：如何认识商品包装

一、商品包装的概念

美国著名管理学大师彼得·德鲁克说："未来竞争的关键，不在于工厂能生产什么产品，而在于其产品所提供的附加价值：包装、服务、产品、用户咨询、及时交货和人们以价值来衡量的一切东西。”由此可见，商品包装在产品整体概念中的地位日趋重要。只有让商品包装成为一种竞争力，才算是成功的商品包装。商品包装既是产品的卖点，又是市场的亮点，新颖独特的包装往往最能打动消费者的心。商品包装的地位和作用越来越引人注目。

世界各国对商品包装有着不同定义：

美国：包装是使用适当的材料、容器与技术，使其能使产品安全地达到目的地——在产品输送过程的每一阶段，无论遭遇到怎样的外来影响皆能保护其内容物，而不影响产品的价值。

日本：所谓包装，是指在运输和保管物品时，为了保护其价值及原有状态，使用适当的材料、容器和包装技术包裹起来的状态。

中国：在我国《包装通用述语》GB4122-83 的国家标准中，对商品包装下了明确的定义，“为在流通过程中保护产品，方便储运，促进销售，按一定的技术方法而采用的容器，材料及辅助物等的总名称”，也指“为了达到上述目的而采用的容器材料及辅助物的过程中施加一定技术方法等的操作活动”。

综上可以看出该概念包括两层含义：一是指为了使商品方便运输、储存，促进销售，便于使用，对商品实行的包裹、存放的容器和辅助材料，通常叫包装材料或包装用品，如箱、纸、桶、盒、绳、钉等。二是指对商品进行包裹、存装、打包、装潢的整体操作过程，是包装商品的具体业务，如装箱、扎件、灌瓶等。

因此，我们认为商品包装是根据商品特性，使用适宜的包装材料或包装容器，将商品包装或盛装，保持商品完好状态，以达到保护商品，方便运输，促进销售的目的。

二、商品包装的作用

商品包装是在人类社会的长期经济生活中逐步形成和发展起来的。随着我国国民经济的不断发展，商品包装在生产、流通和人民生活中的地位和作用日益增长，在现代生产中绝大多数产品只有经过包装后，才算完成它的生产过程，才能进入流通领域和消费领域。在现代市场营销活动中，商品包装被冠以“无声的推销员”的美誉，是宣传商品、宣传企业形象的工具，是商品特征的放大镜、免费的广告。因此，良好的商品包装对于商品的生产、销售起着重要作用。

1. 保护商品质量安全和数量完整

商品在流通过程中经过搬运、装卸、运输、储存等过程容易受到外界因素损害和影响而产生破坏变形、渗漏和变质。适宜的商品包装能抵抗各种破坏因素，可防止商品遭到损害和影响，保护商品质量完好和足量。商品在运输过程中往往要经受振动、冲击、压力、低温、高温等破坏，因此，商品包装要有一定的抗振动性，才能保证在运输中的安全，尤其在采用集装箱和托盘运输时，商品包装不能过于简陋，才能避免商品损害事故的发生。商品在储存、堆码时所产生的静压力对包装的破坏也是很严重的。因此，包装要有一定的强度，保证在规定堆积高度下的稳定性和安全性。对商品造成破坏的环境因素，有水、高温、低温和湿度的变化及污染等，因此，包装必须有一定的防潮、腐蚀防护措施，保证包装本身在外界环境因素影响下，性能稳定，以免造成商品的锈蚀、变质。虫蛀、鼠害及微生物的侵入，也是一种破坏因素，因此，包装要采取一定措施封闭严密，以防生物和微生物的威胁和侵害。

2. 便于商品流通

商品只有经过流通领域才能实现其消费。商品出厂后，购销双方要对商品进行计数、计量、清点、验收，包装完整的商品便于计数、计量、清点、验收。在流通过程中，商品需要经过搬运、堆码、运输、装卸、零售、批发等环节，包装合理，可加速商品流转，提高商品流通的经济效益。

3. 便于消费者购买

合理的商品包装，其绘图、商标和文字说明等既展示了商品的内在品质，方便消费者认别，同时又介绍了商品成分、性质、用途和使用方法，便于消费者购买、携带。包装能否抓住消费者的视线，唤起兴趣，引发联想，是商品能否进入消费者选择范围的关键。那些色彩鲜明、构图精美、造型奇异、文字醒目的包装，使消费者爱不释手；无包装的商品会因卫生状态不好或携带不便影响顾客购买欲。

4. 美化商品，促进销售

包装是“无声的推销员”。好的包装本身就是很好的广告。精美的包装，可起到美化宣传商品的作用，提高市场竞争力。良好的包装，给商品“梳妆打扮”，给人以美的享受，能诱导和激发消费者购买动机和重复购买的兴趣，特别是在当今人们的物质生活和文化生活水平不断提高的情况下，包装与装潢更成为消费者购买商品时考虑的重要因素。

5. 使商品使用价值和价值增值

新颖独特、精美合理的包装是商品价值增值的重要手段。合理的包装增加了商品的自然寿命，因而使商品的使用价值增值，具有提高商品身价的功能。

三、商品包装的分类

现代商品多种多样，性能和用途千差万别，其包装必然也是种类繁多、不易区分的。为了更充分地发挥商品包装的功能，就必须对商品包装进行科学的分类。常见的商品包装分类和包装的种类如下：

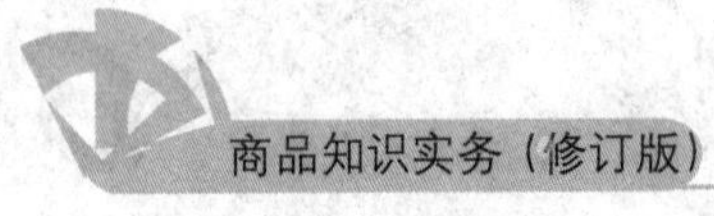

1. 按商业习惯分类

（1）出口包装

出口商品的包装要求适合国际长途运输，一般以远洋航运、空运、火车和汽车集装箱运输为主；市场销售以超级市场为主要场所，包装的装潢、色彩、形式等要考虑商品销售所在国的不同习惯和特点。出口包装是针对商品的国际长途运输这种特殊要求所采用的包装，在保护性、装饰性、竞争性、适应性上要求更高。

（2）内销包装

内销商品的包装要求适合于国内中、短途运输，一般以内河航运或汽车运输为主；市场销售商品以柜台销售为主要形式，包装的大小、内装物数量要与国内消费习惯和消费水平相当吻合。所以内销包装是为适应在国内销售的商品所采用的包装，具有简单、经济、实用的特点。

（3）特殊包装

特殊包装是为工艺品、美术品、文物、精密贵重仪器、军需品等所采用的包装，一般包装技法和强度等要求较高，所以成本较高。

2. 按流通领域中的环节分类

（1）小包装

小包装是直接接触商品，与商品同时装配出厂，构成商品组成部分的包装。也就是说一个商品一个销售单位的包装形式。商品的小包装上多有图案或文字标识，具有保护商品、方便销售、指导消费的作用，如一盒香烟。

（2）中包装

中包装是商品的内层包装，通称为商品销售包装。多为具有固定形状的容器等。它具有防止商品受外力挤压、撞击而发生损坏或受外界环境影响而发生受潮、发霉、腐蚀等变质变化的作用。在流通过程中与小包装共同起到促进销售、方便使用的作用，故小包装和中包装组合在一起也称为销售包装，如十盒香烟为一条。

（3）外包装

外包装是商品最外部的包装，又称运输包装，多为若干个商品集中的包装。商品的外包装上都有明显的标记。外包装具有保护商品在流通中安全的作用，如电动车的外包纸箱等。

3. 按包装形状和材料分类

以包装材料为分类标志，商品包装可分为纸类、塑料类、玻璃类、金属类、木材类、复合材料类、陶瓷类、纺织品类、其他材料类包装。

4. 按防护技术方法分类

以包装技法为分类标志，商品包装可分为防潮包装、防锈包装、防霉包装、防虫包

装、无菌包装、防震包装、防爆包装、遮光包装、礼品包装、贴体包装、透明包装、托盘包装、开窗包装、收缩包装、拉伸包装、提袋包装、易开包装、喷雾包装、蒸煮包装、隔热包装、真空包装、充气包装、集合包装等。

5. 按照商品包装的使用范围分类

按照包装的使用范围，包装通常可以分为专用和通用包装。

1）专用包装是指专供某种商品或者某类商品使用的一种或一系列包装。采用何种专用包装是根据商品某些特殊的性质决定的，例如，茶叶吸附性很强，易发生串味而减低品质，应采用专用茶叶箱；易挥发和燃烧的汽油类，要采用严密封装的铁制油桶包装；腐蚀性较强的商品，要采用耐酸、耐碱和耐其他化学腐蚀的陶瓷器皿等包装，专用包装都有专门的设计制造和科学的管理方法。

2）通用包装是指一种能装多种商品，被广泛使用在各种商品上的包装容器。例如，塑料袋、塑料箱、塑料瓶、瓦楞纸箱、玻璃陶瓷容器等，这些包装既可以用于日用百货、化妆品，也可以装食品或者药品等。通常这种包装是根据标准系列尺寸制造的包装，用以包装各种无特殊要求的或标准尺寸的产品。

6. 按包装的使用次数分类

按这种分类方法，可以将包装分为一次用包装、多次用包装和周转包装。

1）一次用包装是指只能使用一次，不再回收复用的包装，它是随同商品一起出售或销售过程中被消费了的销售包装。这种包装在拆装后，包装容器受到破坏不能按照原包装再次使用，只能回收处理或者改作他用。

2）多次用包装是指后收后经适当的加工整理，仍可使用的包装。是对原包装进行再次使用，重新包装商品。多次使用包装符合可持续发展的要求，可以节约大量的能源和原材料，降低包装成本和费用，使加强环保和促进经济协调发展。

3）周转包装是指工厂和商店用于固定周转多次复用的包装容器，如饮料瓶、硬质木箱等。

四、商品包装的要求

1. 适应各种流通条件的需要

要确保商品在流通过程中的安全，商品包装应具有一定的强度，坚实、牢固、耐用。对于不同运输方式和运输工具，还应有选择地利用相应的包装容器和技术处理。总之，整个包装应适应流通领域中的储存运输条件和强度要求。

2. 适应商品特性

商品包装必须根据商品的特性，分别采用相应的材料与技术，使包装完全符合商品理化性质的要求。

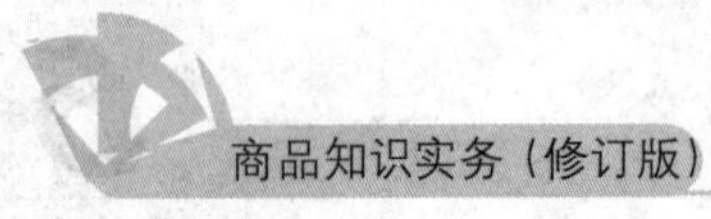

3. 适应标准化的要求

商品包装必须推行标准化，即对商品包装的包装容（重）量、包装材料、结构造型、规格尺寸、印刷标志、名词术语、封装方法等加以统一规定，逐步系列化和通用化，以便有利于包装容器的生产，提高包装生产效率，简化包装容器的规格，节约原材料，降低成本，易于识别和计量，有利于保证包装质量和商品安全。

4. 适应“适量、适度”的要求

对销售包装而言，包装容器大小与内装商品相宜，包装费用，应与内装商品相吻合。预留空间过大、包装费用占商品总价值比例过高，都有损消费者利益。

5. 适应经济性的要求

经济性是指包装所消耗的成本和代价。经济性是影响消费者购买因素的重要指标，所以包装要适应经济性要求，否则会因为包装昂贵而影响产品销售。如何保证包装的合理效果又能达到最佳的经济效果是值得深入研究的问题。一般可以从以下方面着手：

1）合理考虑包装生产的工艺性、科学性，提高生产效率。

2）在达到理想包装效果的前提下，减少使用或不用高档材料。

3）减少包装装潢的色彩，创造简单而艺术的效果。

6. 适应创新性的要求

包装应在达到以上要求的基础上，不断推陈创新。创新并不单单指在包装的外表上追求形式新颖，而是具有更丰富的含义，如在包装材料的使用、包装技法的运用等多方面，通过创新给消费者带来实惠新意，刺激其购买欲望。

7. 适应绿色的要求

商品包装的绿色、环保要求要从两个方面认识：首先，材料、容器、技术本身应是对商品和消费者安全和卫生的；其次，包装的技法、材料容器等对环境是安全的和绿色的，在选材料和制作上，遵循可持续发展原则，节能、低耗、高功能、防污染，可以持续性回收利用，或废弃之后能安全降解。

第二个问题：如何选择包装材料

包装材料是商品包装的物质基础，包装材料随着科学技术的发展而发生日新月异的变化，包装形态千变万化。包装材料是产品包装中唯一能被消费者触摸到的物品，在商品包装中承担着信息载体的作用。对包装材料的选择是包装设计的重要环节，也是影响包装效果的主要因素之一。

包装材料经历了漫长的发展过程，远古时代人们用树叶、贝壳、竹筒、葫芦等自然材料来包装食物；北宋时期以纸张、布等为包装材料；随着近代工业的发展，金属、玻璃、塑料等包装材料相继出现，拓宽了新的应用领域。目前常用的包装材料有纸材、塑料、玻璃和金属四大类，其中尤以塑料与金属材料最为复杂。

一、包装材料的性能

从现代包装功能来看，包装材料应具有以下几方面的性能。

1. 保护性能

包装材料应具有一定的机械强度，适应气温变化，能够防潮、防水、防腐蚀、防紫外线穿透、耐热、耐寒、耐光、耐油等，而自身应无异味、无毒、无臭，能保护内装物质量完好。

2. 方便使用性能

无论用何种材料包装商品，基本要求是便于开启和提取内装物，便于再封闭，开启性能好，不易破裂和损坏。

3. 降低费用性能

包装落后既增加成本又达不到预期效果，故不可取。实际应用中选择包装材料及方法时，除了考虑满足几种要求外，还应考虑节省包装材料费用及包装机械设备费用、劳务费用等，要使用最合适的材料，采取最合理的包装方法，取得最佳的效果。

4. 操作性能

包装材料应具有一定的刚性、热合性和防静电性，有一定的光洁度以及可塑性、可焊性、易开口性，易加工、易充填、易分合等，适合自动包装机械操作，生产效率高。

5. 附加价值性能

包装增加了商品的附加值，良好的包装使商品的价值及使用价值大大提高。尤其是作为销售包装材料，要求透明度好，表面光泽，使造型和色彩美观，产生陈列效果，以便提高商品价值和消费者的购买欲望。

6. 与商品性质相适应性

商品包装必须同商品的性质相适应，例如丝绸匹头，有的是在商店与顾客直接见面，有的则是进厂加工整理或制成衣服，其包装应该有所不同，前者应做得考究些，以突出绸缎质量特点，后者则要求货平整不皱，启封方便，以利于厂方加工。

二、主要包装材料的特点

1. 纸和纸板

纸是我国古代四大发明之一，其原料来源广、重量轻、成本低、折叠性好，有适于印刷、可回收等诸多优势，被称为“绿色包装材料”，是应用最广泛的一种包装材料。纸作为产品信息的载体，可使产品包装外型自由多变，富有个性，能给消费者耳目一新的感觉，增强产品包装的视觉效果。纸和纸板是支柱性的传统包装材料，耗量大，应用范围广，其产值占包装总产值的45%左右。

（1）纸和纸板的界定与分类

纸与纸板是按定量或厚度来区分的。所谓定量是指单位面积的重量，以每平方米的克数表示，凡定量在225克/平方米以下或厚度在0.1毫米以下统称为纸；定量在200克/平方米以上或厚度在0.1毫米以上统称为纸板。用于包装的纸和纸板分类如表6-1所示。

表6-1　包装用纸和纸板分类

包装纸	纸	普通包装纸	牛皮纸、纸袋纸、包裹纸等
		特殊包装纸	邮封纸、鸡皮纸、羊皮纸、上蜡纸、透明纸、沥青纸、油纸、防锈纸、耐碱纸等
	纸板	包装装潢纸	书写纸、胶纸板、铜纸板、压花板、表涂层纸等
		瓦楞纸	瓦楞原纸、瓦楞纸板
		纸板	箱板纸、黄板纸、白板纸、卡片纸等

（2）纸和纸板的主要特点

纸和纸板主要优点如下：

1）具有适宜的强度、耐冲击性和耐摩擦性。

2）密封性好，容易做到清洁卫生。

3）具有优良成型性和折叠性，便于采用各种加工方法，应用于机械化、自动化的包装生产。

4）具有最佳的可印刷性，便于介绍和美化商品。

5）价格较低，不论是单位面积价格还是单位容积价格，与其他材料相比都是经济可行的。

6）纸的重量轻，可以减少运输成本。

7）纸用后易于处理，可回收复用和再生，不会污染环境，并节约资源。

纸和纸板也有一些致命的弱点，如难以封口、受潮后牢度下降以及气密性、防潮性、透明性差等，从而使它们的包装应用受到一定的限制。

（3）纸和纸板在包装上的应用

用纸和纸板制成的包装容器主要有纸箱、纸盒、纸桶、纸袋、纸罐、纸杯、纸盘等，广泛应用于运输包装和销售包装。在纸制包装容器中，用量最多的是瓦楞纸箱，其比重约占 50%以上。在运输包装中，瓦楞纸箱正在取代传统的木箱，广泛用于日用百货、家用电器、服装鞋帽、水果、蔬菜等。目前，瓦楞纸箱正在向规格标准化、功能专业化、减轻重量、提高抗压强度的方向发展。除瓦楞纸箱外，其他纸制包装容器多用于销售包装，如食品、药品、服装、玩具及其他生活用品的包装。

纸盒可制成开窗式、摇盖式、抽屉式、套合式等，表面加以装饰，具有较好的展销效果。纸桶结实耐用，可以盛装颗粒状、块状、粉末状商品。纸袋种类繁多、用途广泛。纸杯、纸盘、纸罐都是一次性使用的食品包装，由于价廉、轻巧、方便、卫生而被广泛应用。纸杯一般为小型盛装冷饮的容器。纸盘用于冷冻食品包装，既可冷冻，又可在微波炉上烘烤加热。纸罐采用高密度纸板制成，有圆筒形、圆锥形，一般涂层以防渗漏，用于盛装饮料，目前纯纸罐已被纸、塑料、铝箔组成的复合罐取代。纸浆模制包装是用纸浆直接经模制压模、干燥而制成的衬垫材料，如模制鸡蛋盘，用于鸡蛋包装，可以大大减少运输中的破损率。

2. 塑料

（1）塑料的含义与分类

塑料是以树脂为主要成分，以增塑剂、填充剂、润滑剂、着色剂等添加剂为辅助成分，在加工过程中能流动成型的材料。塑料为合成的高分子化合物，可以自由改变形体样式。塑料是利用单体原料经合成或缩合反应聚合而成的材料，由合成树脂及填料、增塑剂、稳定剂、润滑剂、色料等添加剂组成，它的主要成分是合成树脂。塑料作为包装材料，大大改变了商品的包装面貌，已经成为现代商品包装的重要标志之一。包装用塑料分类如表 6-2 所示。

表 6-2　包装用塑料分类

包装用塑料	塑料	热塑性塑料	聚乙烯、聚氯乙烯、聚苯乙烯、聚丙烯与各种塑料薄膜等
		热固性塑料	酚醛塑料、脲醛塑料等
	复合塑料	塑料与塑料复合	
		塑料与其他材料复合	与纸、金属、木板等复合

（2）塑料包装的特点

塑料包装材料之所以发展迅速，是由于与其他包装材料相比，具有很多优点：

1）质轻、机械性能好。塑料的相对密度一般为 0.9～2.0 克/平方米，只有钢的 1/8～1/4，铝的 1/3～2/3，玻璃的 1/3～2/3，按材料单位重量计算的强度比较高。制成同样容积的包装，使用塑料材料将比使用玻璃、金属材料轻得多，这对长途运输将起到节省运输费用、增加实际运输能力的作用。

塑料包装材料在其拉伸强度、刚性、冲击韧性、耐穿刺性等机械性能中，较之金属、玻璃等包装材料差一些，但较纸材要高得多；且在包装行业中应用的塑料材料，某些特性可以满足包装的不同要求，如塑料良好的抗冲击性优于玻璃，能承受挤压；可以制成

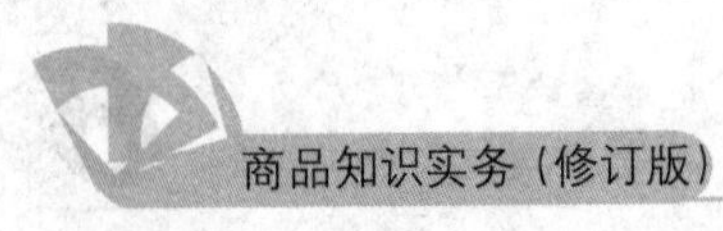

泡沫塑料，起到缓冲作用，保护易碎物品。

2）适宜的阻隔性与渗透性。选择合适的塑料材料可以制成阻隔性适宜的包装，包括阻气包装、防潮包装、防水包装、保香包装等，用来包装易因氧气、水分作用而氧化变质、发霉腐败的食品等包装材料。某些蔬菜水果类生鲜食品要求包装有一定的气体和水分透过性，以满足呼吸作用，用塑料制成的保鲜包装能满足上述要求。

3）化学稳定性好。塑料对一般的酸、碱、盐等介质均有良好的抗耐能力，足以抗耐来自被包装物（如食品中的酸性成分、油脂等）和包装外部环境的水、氧气、二氧化碳及各种化学介质的腐蚀，这一点较之金属有很强的优势。

4）光学性能优良。许多塑料包装材料具有良好的透明性，制成包装容器可以清楚地看清内装物，起到良好的展示、促销效果。

5）卫生性良好。纯的聚合物树脂几乎是没有毒性的，可以放心地用于食品包装。但个别树脂的单体（如聚氯乙烯的单体氯乙烯等）如果在用做食品包装容器时超过一定浓度时，容易迁移到被包装的食品中，进入人体后有一定的危害作用，如果在树脂聚合过程中尽量将单体含量控制在一定指标之下，则可确保其卫生性。

6）良好的加工性能和装饰性。塑料包装制品可以用挤出、注射、吸塑等方法成型，还能很容易地染上美丽的颜色或印刷上装潢图案。塑料薄膜还可以很方便地在高速自动包装机上自动成型、灌装、热封，生产效率高。

7）塑料的价格具有一定的竞争力。

塑料包装的缺点是：塑料材料虽然有上述优点，但同时也有许多缺点，如强度和硬度不如金属材料高，耐热性和耐寒性比较差，材料容易老化，有塑料异味，回收利用废弃塑料时分类十分困难，而且经济上不合算；塑料容易燃烧且燃烧时产生有毒气体等，这些缺点使得它们的使用范围受到限制。

（3）塑料在包装方面的主要应用

1）薄膜。包括单层薄膜、复合薄膜和薄片，这类材料做成的包装也称软包装，主要用于包装食品、药品等。单层薄膜的用量最大，约占薄膜的 2/3，其余的则为复合薄膜及薄片。制造单膜最主要的塑料品种是低密度聚乙烯，其次是高密度聚乙烯、聚丙烯和聚氯乙烯等。

2）容器。塑料包装容器主要有塑料瓶、桶、罐及软管容器，这类容器容量可小至几毫升，大至几千升。耐化学性、气密性及抗冲击性好，自重轻，运输方便，破损率低。如 PET 吹塑薄壁瓶，透气性低，能承受压力，已普遍用来盛饮用水及汽水等充气饮料。另外还有杯、盒、盘、箱等，通过热成型方法制成，用于包装食品。塑料包装箱的性能比纸箱或木箱好得多，比木箱容易清洗、消毒，使用寿命长。

3）防震缓冲包装材料。用 PS、LDPE、PU 和 PVC 制成的泡沫塑料，具有良好的隔热和防震性，主要用作包装箱内衬。

4）密封材料。包括密封剂和瓶盖衬、垫片等，是具有黏合性和密封性的液体稠状糊或弹性体，用作桶、瓶、罐的封口材料。橡胶或无毒软 PVC 片材，可作瓶盖、罐盖

的密封垫片。

5）带状材料。包括打包带、撕裂膜、胶黏带、绳索等。如塑料打包带较铁皮或纸质打包带捆扎方便、结实；撕裂膜，普遍用于捆扎零售商品。

3. 金属材料

在 19 世纪初开始应用于包装，随着制造技术的进步，金属包装成为深受人们喜爱的包装形式。在整个包装材料中，占 10%～20%。随着印铁技术的发展，外观也越来越漂亮。

（1）金属包装材料含义与分类

1795 年拿破仑悬赏 1.5 万法郎征求食品保鲜方法，1805 年法国的 Nicholas 发明了玻璃瓶蒸煮杀菌消毒食品保鲜法，但较笨重、易碎、不适宜野外携带。1810 年英国商人 Peter Drurand 发明了马口铁罐，开创了现代金属包装的纪元。在后来的第一次世界大战、第二次世界大战期间金属桶包装柴油、汽油食品罐头等获得了巨大发展。金属包装材料是指把金属压成薄片，作为产品包装的材料。主要是指钢材或铝材，主要形式是薄板和金属箔。金属包装材料分类如表 6-3 所示。

表 6-3 金属包装材料分类

包装用金属	黑色金属	板材	薄钢板、镀锌薄钢板、马口铁等
		带材	打包钢带、铁丝等
	有色金属	板材	铝板、合金铝板等
		箔	铝箔、合金铝箔等

（2）金属包装材料特点

金属包装材料具有如下优点：

1）阻隔性好，适合于保质要求较高、保鲜期较长的商品。例如，保香（饮料、茶叶、药品）、防挥发性（汽油、油墨）、保护膏状（牙膏、鞋油等）。

2）金属表面具有特殊的光泽，使金属包装具有良好的装饰效果。

3）加工适应性好，易于装潢装饰。在钢板上镀锌、锡铬等具有良好的防锈能力。

4）安全、卫生，废弃后对环境不构成恶劣影响，可回收，易于再生使用。

金属包装材料的缺点：化学稳定性较差，易生锈，成本高。

（3）金属包装材料在包装上的应用

刚性金属包装材料主要用于加工运输包装用的铁桶、集装箱，也可用于加工饮料、食品销售包装用的金属罐，还有少量用于加工各种瓶罐的瓶底和捆扎材料等。软性金属包装材料主要用于制造软管、金属箔和复合材料，如食品包装。目前刚性金属材料在包装材料的使用上呈现下降趋势，而软性材料呈现上升趋势，金属和纸的复合材料包装具有更广泛的应用空间。

4. 玻璃

（1）玻璃的含义与分类

玻璃是一种较为透明的硅酸盐类非金属材料，在熔融时形成连续网络结构，冷却过程中黏度逐渐增大并硬化但不结晶。主要成分是二氧化硅。玻璃作为容器在公元前15、16世纪的古埃及得到应用。包装用玻璃分类如表6-4所示。

表6-4　包装用玻璃分类

包装用玻璃	普通瓶罐玻璃	钠、钙硅酸盐玻璃
	特种玻璃	中性玻璃、石英玻璃、微晶玻璃、着色玻璃、钢化玻璃

（2）玻璃包装材料的特点

玻璃包装材料的优点如下：

1）玻璃的透明性较好，具有美化商品的特殊效果。

2）玻璃易于加工成型，可制成各种各样的品种，对产品商品性适应性强。

3）玻璃具有一定强度和良好的保护性能，能有效地保护内装物。不透气、防潮湿，能屏蔽紫外线。

4）玻璃的化学稳定性高，耐风化，不易变形，耐酸碱、耐磨，无毒无味。

5）玻璃包装容器易于回收复用，便于清洗、消毒、灭菌，能保持良好的清洁状态。

6）玻璃包装材料原料丰富，在价格较低廉和稳定。

玻璃包装材料虽然具有以上优点，但其耐冲击强度低，碰撞时容易破碎，自身的重量大，运输成本高，能耗大，在很大程度上限制了玻璃在包装材料上的使用范围。

（3）玻璃在包装上的应用

玻璃作为包装材料主要用于食品、油、酒类、饮料、调味品、化妆品，以及液态化工产品等，用途非常广泛。比如在运输包装上，主要用于存放化工产品，如强酸类产品；玻璃纤维复合袋用于存放粉状化工厂品和矿产物粉料。

除上述四种目前主要应用的包装材料外，木材、陶瓷、纺织品等也常被用作包装材料。在包装设计中对材料的选择常以科学性、经济性、适用性为基本原则。包装材料展现出不同的包装效果，合理选择包装材料对包装的整体效果产生重要的影响。

第三个问题：如何进行运输包装和销售包装

一、运输包装

1. 运输包装的概念和功能

运输包装是以便利运输（储存）为主要目的的包装。运输包装又叫外包装、大包装，也称工业包装。其主要作用是保护商品在运输过程中免遭损坏和损失。具体而言，运输包装的作用主要体现在以下几方面：

（1）效率功能

运输包装有利于提高生产、搬运、销售、配送、保管等作业的效率。

（2）保护功能

运输包装有利于避免搬运过程中的脱落、运输过程中的冲击和振动、保管中的由于承受物重所造成的破损；避免其他物质的侵入和污染；防湿、防水、防锈、防光，防止化学或细菌的污染而出现的腐烂变质；防霉变、防虫害。

（3）便利功能

通过运输包装，形状便于运输、搬运或保管；便于实施运输、搬动或保管等物流作业；便于生产；便于废弃物的处理。

（4）定量功能

通过运输包装，可以整理成为适合搬动、运输的单元；整理成为适合使用托盘、集装箱、货架或载重汽车、货运列车运载的单元。

2. 运输包装应具备的条件

（1）牢固耐用

保护商品在运输、装卸和储存中不发生破损是运输包装的首要条件。否则，必将由于运输包装坚牢度不够，在长途运输过程中发生破损而使商品受损。

（2）包装材料及技法的适用性

根据商品特性选用适宜的包装，才能保护内装商品。运输时，应选择合适的包装材料或容器，研究包装方法和措施。

（3）包装的体积重量要适当

在符合牢固性的条件下，包装的重量应尽可能减轻，包装体积要适当，轻泡商品应可能压缩体积。

（4）统一规格，实现标准化

商品包装标准化，是根据商品体要求，对包装的类型、规格、容量、材料、容器的结构造型、印刷标志、封装及衬垫、检验方法等的统一规定和贯彻实施。包装标准化对提高我国商品在国际市场上的竞争力，发展对外贸易有重要意义。国际间贸易往来要求加速实行商品包装标准化、通用化、系列化，为使用集装箱、托盘创造了条件，实行商品包装标准化后，运输包装的体积与集装箱的容积或托盘的面积相适应，保证充分利用集装箱和托盘以及商品安全。可提高商品身价，促进商品销售，增加商品在国际市场上的竞争能力。

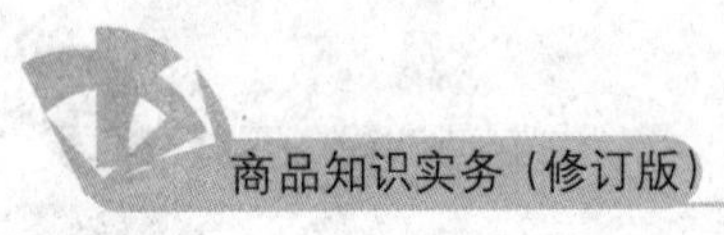

3. 运输包装的标志

为了便于商品的流通、销售、选购和使用，在商品包装上通常都印有某种特定的文字或图形，用以标示商品的性能、储运注意事项、质量水平等，这些具有特定含义的图形和文字称为商品包装标志。它的主要作用是便于识别商品，便于准确迅速地运输货物，避免差错，加速流转等。

运输包装标志是指用简易的文字或图像在运输包装外面制作的特定记号或说明。运输包装标志便于工作人员识别辨认货物，防止发错装错，准确地将商品运到指定的地点或收货单位；有利于商品的安全装卸和堆码；提高工作效率，加速商品流转；采取正确的措施以保证商品质量安全；便于工作人员正确操作，保证货物完整。运输包装标志一般包括以下内容：

（1）识别标志

运输过程中用来识别同批货物的标志称为识别标志，也称为主标志。它由一个简单的几何图形和一些字母、数字及简单的文字构成，是收货人收取货物的标准。

识别标志主要有以下内容：

1）收货人。由客户指定，以收货人公司名称的字母缩写，外面再以某一图形（三角形、圆形、菱形）等包围而成。

2）目的港。指卸货港口（进口口岸）。标在收货人名称下方。如卸货地不是重点地，则用经由（VIA）卸货地。如 BEIJING VIA USA（北京，经由美国）。

3）箱号。标明总件数和顺序号。如该批货物共 100 件，则第一件写成 1-100 或 1/100。

4）订货号。贸易合同、订货单号码或者进出口许可证号码。

5）产地。用文字标明该批货物的产地或发货地点，也可用双方约定的简称或代号来表示。一般按照原产地原则确定，标注生产国（地区），如 MADE IN CHINA。

6）体积和重量。体积和重量用来表示每件包装货物的毛重、净重（千克）、体积（立方米），便于参照计算运费、选择装卸和运输工具等。按长×宽×高、直径×高表示体积，标注毛重、净重、皮重。例如，60 厘米×40 厘米×80 厘米表示该货物长 60 厘米、宽 40 厘米、高 80 厘米；毛重 800 千克，净重 650 千克。

7）货物名称。除非买方要求，大多数商品在运输包装上都不标注商品名称。但为了区别可以对商品进行标号或用代号。

（2）运输标志

运输标志习惯上称为唛头。它的形式和内容由买卖双方在贸易合同或信用证中规定。

1）运输标志包括四个要素，内容如下：①收货人或者买方的名称字首或者简称，但在铁路和公路运输中要使用全称。②参照号码。采用贸易合同、运单、提单、订货单发票或者许可证号码。③目的地。货物运输的最终目的地，如需中转，还要标明中转地。④件数号码。由顺序号和总件数组成，如 2/150。如货物规格相同，可以标注成 1-150。

2）包装体积和重量标志。体积标志（measurement mark）一般标注成：L×W×H，如 50 厘米×40 厘米×30 厘米；或者直径×高，如 25 厘米×60 厘米，表示直径为 25 厘米、高为 60 厘米。重量标志（weight mark）分为毛重、净重和皮重。如 GROSS WEIGHT150KG；NET WEIGHT：130KG；TARE 一般不标注。

3）原产地标志。举例说明如下：

60EKRT—05009CN………………… 收货人号

GUANGZHOU…………………… 目的地

NO.30/100……………………… 件号

50cm×40cm×30cm………………… 体积标志

GROSS：150KG…………………重量标志

MADE IN CHINA…………………原产地标志

（3）操作标志

操作标志也称为注意标志、指示标志或包装储运图示标志，是根据盛装商品的特性，对商品在装卸、运输和保管中所提出的要求和注意事项，目的是保证商品的安全。操作标志由图形和文字构成。如小心轻放、禁止用手钩、向上、怕热、怕湿、重心点、堆码重量极限等。为了使操作标志的图形能明确和不会产生其他异议，世界各国与一些国际组织都做了这方面的规定，使图形标志尽量趋于一致。

1）13 种国际标准化组织的储运图示标志（ISO-780—1985）：

FRAGILE，HANDLE WITH CARE：易碎，小心轻放

USE NO HOOK，DO NOT PUNCTURE：禁止手钩，禁止刺戳

THIS SIDE UP：此面向上

KEEP AWAY FROM HEAT SOURCES：远离热源

PROTECT FROM HEAT SOURSE AND RADIO ACTICE SOURCES：远离热源及放射源

SLING HERE：由此吊起

KEEP DRY：保持干燥

CENTER OR GRAVITY：重心点

DO NOT ROLL：禁止翻滚

STACKING LIMIATION…KGMAX：堆积限制……千克

CENTER OF CLAMP：加紧位置

TEMPERTURE LIMITATION：温度极限

2）17 种中国包装储运标志（GB191—2000）：

我国目前执行的运输包装标志国家标准是《包装储运图示标准》（GB191—2000），有 17 种，如表 6-5 所示，包括易碎物品、禁止收购、向上、怕晒、怕辐射、怕雨、重心、禁止翻滚、禁用叉车、由此夹起、此面禁用手推车、禁止堆码、堆码重量极限、由此吊起、温度极限等。

表 6-5　包装储运图示标志（GB191—2000）

序号	标志名称	标志图形	含　义	序号	标志名称	标志图形	含　义
1	易碎物品	小心轻放	运输包装件内装易碎品，因此搬运时应小心轻放	10	堆码层数极限		相同包装的最大堆码层数，n 表示层数极限
2	禁止手钩		搬运运输包装时禁止手钩	11	堆码重量极限	…Kgmax	运输件所能承受的最大重量极限
3	向上		运输包装件的正确位置是竖立向上	12	温度极限		运输包装件应该保持的温度极限（右边横线为最高温度，左边横线为最低温度）
4	怕晒		运输包装不能直接照晒	13	此面禁用手推车		搬运货物时此面禁放手推车
5	怕辐射		包装内物品一旦受到辐射则会完全变质或损坏	14	禁用叉车		不能用升降叉车搬运的包装件
6	怕雨		包装件怕雨淋	15	由此夹起		表明装运货物时夹钳放置的位置
7	重心		一个单元货物的重心	16	此处不能卡夹		表明装卸货物时不能用夹钳夹起
8	禁止翻滚		运输包装件禁止翻滚	17	由此吊起		起吊货物时挂链条的位置
9	禁止堆码		包装件不能堆码，并且其上也不能放置其他负载				

3）图形标志尺寸。图形标志尺寸分为四种，第一种为 70 毫米×50 毫米；第二种为 140 毫米×100 毫米；第三种为 210 毫米×150 毫米；第四种为 280 毫米×200 毫米。如使用在特大或者特小的包装件上，标志尺寸可以适当放大或者缩小。

图形标志的颜色一般为黑色；如果包装件的颜色使图形标志的颜色显得不清晰，则可选用其他颜色印刷，也可以在印刷面上选用适当的对比色，一般应避免采用红色或者橙色；粘贴的标志采用白底印黑色。

4. 危险品标志

危险品标志是对易爆品、易燃品、有毒物品、腐蚀性物品、放射性物品等危险品在其运输包装上清楚而明确地印刷的标志，以警告工作人员，使其在装卸、搬运、运输和保管过程中按货物的特性采取相对应的措施，保护货物与人身安全。我国国家标准《危险货物分类和名称编号》（GB6944—1986）把危险货物分为 9 类，依次为爆炸品、压缩气体和液化气体、易燃液体、易燃固体、氧化剂和有机过氧化物、毒害品和感染性物品、放射性物品、腐蚀品等。

（1）危险品标志的图形

主要危险品货物标志图形如表 6-6 所示。

表 6-6 危险品货物标志图形

序号	标志名称	标志图形	序号	标志名称	标志图形	序号	标志名称	标志图形
1	爆炸品 符号：黑色 底色：橙红色		7	遇湿易燃物品 符号：黑色或白色 底色：蓝色		13	感染性物品 符号：黑色 底色：白色	
2	易燃气体 符号：黑色或白色 底色：正红色		8	氧化剂 符号：黑色 底色：柠檬黄色		14	一级放射性物品 符号：黑色 底色：白色，附一条红竖条	
3	不燃气体 符号：黑色或白色 底色：绿色		9	有机过氧化物 符号：黑色 底色：柠檬黄色		15	二级放射性物品 符号：黑色 底色：上黄下白，附二条红竖条	
4	易燃液体 符号：黑色或白色 底色：正红色		10	剧毒品 符号：黑色 底色：白色		16	三级放射性物品 符号：黑色 底色：上黄下白，附三条红竖条	
5	自燃物品 符号：黑色或白色 底色：上红色		11	有毒品 符号：黑色 底色：白色		17	有毒气体 符号：黑色 底色：白色	
6	易燃固体 符号：黑色 底色：白色红条		12	有害品（远离食品） 符号：黑色 底色：白色		18	腐蚀品 符号：上黑下白 底色：上白下黑	

（2）危险品尺寸标志

危险品尺寸标志分为四种，如表 6-7 所示。

表 6-7 危险品尺寸标志

尺寸号别	长/毫米	宽/毫米
1	50	50
2	100	100
3	150	150
4	250	250

（3）危险品标志的颜色

危险品的颜色按表 6-6 规定。

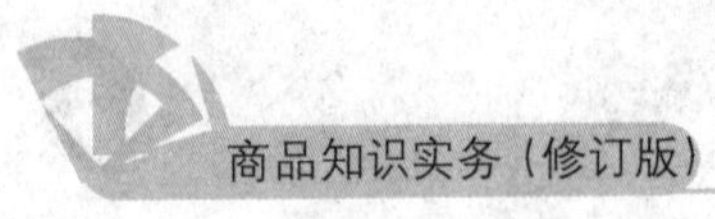

5. 标志的标注

（1）标志的标注

可采用粘贴、钉附、喷涂、拴挂、印刷等方法打印标注标志。印刷时外框线及标志名称都要印上；喷涂时外框线及标志名称可省略。

（2）标志的数目及位置

标志的数目及位置规定如下：

1）箱类包装位于包装端面或侧面。

2）袋类包装位于包装明显处。

3）桶类包装位于桶身或桶盖。

4）集装箱单元货物应位于四个侧面。

每种危险品包装件上都应按类别粘贴相应的标志。但如果某种物质或物品还有属于其他类别的危险性质，包装上除了粘贴该标志作为主标志外，还应粘贴标明其他类别的危险性的标志作为副标志，副标志的图形的下角不应标有危险物的类项号。

非危险品货物，需标注何种标志，应根据货物的性质正确选用。如表 6-5 中的标志 7“重心”应标注在能正确标示出实际重心位置的四个侧面上；标志 17“由此吊起”应标注在包装件两个相对侧面的实际起吊位置上。

6. 运输包装在国际贸易中的应用

在国际贸易中，对需要包装的商品，买卖双方必须在合同中规定包装条款。因为有些国家的法律认为，买卖合同中关于包装的规定也是合同的一项重要条件。如果卖方提供的商品在包装方面与合同的规定不符，买方有权拒收货物或要求赔偿损失。

国际贸易合同中的包装条款，主要包括包装材料、包装方式、包装标志和保护费用等内容。订立包装条款时，通常要注意以下问题：

1）应根据商品类型和运输方式对包装材料和包装方式作出具体明确的规定，不宜使用含义不清或容易引起争论的语句，有时还必须指明每件商品的重量和数量。

2）包装费用一般都包括在商品价格之内，如买方提出需要特殊包装，卖方可另计包装费用，由买方负担。

3）如买方提供包装或包装材料，合同中应规定提供的时间和其运抵卖方的最迟时限，以防止因买方不能按时提供包装而影响卖方及时交货。

4）按国际贸易习惯，运输包装标志一般由卖方设计确定。如果买方提出由自己提供设计，卖方也可接受，但合同中应注明在装运期前多少天提供，否则卖方有权自行决定。

二、销售包装

1. 销售包装的含义及其功能

商品销售包装又称小包装、零售包装，是以销售为目的，与商品一起出售给消费者的小型包装。它是与消费者直接见面的包装，其作用除了保护商品外，更重要的是美化和宣传商品。因此，销售包装应便于陈列展销，便于识别和使用，同时具有吸引力，才能使包装的商品在市场上有竞争力。它具有如下功能：①识别功能。②便利功能。③美化功能。④想象和联想功能。

2. 销售包装的设计原则

为最大限度地发挥商品包装的功能，充分发挥包装对物流环境的作用和对市场营销的影响，商品包装设计应遵循一定原则。

（1）科学性与安全性

包装设计要根据被包装物的特性和需要保护的等级以及运输、储存、销售、环保等方面的要求，合理地选择包装材料，科学地确定包装造型结构和防护方法，运用先进的包装技术与工艺，使包装整体结构具有最大的合理性和足够的强度，充分保证内装商品的安全，并取得各包装功能间的综合平衡。

（2）流通性与方便性

要考虑适应运输、装卸、堆码、储存等流通环节的要求，考虑人工搬运的能力限度和机械搬运的效率，堆码和充分利用运输、搬运工具和仓储空间，合理地确定包装物的形态、体积和重量。要根据现代化商品生产、销售和使用的要求，便于生产者实现连续化、自动化包装，便于销售者陈列展销，便于消费者携带、使用、启闭等。同时，还要根据不同的消费对象采用不同容量、数量、规格的包装，采用相关商品配套包装。

（3）美观促销性与创新性

要有美的造型、色彩和图案，满足消费者的审美心理需要，促使消费者产生对商品的美感，使包装装潢能够迎合消费者的心理，在促进商品销售中起到显著作用。商品包装设计要适应市场和时代发展变化的需要，不断创新，使商品包装新颖、独特，即与其他同类商品包装有鲜明区别，从而可以提高商品的市场竞争能力，占领市场，扩大销路。

（4）卫生性与环保性

在食品、药品、化妆品、卫生用品等商品的包装设计中，要特别注意包装商品的卫生安全要求，一方面要求包装能隔绝各种不卫生因素的污染，尤其是微生物、害虫、鼠类的污染；另一方面要求包装材料不应含有有毒物质和产生有害化学变化（包装材料不能与商品成分发生化学反应而生成有毒物质，污染商品）。

在设计包装时，要考虑环境保护的要求，增加无污染意识和环保意识，适应世界市场因各国对包装材料及包装废弃物提出的新标准和新法规而引起的新竞争，大力发展废弃物回收复用，研究使用易于回收再生或自行降解的绿色包装。同时，在包装设计中还要注意合理开发节省的资源包装。

（5）经济性

包装与商品成本、流通费用密切相关，在保证包装所要求的必要功能条件下，包装

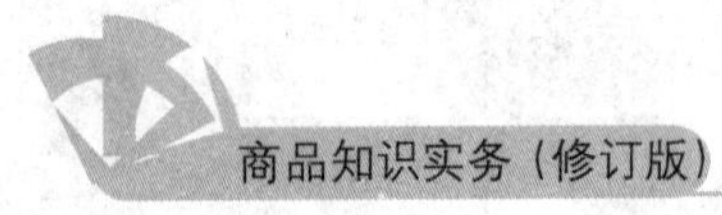

设计应选择价格便宜的包装材料；在不影响包装质量的前提下，包装设计应选择价格较低的包装材料，采用经济、简单的工艺方法以降低包装成本，从而降低商品价格；在满足强度要求的前提下，应选用重量较轻的包装材料，尽可能减少包装重量，缩小包装体积，实现包装规格标准化，以提高运输装卸能力和仓库容量的利用率，减少流通费用。

3. 商品销售的包装装潢

包装装潢是指对商品销售包装的装饰和美化，使包装的外形、装帧、图案、色彩、文字、商标品牌等各要素构成一个艺术整体，起到传递商品信息、表现商品特色、宣传商品、美化商品、促进销售和方便消费等作用。销售包装装潢是商品在市场上随处可见的广告，是直接向现有市场和潜在市场传递信息的工具，是提高商品竞争力的有力武器，是促进市场营销的典型方式。一个成功的销售包装对增强销售和提高售价所产生的作用无疑是巨大的。

（1）包装装潢设计的基本要求

1）装潢设计要突出内装商品，主题分明。包装装潢应以内装商品为中心和主体，以简练准确地传递与商品质量特征、作用功能、使用保管方法等有关的信息为首要目的。图案应简洁醒目，色彩应明快悦目，文字说明应流畅、明确、易懂，选材应得当，造型应美观、实用。

2）装潢设计要风格独特，不落俗套。在商标、图案的设计、色彩的应用及整体造型等方面力求新颖、奇特、美观，以具有独特个性见长。

3）装潢设计要寓意美好，且含蓄深远。整体设计效果，除必要的明示之外，应能巧妙运用图、文、形、彩的结合给消费者以种种暗示，引发联想，诱导消费。

4）装潢设计要注意对不同地区、不同民族文化背景的研究。不同的国家和地区有不同的文化背景、宗教信仰、风俗习惯、道德观念、生活方式，因而也就有他们自己喜爱或禁忌的图案及相应的规定，产品的包装只有适应这些才有可能赢得当地人们的认可。如果出口商品的包装设计不讲究禁忌，不仅商品不能销售出去，甚至会引起法律诉讼和民族冲突。包装装潢设计中的图案和色彩的应用，应符合文化背景，投其所好，避其禁忌。例如：

文字数字上的禁忌：日本忌讳“4”和“9”这两个数字，因此，出口日本的产品，就不能以“4”为包装单位，像 4 个杯子一套，4 瓶酒一箱这类包装，在日本都将不受欢迎；欧美人忌讳“13”。

图形上的禁忌：如阿拉伯国家规定进口商品的包装，禁止用六角星图案。因为六角星与以色列国旗上的图案相似，阿拉伯国家对带有六角星图案的东西非常反感和忌讳；英国商标上忌用人像作商品包装图案，还忌用大象、山羊图案，却喜好白猫，视孔雀为恶鸟，不宜用作商标，而视马为勇敢的象征。法国人也视马为勇敢的象征，但法国人忌核桃，忌用黑桃图案，商标上忌用菊花，视孔雀为恶鸟，忌讳仙鹤、乌龟，不宜用作商标。

色彩上的禁忌：不同的民族，由于风俗习惯、宗教信仰的不同，对色彩会有不同的禁忌。“入乡随俗”、“随俗为变”，对于打入国际市场的产品不能不考虑不同国家或民族对色彩的好恶习俗，以免出现不必要的漏洞。对出口包装进行设计时，应根据世界各国的生活习俗，选择适宜的色彩。日本忌绿色喜红色；美国人喜欢鲜明的色彩，忌用紫色；伊斯兰教徒特别讨厌黄色，因为它象征死亡，喜欢绿色，认为它能驱病除邪；巴西人以紫色为悲伤，暗茶色为不祥之兆，对此极为反感；法国人视鲜艳色彩为高贵，备受欢迎；瑞士以黑色为丧服色，而喜欢红、灰、蓝和绿色；荷兰人视橙色为活泼色彩，橙色和蓝色代表国家的色彩；丹麦人视红、白、蓝色为吉祥色；意大利人视紫色为消极色彩，服装、化妆品以及高级的包装喜好用浅淡色彩，食品和玩具喜好用鲜明色彩；埃及人以蓝色为恶魔，喜欢绿色；印度人喜欢红色；奥地利、土耳其人喜欢绿色，而法国、比利时、保加利亚人讨厌绿色；蒙古人厌恶黑色。

因此，了解出口国家包装物的禁忌色彩，对设计出口商品包装至关重要。如我国出口德国的红色鞭炮曾在相当长的一段时期内打不开销售局面，产品滞销。我国出口企业在进行市场调研后将鞭炮表面的包装用纸和包装物改成灰色，结果使鞭炮销售量直线上升。

5）装潢设计要注意美化与实用相结合。无论怎样去美化、装饰，始终不应忘了装潢设计要方便消费，要有利于促销等实用性目的。

6）装潢设计要注意各部分的协调一致。成功的销售包装装潢，应是材、形、文、图、色等方面的完美统一，在整体上形成抵挡不住的艺术冲击力、无法拒绝的情感亲和力，使消费者在其感染之下，接受内装商品。

（2）装潢设计的基本内容

装潢设计的基本内容有造型设计、图案设计、文字设计和色彩设计。

1）造型设计。造型首先要实用，其次要美观，第三要富于变化。销售包装的造型一般有堆叠式、可挂式、透明式、开窗式、携带式、易开式、复用式、礼品式等。还可在包装容器外部与内部附加彩带、花结等，以突出和增强包装造型的艺术效果。需要说明的是，简化原则对包装造型尤为重要，这是大批量生产和包装的实用性所决定的。首先繁杂的造型不适于大批量生产，不符合经济节约原则，也不便于使用；其次也与现代人的审美情趣有关，简洁明快的造型易于被感知，自然、流畅、有创意的造型是现代人所青睐的。

2）图案设计。包装装潢正面中的照片、绘画、装饰纹样及浮雕等形式，都称为包装画面的图案。透明包装和开窗包装中所显示出来的商品实物，也是装潢画面的一个组成部分。图案设计常常运用多种艺术手法，如装饰画、国画、油画、水彩画、卡通画、素描、书法、篆刻、剪纸、雕塑、摄影等，并采用多种艺术技巧，使艺术主题得以淋漓尽致地发挥和创造。

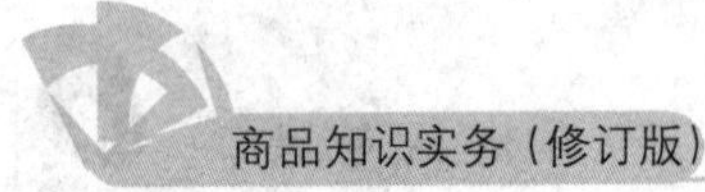

3）文字设计。文字设计是装潢表面设计的重要组成部分，它的主要作用是宣传商品、介绍商品，同时在画面中起到装饰作用。文字的构思和设计应根据商品特质和销地特点，尽量做到既形美又达意，语言要简练真实，用词要严谨，文字和译文要准确，字体风格和装饰画面要统一协调，并合理布局。商标和品牌是装帧画面的灵魂，要设计在画面的主要部位；商品名称可以放在次要位置；其他资料文字、说明文字、广告文字等要依主次合理摆布。目前，许多销地国家要求商品包装使用两套或两套以上文字，因此要根据不同国家的特点和要求，合理选用文字，要在书法布局、字的大小、字体选用、疏密关系等方面认真构思，正确抉择。

4）色彩设计。色彩是装潢画面先声夺人的艺术语言，是消费者选购商品的视觉导向，色彩能传递各种信息，表达丰富的寓意，唤起人们的美好想象，从而给商品销路带来直接的影响。色彩设计要服从画面主题，要根据商品性质、特点去表现，尤其要考虑本色、流行色和习惯色的运用。

每个国家和地区都有其喜好的传统色彩，即基本色。各国人民对色彩的感觉和爱好，往往受地理条件、宗教信仰、民族传统、政治因素、生活方式等的影响。

流行色是某一时期、某一地区为广大群众所接受、所喜爱的带有倾向性的色彩。流行色的产生是人的新鲜感提出要求而形成的必然结果，它的发展具有一定规律性。人们对流行色的追求，反映了人们渴望变化、顺应潮流、完善自我、勇于追求的精神状态，是现代人类生活的一个特征。装潢色彩设计应不失时机地捕捉流行信息，设计出具有流行风格和时代感的色彩来。

第四个问题：如何认识商品包装的新趋势——绿色包装

当今环境和资源问题是影响人类生存和发展的两大问题。人们的环保意识日益加强，在生活水平提高的同时，消费观念向绿色转变；同时在国际市场上，对环保和“绿色包装”的要求越来越受到重视，成为越来越多国家进口产品的必要前提，国际贸易加强了商品的绿色壁垒，在这种情况下，商品包装必然要从传统包装向绿色包装转变，必然呈现绿色发展趋势。

一、绿色包装的内涵

绿色包装发源于 1987 年联合国环境与发展委员会发表的《我们共同的未来》，到 1992 年 6 月联合国环境与发展大会通过了《里约环境与发展宣言》、《21 世纪议程》，随即一个以保护生态环境为核心的绿色浪潮在全世界范围内掀起。

“绿色包装”（green package）亦称“环境之友包装”（environmental friendly package），是指对生态环境和人体健康无害，能循环复用和再生利用，可促进国民经济持续发展的包装。也就是说包装产品从原材料选择、产品制造、使用、回收和废弃的整个过程均应符合生态环境保护的要求。它包括节省资源、能源，减量、避免废弃物产生，易回收复用，再循环利用，可焚烧或降解等生态环境保护要求的内容。绿色包装的内涵随着科技的进步还有待发展完善。

从这个概念中可以发现绿色包装应满足以下要求：

一是包装材料减量化（reduce）。包装在满足保护、方便、销售等功能的条件下，应使用量最少。

二是包装应易于重复利用（reuse）或易于回收再生（recycle）。通过生产再生制品、焚烧利用热能、堆肥化改善土壤等措施，达到再利用的目的。

三是包装废弃物可以降解腐化（degradable）。其最终不形成永久垃圾，进而达到改良土壤的目的。

四是包装材料对人体和生物应无毒无害，包装材料中不应含有毒性的元素、病菌、重金属或含量应控制在有关标准以下。

五是包装制品从原材料采集、材料加工、制造产品、产品使用、废弃物回收再生，直到其最终处理的生命全过程均不应对人体及环境造成公害。

二、实施绿色包装的途径

1. 政府加强立法促进企业绿色包装的应用

世界大多数国家为维护本国生态环境不受污染，纷纷制定出台了一系列强制性的包装法规，依法管理包装的生产、流通和使用。一些发达国家倡导适度包装，如美国就对商品包装复杂豪华程度按照一定的比例作了规范限制，过度包装超出要求则重罚，以此迫使厂家简化包装，日本甚至提出零包装的想法。鉴于包装废弃物是环境污染的主要问题，各国都想方设法对包装废弃物分类回收，进行再生利用，如以立法形式规定啤酒、软性饮料和矿泉水必须使用可循环使用的容器；制定强制包装再循环或利用的法律。我国于 1998 年颁布了《包装资源回收利用暂行管理办法》，规定了废弃物的处理，但要缩小与国际社会标准之间的差距，还远远不够。因此，加强立法将包装及包装废弃物的管理纳入法制轨道已势在必行。我们应根据我国的实际国情，借鉴发达国家发展绿色包装的管理经验，尽快制定相关的法律、法规，对我国的包装材料与包装制品的使用、废弃包装的处理方式、包装材料的安全性、包装废弃物回收利用等方面进行法律规范。

2. 应用生命周期分析法，建立商品包装综合评价体系

生命周期分析法（life cycle assessment，LCA）是一种评价产品、工艺和活动从原材料采集到产品生产、运输、销售、使用、回收、维护和最终处理整个生命周期阶段的相关的环境负荷的过程。它通过分析比较一个产品系统的相关投入产出清单，评价投入产出过程伴随着的潜在的环境影响，比照研究目的，对清单分析结果及影响评估的各个阶段进行有效的释义来评价与产品相伴随的环境因素及潜在的环境影响。对包装的最早

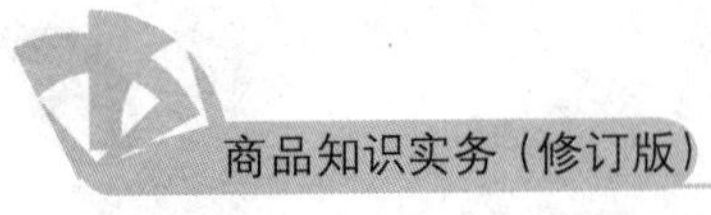

生命周期评价由美国可口可乐公司发起。1969年，该公司就针对饮料包装瓶试图从原材料的采掘到最终废弃物的处理，进行全过程跟踪和定量分析，来决定哪种包装瓶对环境的影响最小、对资源使用的压力最小。

包装系统涉及一个包装产品的整个生命周期。因此评价一个包装系统必须用生命周期法，坚持考察整个生命周期的所有环节对环境的总影响，才能做出正确、客观、全面的判断，避免决策上的主观性和盲目性。包装业要与科研院所展开合作，对各种包装材料运用生命周期分析方法，结合我国包装的实际运用情况，进行投入产出定性和定量的分析评价，建立包装综合绿色评价体系，由此对各种材料提出科学的使用和处置建议，指导企业合理选择绿色包装，并为制定正确的政策、法律，建立科学的绿色管理体系提供依据。

3. 企业树立绿色观念合理设计包装

企业要树立绿色观点，在包装设计过程中要从产品的特点出发，加以合理设计，在实现包装促销目的的前提下控制与包装成本费用，还要着重考虑环境因素，制定绿色包装策略，使包装符合相应的法规或者管理条例，树立企业绿色形象。具体可从以下几方面进行：

1）绿色包装的材料选择是根本。材料选择应以系统的观念，分析它们对环境的影响。要比较不同材料的环保性能，从资源的再生性、材料的持续使用性、材料加工的能源消耗和污染、运输储存以及回收再用加工成本等几个方面综合考虑，做出选择。

2）尽量使用单一材料以利于回收后的再生加工。若多层结构应考虑使用可分离结构或可共存材料，这样不会增加再生循环的加工难度。对于用于再生的纸箱生产商应不在表面上蜡、上油，或涂塑、沥青等防潮材料，而采用水溶性的颜料。

3）包装的重复使用对废弃物的减量最为有效，是绿色包装的最基本的要求。在设计时要注意容器的坚牢度与重复使用次数和材料耗用量的关系，仔细核算周转回收运输距离，以及对使用过的包装洗涤利用的成本，将此过程中对环境的影响和经济效益结合起来综合考虑。

4）包装设计可拆卸化。需要复合材料结构形式的包装应设计成可拆卸式结构，有利于拆卸后回收利用。

5）有效的包装设计，减少包装材料用量，降低废物的产生量。首先，包装形状设计要注意不同形状的包装容积率不同，如短而圆的瓶子要比细长、扁平的瓶子使用效率更高。因而包装设计中应结合商品特性选择环境负荷小的替代材料，如用PET代替玻璃生产饮料容器，可使材料减量，重量也大为减轻，降低运输量，减少汽车尾气的排放，且废弃后包装也可回收循环利用，提倡使用可再充填包装；例如洗涤剂、化妆品空瓶再填充业务；简化包装、改小包装为大包装等。

6）要重视包装材料的开发与替代和包装废弃物的回收与再利用，节约能源与资源。

总之，绿色包装充分体现了环境保护与经济发展相互协调、可持续性发展的思想策略，发展绿色包装已成为世界各国商品包装的必然选择。我们应通过宣传，在民众中树立绿色包装意识，引导消费者抵制过度包装商品和使用有污染包装制品包装的商品，促进我国绿色包装的发展。

课后检测

1. 商品包装的作用有哪些？
2. 商品包装有哪些基本要求？
3. 各种包装材料都有什么特点？
4. 运输包装标志有哪些？各代表什么含义？
5. 商品包装呈现什么样的发展趋势？
6. 何为商标？商标有什么样的作用？
7. 商标使用设计上有哪些管理规定要求？

知识漫游

本章主要介绍了商品包装的概念、作用、分类、要求以及包装的主要材料，并进而介绍了运输包装、销售包装以及绿色包装的相关内容。

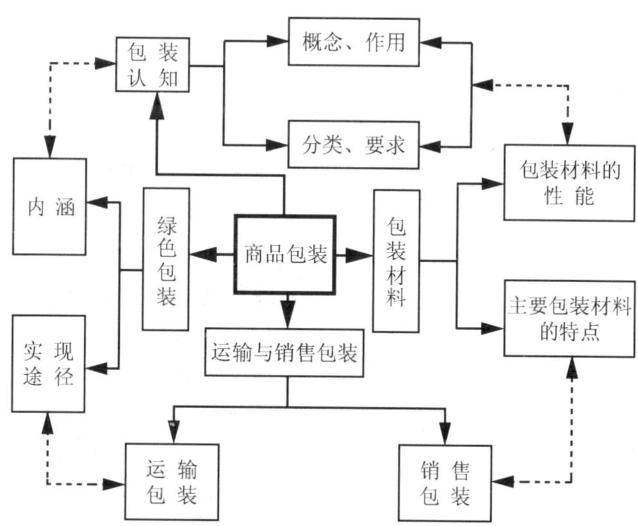

第7章

日用工业品

学习目标

阅读本章后，你将能够：

- 了解洗涤用品的含义及分类，掌握其质量特性。
- 理解化妆品的含义及分类，掌握其质量特性。
- 理解塑料制品的含义及分类，掌握其质量特性。
- 理解玻璃制品的含义及分类，掌握其质量特性。
- 了解陶瓷制品的含义及分类，掌握其质量特性。

怎样鉴别塑料袋的毒性

时下，购物用塑料袋已经成为市民约定俗成的习惯，然而，塑料袋使用虽方便，但其中有一些是有毒的，人们食用了此类塑料袋包装的食品后，将对身体健康造成一定伤害。那么，怎样鉴别塑料袋有无毒性呢？塑料袋一般是由两类塑料薄膜制成的：一类是聚乙烯、聚丙烯等原材料制成；另一类使用聚氯乙烯制成。前者无毒，后者有毒，不能包装食品。塑料袋有无毒性可用简便方法鉴别（见图 7.1[①]）：

图 7.1　塑料袋之思

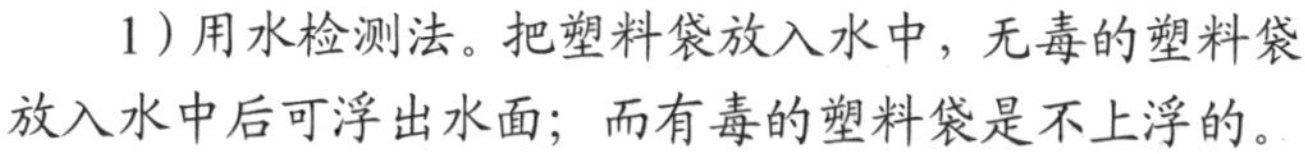

1）用水检测法。把塑料袋放入水中，无毒的塑料袋放入水中后可浮出水面；而有毒的塑料袋是不上浮的。

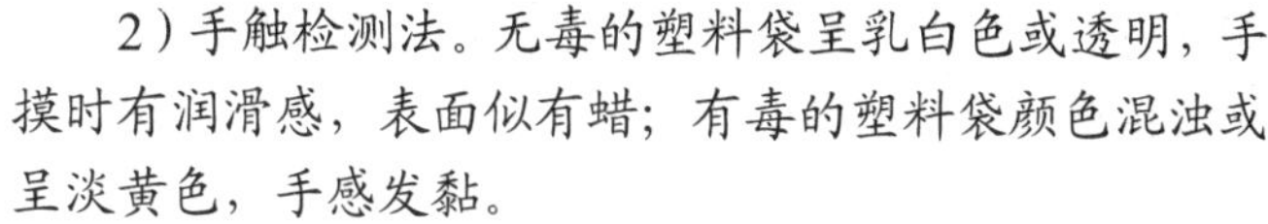

2）手触检测法。无毒的塑料袋呈乳白色或透明，手摸时有润滑感，表面似有蜡；有毒的塑料袋颜色混浊或呈淡黄色，手感发黏。

3）抖动检测法。抓住塑料袋一端用力抖，发出清脆声音者无毒，声音闷涩者有毒。

4）火烧检测法。无毒的塑料袋易燃，火焰尖端呈黄色，局部呈青色，燃烧时像蜡烛泪一样滴落，有石蜡味；有毒的塑料袋不易燃，离火即熄，火焰尖端呈黄色，底部呈绿色，软化能拉丝并有刺激性气味。

请思考：

1. 塑料制品有什么样的特点？
2. 聚乙烯和聚氯乙烯有什么样的区别？

第一个问题：如何选择洗涤用品

全世界洗涤用品工业生产自第二次世界大战后至今已逐步形成了一个较完整的工业体系，数十年来，由于科学技术的不断进步和石油、化学工业的高速发展以及人们对洗涤用品的需求，全世界洗涤用品生产得以迅猛发展。中国国内商品市场上各种优质、多效、安全的洗涤剂、肥皂、香波、浴液等琳琅满目，充分显示出中国洗涤用品工业的繁荣景象。洗涤用品种类较多，在这里只介绍肥皂、合成洗涤剂、牙膏和洗洁精的质量特性。

① 图片转引自 http://www.zbnews.net，张兮兮图。

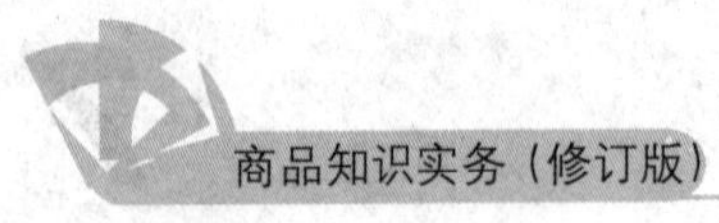

一、肥皂

1. 肥皂的概念与分类

肥皂是指用油脂与碱经过皂化作用制成的高级脂肪酸盐，并辅以各种原料而成的产品。肥皂有多种分类方法：

1）根据肥皂使用领域可分为家庭用皂和工业用皂。

2）根据肥皂的硬度可分为硬皂（主要是钠皂）和软皂（主要是钾皂）。

3）根据肥皂的定义可分为碱金属皂（如钠皂、钾皂）、有机碱皂（如丝光皂）、金属皂（它一般不溶于水，不能用于洗涤，主要用于工业）。

2. 各种肥皂的质量特性

（1）洗衣皂

洗衣皂通常也称为肥皂，主要用做洗涤衣物，也适用于洗手、洗脸等。肥皂的主要原料是天然油脂、脂肪酸与碱生成的盐。肥皂在软水中去污能力强，但在硬水中与水中的镁离子、钙离子生成不溶于水的镁皂、钙皂，去污能力会明显降低，还容易沉积在基质上，难以去除。另外，在冷水中其溶解性差。

（2）香皂

香皂是指具有芳香气味的肥皂。香皂质地细腻，主要用于洗手、洗脸、洗发、洗澡等。制造香皂要加入香精，香精性质温和，对人体无刺激，使用时香气扑鼻，并能去除肌体的异味，用香皂洗涤衣物能使衣物保持一定时间的香气。

（3）透明皂

透明皂既可以当香皂用，又可以当肥皂用。其脂肪酸介于肥皂和香皂之间，采用纯正浅色的原料，如牛油、椰子油和松香油等，加入甘油、糖类和醇类等透明剂制作而成。

（4）药皂

药皂也称为抗菌皂或去臭皂。由于在制作过程中加入了一定量的杀菌剂，因而其对皮肤有消毒、杀菌、防止体臭等作用。药皂常用于洗手、洗澡等。

（5）液体皂

液体皂是近年来受到消费者欢迎的一个新品种。用于皮肤的液体皂呈中性，与人体皮肤 pH 值较接近，对皮肤、眼睛无刺激性，有泡沫和黏度，也有一定的去污能力。

3. 肥皂的质量要求（从感官指标分析）

在外观色泽方面，洗衣皂颜色应均匀洁净，香皂色泽应均匀稳定；洗衣皂应硬度适中、不发黏、不分离、不开裂，香皂应细腻均匀，无裂纹、气泡、斑点、剥离、冒汗等现象；在气味方面，洗衣皂应无不良气味，香皂应具有各种天然或合成香料配成的一定类型的持久香味。在形状方面，洗衣皂形状应端正、收缩均匀，不得有歪斜、变形、缺边、缺角等现象；香皂可以压成各种形状，也不得有歪斜、变形、缺边、缺角及字迹模糊等现象。

二、合成洗涤剂

1. 合成洗涤剂的分类

合成洗涤剂的用途广、品种多，它有许多分类方法，具体介绍两种方法如下：

（1）按使用领域分类

合成洗涤剂可分为家庭用洗涤剂和工业用洗涤剂两大类。家庭用洗涤剂用量大，占合成洗涤剂总量的 80%以上。工业用洗涤剂主要用于纺织印染行业中原料、织物等的清洗，金属表面油污、涂料清洗等。

（2）按使用目的分类

合成洗涤剂可分为衣用洗涤剂、发用洗涤剂、皮肤用洗涤剂、厨房用洗涤剂、卫生设备洗涤剂等。衣用洗涤剂主要包括一般洗涤剂、干洗剂、织物柔顺剂和各种面料洗涤剂等。发用洗涤剂属于化妆品类，主要用于洗涤和调理头发。皮肤用洗涤剂主要有沐浴液、洗面奶、洗手液及口腔清洗剂等。皮肤用洗涤剂有一部分属于化妆品类。厨房用洗涤剂主要有餐具、蔬菜、瓜果清洗剂，冰箱、冰柜清洗剂，炉具、灶具清洗剂等。

2. 各种合成洗涤剂的质量特性

（1）洗衣粉

洗衣粉主要用于清除衣物上的污垢，它由表面活性剂、离子交换剂、抗再沉积剂、荧光增白剂、碱性助剂、填充剂等组成，有的产品还加入漂白剂、酶和香精、色素等。洗衣粉根据比重的不同，分为普通型和浓缩型。普通型洗衣粉适合于手洗和机洗，而浓缩型洗衣粉碱性稍高，适合于洗衣机使用。

（2）液体洗涤剂

液体洗涤剂由各种表面活性剂组成，有些产品还加入一些助剂和溶剂等。主要有餐具洗涤剂、织物柔软剂和衣料用液体洗涤剂。

餐具洗涤剂是常用的一种典型的轻垢型液体洗涤剂。它是开发最早、数量很大的一种液体洗涤剂。按照功能可分为单纯洗涤和消毒洗涤两种。

有些衣物在洗涤后会失去原有的柔软性，发硬、发直，手感和外观都变得很差。织物柔软剂的主要作用是降低纤维间的静摩擦系数，赋予纤维柔软的手感。棉织物柔软剂大都含阳离子表面活性剂，它们与天然织物有较好的结合力，使织物柔软丰满；合成纤维柔软剂含烷基酰氨基的疏水化合物。

衣料用液体洗涤剂主要用来除去油脂和类似油脂的污垢。

（3）洗衣片剂

洗衣片剂是近年来发展较快的一种新型产品，它是由粉状洗涤剂与成片助剂混合后压制而成的，具有超浓缩、用量少、去污强、使用和携带方便等特点。

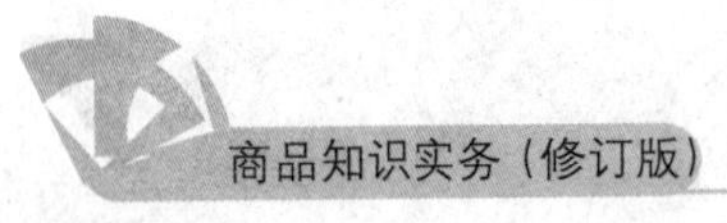

3. 合成洗涤剂的质量要求（从感官质量指标分析）

在色泽和气味上，各种洗涤剂应正常无异味。粉状洗涤剂要求白净，不得混有深黄色或黑色，添加色料的，其色泽应均匀一致；液体洗涤剂要求清澈透明，不混浊：浆状洗涤剂浆料应均匀，无结晶和分层现象。稳定性是指洗衣粉在外界条件影响下，有无泛红变臭等变质现象。此外，粉状洗涤剂要求具有较好的流动性和较小的吸潮结块性。

三、牙膏

牙膏主要由摩擦剂、洁净剂、胶黏剂、防腐剂、芳香剂和水组成。另外还可在普通牙膏的基础上加入一定比例的氟化物或其他某些药品，制成氟化物牙膏及其他的药物牙膏。牙膏具有摩擦和洁齿、消除口臭、抑菌灭菌、预防蛀牙、保持牙齿健康美观等作用。

1. 牙膏的分类

市场上销售的牙膏主要有两大类，即普通洁齿牙膏和药物牙膏。普通牙膏，其主要成分包括摩擦剂、洁净剂、润湿剂、防腐剂、芳香剂，具有一般牙膏共有的作用。如果牙齿健康情况较好，选择普通牙膏即可。药物牙膏近年来发展很快，品种较多，主要有消炎止血药物牙膏、防龋齿药物牙膏、脱敏药物牙膏等。

2. 药物牙膏的质量特性

1）消炎止血药物牙膏。主要用于防治牙周炎、牙龈出血等口腔疾病。牙周炎、牙龈炎的症状一般是牙龈出血，牙周沟加深，牙周组织发炎、萎缩，致使牙根松动，咀嚼无力。使用消炎止血药物牙膏，主要是抑制牙结石和菌斑的形成，或改变有机物对牙齿的附着能力。这类牙膏使用的药物主要有草珊瑚、两面针、田七等。

2）防龋齿药物牙膏。其特效成分可降低口腔内乳酸对牙釉的侵蚀，使牙齿的牙釉具有耐酸、坚硬、抗磨等性能，对蛀牙有防治作用。

3）脱敏药物牙膏。主要防治牙齿对冷、热、酸、甜等出现过敏性的疼痛。这类牙膏的有效成分被牙釉、牙本质吸收，能降低牙体硬组织的渗透性，提高牙组织的缓冲作用，增加牙周组织的防病能力，达到脱敏效果。防酸牙膏、脱敏牙膏均属此类。

3. 牙膏的质量要求

（1）感官要求

主要有：色泽一致；膏体湿润、均匀、细腻；香味应“香、甜、清、爽”，口感好，香表示香味纯正，甜指果味香精后味，清是清凉，指添加了薄荷香精的清凉感，爽指香精无杂味，爽口。

（2）理化指标

理化指标主要有：泡沫量、挤膏压力、稠度、pH 值、稳定性等。

1）泡沫量。它是了解发泡去污效果的一个重要指标，一般来说泡沫量高比较好，易去除口腔污垢，但不宜太高，否则漱口时不易漱净，会残留一些表面活性剂的味道，对口腔有一定的刺激。

2）挤膏压力。它反映了膏体黏稠情况，也反映了所使用的牙膏软体的软硬程度，挤膏压力过大不易将膏体挤出，太小同样存在膏体太稀的问题。

3）稠度。它反映了膏体的性状，一般要求要适度。如果太稀，说明牙膏胶体破坏了，牙膏横卧放后，膏体会自动流出管外，既不卫生又影响质量；但稠度过大，牙膏不易分散，在口腔中刷不开来而脱落，也影响使用效果。

4）pH 值。它指的是膏体酸碱度，过高过低都对口腔有刺激作用。我国大多数牙膏产品的 pH 值为偏碱性。

5）稳定性。将牙膏放在−8℃的冰箱内 8 小时后取出，再放入 50℃恒温培养箱内 8 小时后取出，在室温下放置 4 小时，开盖观察膏体是否正常，从中可以反映出膏体配方的合理性、原料的品质和加工工艺情况。

（3）卫生指标

牙膏最关键的卫生指标是安全性，因为牙膏直接进入口中，如果卫生指标不符合要求的话将直接影响人们的身体健康。卫生指标包括细菌总数，大肠菌群、绿脓杆菌、金黄色葡萄球菌、重金属（铅、砷）的含量。

第二个问题：如何选择化妆品

一、化妆品的含义与作用

1. 化妆品的含义

按照国函（89）62 号“化妆品卫生监督条例”第二条所规定的化妆品定义，化妆品“是指以涂擦、喷洒或者其他类似的方法，散布于人体表面任何部位（皮肤、毛发、指甲、口唇）以达到清洁、消除不良气味、护肤、美容和修饰目的的日用化学工业品。”

2. 化妆品的作用

化妆品的上述定义实际上向我们暗示了它的以下几个主要作用：

1）清洁作用。如清洁霜、磨面霜、浴液、护发素、洗面奶、洗手液等，用来清除皮肤、毛发上的污垢。

2）护肤作用。如润肤霜、香脂、冷霜、防晒霜、甘油等，它有使面部、四肢的皮肤柔润、光滑及御寒、防晒等功效。

3）营养作用。用来营养皮肤，特别是面部皮肤，以保持皮肤角质层的含水量，延缓皮肤衰老，如加入氨基酸、各类精华素、维生素等添加剂的各种营养霜。

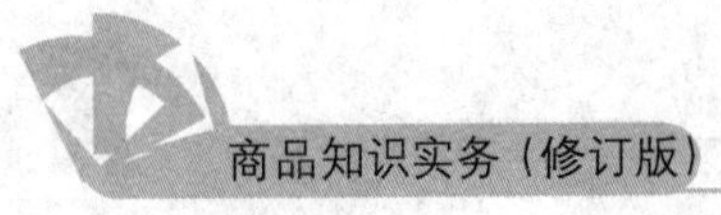

4）美容作用。有美化面部皮肤及毛发或散发香气功能的化妆品有粉底霜、胭脂、唇膏、眉笔、指甲油、眼影、古龙水、摩丝、染发剂、烫发剂等。

5）特殊作用。介于药品与化妆品之间的化妆品，如祛斑霜、防晒霜、除臭剂、健美苗条霜等，有特殊的功能，但不能代替治疗作用。

二、化妆品的分类

1. 按使用目的分类

1）清洁类化妆品，用于洗净皮肤、毛发的产品。
2）基础化妆品，指化妆前，用于对面部头发的基础处理的产品。
3）美容化妆品，用于美化面部和头发的产品。
4）疗效化妆品，即特殊用途化妆品。

2. 按使用部位分类

1）肤用化妆品。
2）美容化妆品。
3）发用化妆品。
4）特殊用途化妆品。

3. 按剂型分类

1）液体化妆品、乳液。
2）膏霜类、粉类、块状、棒状。

4. 按年龄分类

1）婴儿用化妆品。
2）少年用化妆品。
3）成人用化妆品。

5. 按生产过程结合产品特点分类

1）乳剂类。
2）粉类。
3）美容类。
4）香水类。
5）香波类。
6）美发类。
7）疗效类。

三、化妆品的质量要求

化妆品最基本的要求就是任何化妆品不能妨碍人体皮肤的分泌、排泄及呼吸等生理作用，保持皮肤原有的 pH 值，并尽可能避免过度干燥或油腻引起对皮肤的伤害。

1. 我国关于化妆品的法规

为了确保化妆品的质量，我国早在 1987 年就颁布了化妆品卫生质量的国家标准，包括《化妆品卫生标准》、《化妆品卫生化学标准检验方法》、《化妆品微生物标准检验方法》等。2002 年又重新修订了《化妆品卫生标准》并于 2003 年 1 月 1 日起实施。2007 年版的新标准主要对禁用物质名单等作了修订。

2. 化妆品的具体质量要求

（1）对化妆品的一般要求

化妆品不得对施用部位产生明显刺激和损伤；化妆品必须使用安全，且无感染性。

（2）感官质量要求

化妆品感官质量主要表现在色泽、气味、形状等方面。由于化妆品的种类繁多，感官质量要求也有不同。一般来讲，色泽上要求无色固状、粉状、膏状及乳状化妆品应洁白有光泽，液状应清澈透明，有色化妆品应色泽均匀一致、无杂色；气味上要求化妆品必须具有芬芳的香气，香味可根据不同的化妆品呈不同的香型，但必须持久、无强烈的刺激性；形状上要求固状化妆品应软硬适宜，粉状化妆品应粉质细腻，膏状化妆品应稠度适当、质地细腻，液状化妆品应清澈均匀、无颗粒杂质等。

（3）化妆品卫生安全要求

要求化妆品没有异臭，对皮肤和黏膜没有刺激和损伤，无感染性，使用卫生安全。具体有几方面的规定：

1）化妆品的微生物学要求应符合下列规定：眼部、口唇等黏膜用化妆品以及婴儿和儿童用化妆品细菌总数不得大于 500CFU/毫升或 500CFU/克；其他化妆品细菌总数不得大于 1000CFU/毫升或 1000CFU/克；每克或每毫升化妆品中不得检出粪大肠菌群、绿脓杆菌和金黄色葡萄球菌；化妆品中霉菌和酵母菌总数不得大于 100CFU/毫升或 100CFU/克。

2）化妆品中所含有毒物质不得超过规定的限量。在 2002 版的《化妆品卫生规范》中还规定了化妆品中限用的物质，如规定了对汞、铅、砷和甲醇等有害物质的限量，汞的限量为 1 毫克/千克、铅的限量为 40 毫克/千克、砷的限量为 10 毫克/千克、甲醇的限量为 2000 毫克/千克。

3）对化妆品原料的限定。禁止使用“欧盟化妆品规程”中规定的 421 种禁用物质（2007 年新增 790 种）和我国药品管理法规中规定的西药毒药类、毒性药品、麻醉药品、精神药品共 73 种禁用物质。

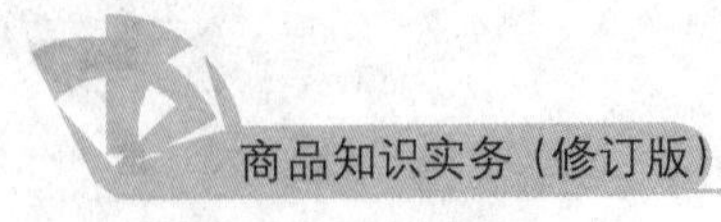

限制使用“欧盟化妆品规程”中规定的限用物质 67 种、防腐剂 55 种、紫外线吸收剂 22 种、着色剂 157 种。

（4）化妆品包装及标签的要求

化妆品的包装材料应无毒、清洁，包装应整洁美观、封口严密不泄漏。直接印在化妆品容器上或用标签粘贴在容器上的产品说明以及文字、图表和绘图等形式的其他有关说明都必须符合规定。化妆品标签除标有产品名称外，还应注明厂名、厂址、生产企业卫生许可证编号，小包装或说明书上应该注明生产日期和有效期限。特殊用途的化妆品还应注明批准文号。对含药物的化妆品或可能引起不良反应的化妆品还应注明使用方法和注意事项等。

另外，特殊用途的化妆品质量要求既要符合化妆品的要求，又要符合药品的规定。进口化妆品必须经国家商检部门检验，合格者方准进口。

四、化妆品的质量特性

1. 香水

（1）香水的成分

香水类化妆品包括香水、爽身水和收敛水。人们常说的香水是指溶液香水。香水主要由香精、酒精和水构成，香精是其中的核心成分。酒精在香水中的含量为 75%～80%，为溶解香精的溶剂，它不仅可以适当地散发香气，同时也具有灭菌和促进人体表皮下血液循环的作用。水在香水中的含量较少，它的存在可使香气挥发得更好，也可缓和刺激。具体香精成分有香脂、香柠檬油、苦柑橘、乳香、波斯树脂、茉莉（80%的现代香水中都要用到它）、劳丹脂、熏衣草、柠檬油、幽谷百合、没药、奈若利橙花油、橡树薹、香鸢尾花油、广藿香、玫瑰、檀香、零陵香豆、树藓、晚香玉、香子兰、香根、紫罗兰、香油树等。

（2）香水的鉴别

要想购买到适合自己的香水，首先要能够鉴别香水质量的好坏。鉴别香水的质量好坏，主要看香水的色泽、香味及包装。

1）香水的色泽。优质的香水必须是清澈透明、清晰度高的液体，无任何沉淀。一般不含色素，在摄氏 30℃温度下，经 24 小时不变色。

2）香水的香味。优质的香水香味纯正，并能保持一段时间。无刺鼻的酒精气味及其他令人不愉快的气味。根据香味的稳定性和香料的成分，香水和花露水分为特级和甲、乙、丙级四个等级。幻想型的特级香水洒在纺织品上，在一定条件下，其香味应该保持不少于 70 小时，花香型的不少于 60 小时。日常用的优质香水属于甲级产品。乙级和丙级的香水和花露水基本用于卫生目的。

3）香水的包装。香水促销常常要靠香水商品的视觉形象。如同其他商品一样，包装精细之处往往体现了商品的内在质量。香水的外包装是香水内在质量的一种显示。在鉴别香水质量时，要特别注意香水瓶的密封情况，瓶口与瓶盖之间要严密无间隙，否则易导致酒精挥发干涸。此外，还要注意香水包装是否整齐，图案是否清晰，瓶外观有无裂纹等疵点。若带喷头的香水瓶，还应检查喷头是否灵活，有无漏泄。

（3）香水的保存方法

1）香水应该存放在阴凉的地方，避免放在热空气及光线下，若将香水置于高温处，会使香水色调及香味产生变化。若想长久保存香水，可将香水加以外包纸包住，置于冰箱冷藏库中。

2）尽量避免摩擦及轻摇香水瓶。

3）不要以脏手指直接碰触瓶口，这样可能会破坏香水的原味。

4）香水用过后，瓶盖一定要拧紧，以避免香水的香气挥发殆尽。

5）香水可存放一年左右，贮存于室温下即可。如果发现香味变淡，或产生酸味，应该丢弃。

（4）香水常识——世界十大香水品牌

1）Anais 是香水经典的后起之秀，格调追求典雅高贵，回归浪漫，以发挥女性的娇柔为己任。

2）Cham Pangme 是于 1993 年推出的香水，气味独特，由多种花香、果香、草香及木香研制而成，已成为新一代女性香水的焦点。

3）Chanel No’5 是传奇人物可可•香奈尔（CoCo Chanel）于 1921 年创制。香味由 80 种不同的成分合成，外形及名字都显出女性刚强的一面。

4）Estee Lauder 是久负盛名的女性香水。

5）JOY-Jean Patoa 无论是高级时装还是香水都是法国名牌中的老字号。创制 JOY 的是香水专家让•克尔拉，主要用茉莉和玫瑰为成分，配方是高度保密的。

6）Lancoome 是香水老字号。有很久的历史，一些早年的产品已是博物馆中的古董珍品了。然而眼下 Lancoome 声名最响的确实它最新的香水——1990 年才推出的 Tresor（拥抱我）。创制人是美国的苏菲•格罗兹尼，主题是“拥抱我”，以花香为主，带着半东方色彩，感性而复杂，瓶子的设计意念来自花瓣和女性娇柔的肌肤。

7）Nina Ricci 直译是“时代的气息”，这款香水很快成为香水的经典，瓶盖是一对水晶造的野鸽子，是和平的象征、纯洁温柔的代名词，香水一如其水晶瓶子，轻柔清新。

8）Shalimar 是历年来全世界的最畅销的香水之一。1928 年已开设香水专卖，成分还是香柠檬、柠檬、玫瑰、茉莉、燕子花等，但效果令人迷惑地带着异域气息。

9）Tendre Poison 克里斯汀•迪奥（CD）早在 1946 年已创立，但第一支香水 Diorissimo 是 1956 年才推出的。1985 年的 Poison 轰动一时，一则取名“毒药”有石破天惊的效果，二则迪奥在维士康堡为配合 Poison 的推出而举行的晚会，盛极一时。

10）Cabotine 是在 1991 年推出，形象是美丽青春少女的化身，香气自然是清新的花香。

2. 指甲油

（1）指甲油的成分

指甲油又称“指甲漆”。它的主要成分为70%～80%的挥发性溶剂，15%左右的硝化纤维素，少量的油性溶剂、樟脑、钛白粉以及油溶颜料等。指甲油涂于指甲后所形成的薄膜，坚牢而具有适度着色的光泽，既可保护指甲，又赋予指甲以美感。

（2）指甲油的鉴别

判断指甲油的质量好坏，要看是否具备以下性质：

1）具有适当的干燥速度，并能硬化。

2）具有容易涂于指甲的黏度。

3）能形成均匀的涂膜，涂膜的光泽和色调能保持长久。

4）颜色均匀一致。

5）涂膜的黏着性良好。

6）涂膜具有一定的弹性。

7）用指甲油驱除剂洗擦时容易除去。

（3）指甲油的毒性

指甲油的成分一般有两类，一类是固态，主要是色素和闪光物质等；另一类是液体的溶剂成分，主要有丙酮、乙酸乙酯（俗称香蕉水）、邻苯二甲酸酯、甲醛等。指甲油的溶剂成分基本上是有毒或有害的物质，其中毒性最强的是邻苯二甲酸酯和甲醛，其次是丙酮和乙酸乙酯等。邻苯二甲酸酯会导致严重的生殖损害和其他健康问题；邻苯二甲酸酯和甲醛均是致癌物质。丙酮和乙酸乙酯由于挥发性强，能使指甲油快速干透，但是它们均属危险化学物质，易燃易爆，在挥发时会产生令人晕眩的刺激性气味，对室内空气造成染污，若长期吸入对神经系统可能产生危害。因此，不要让小孩接触指甲油，也不要在不通风的地方用指甲油，以免造成晕眩。

（4）指甲油的保存

指甲油一般情况下可以保存2年，在封闭环境中可以保存3年。

3. 粉底

粉底是妆容的基础，涂在脸上显得轻柔自然，用于调整肤色，改善面部质感，遮盖瑕疵，是日常妆的最佳选择。

（1）粉底的成分

粉底的类型很多，如粉底霜、粉底液等。无论是哪种类型的粉底，它们的基本成分大致相同。粉底的主要成分是颜料、油分、水分和色素。具体主要有：

1）滑石粉。滑石粉可使其他粉底平滑地铺展到皮肤上，并使皮肤滑爽。

2）高岭土和二氧化钛。使粉底具有较强遮盖力，并且可以消除滑石粉的闪光。

3）硬脂酸锌和肉豆蔻酸锌。具有较强的附着力。

4）碳酸钙和碳酸镁。可吸收皮肤表面的汗液和油脂，也有消除滑石粉闪光的作用。

5）颜料。一般是无机颜料和有机颜料混用。常用的无机颜料氧化铁与红色或橘黄色的有机颜料混合而成为粉底的颜料。

6）黏合剂。使上述的各种粉底溶合成型。主要由动植物和液体石蜡等矿物油或合成的脂油构成。

7）其他成分。防腐剂、抗氧化剂和香料等。

（2）鉴别粉底质量的方法

好的粉底要具备以下特点：

1）轻柔妥帖。粉底的质感一定是细腻柔软，涂在肌肤上似有若无，涂抹在脸上质感舒适。好的粉底抹在手背上应该是细腻柔滑且无颗粒状物的，完全涂开后应当呈透明妆效果。

2）浑然天成。粉底的颜色至关重要，一款好的粉底不是看上去“白”，而是涂到皮肤上后皮肤的色泽自然光洁。

3）吸收力强。好粉底一定是既轻薄同时又有较好的吸收度的。无论什么质地，只要轻轻一抹，就能立即被肌肤吸收掉，不会在肌肤表面留下任何的抹痕或杂质。

4）功效出众。好粉底除了美化肤色，会同时具有美白、保湿、防晒、控油、修复等功效，用后会使皮肤看上去柔滑、有光泽、健康滋润。

4. 防晒霜

阳光是造成肌肤老化与形成皮肤表面斑点的主要因素，只有做好防晒、有效预防黑色素的产生，才能时刻保持青春润泽。

选择防晒霜时主要看两个指标，一是防晒指数（sun protection factor，SPF），二是抗水性能。SPF 表明防晒用品所能发挥的防晒效能的高低。它是根据皮肤的最低红斑剂量来确定的。皮肤在日晒后发红，医学上称为“红斑症”，这是皮肤对日晒做出的最轻微的反应。最低红斑剂量，是皮肤出现红斑的最短日晒时间。使用防晒用品后，皮肤的最低红斑剂量会增长，那么该防晒用品的 SPF 则为

SPF＝最低红斑剂量（用防晒用品后）/最低红斑剂量（用防晒用品前）

假设某人皮肤的最低红斑剂量有 15 分钟，那么使用 SPF 为 4 的防晒霜后，理论上可在阳光下逗留 4 倍时间（60 分钟），皮肤才会呈现微红；若选用 SPF 为 8 的防晒霜，则可在太阳下逗留 8 倍时间（即 120 分钟），依此类推。

防晒剂的抗水性能越来越受到重视。因为汗水、海水、游泳池水等都是我们要面临的问题，对于室外运动、旅游爱好者来讲，防晒剂的抗水性能尤为重要。

5. 唇膏

唇膏就是最原始、最常见的口红，一般是固体，质地比唇彩和唇蜜要干和硬。唇膏已成为我国现代女性的常用化妆品，用来点敷嘴唇，使其具有健康、美丽的色彩。唇膏

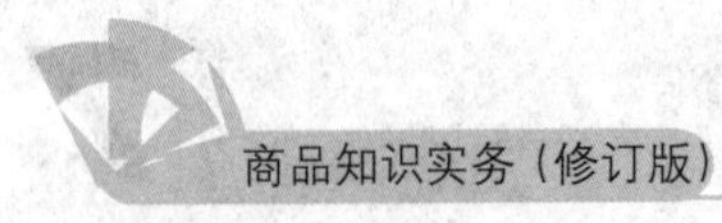

颜色有多种，包括明快及暗淡色调等。可根据不同肤色、年龄、时间等条件进行选用。

唇膏的主要成分包含了蜡、油和着色剂。

蜡：棕榈蜡、蜜蜡最常被使用，棕榈蜡较不易熔化。

油：矿物油、植物油、羊毛脂、石蜡油（凡士林）等。

着色剂：含有颜料或染料，口红使用的颜料须为较细的颗粒，才能均匀附着于唇上。一些具闪烁效果的口红也包含了云母、氧化铁、二氧化钛等成分。如果唇膏有小油珠，表面粗糙、变形和有异味等说明原料不纯或制造工艺有缺陷，属于不合格产品。

6. 雪花膏

雪花膏是大众最熟悉的护肤佳品。它是一种水包油型乳剂，色洁白似雪花，故而得名。它没有油腻性，滋润而不黏滞，用之舒适、滑爽。其中的水分蒸发后在皮肤表面留下一层薄膜，可阻断表皮与外界的接触，防止有害物质的侵袭。涂雪花膏后，皮肤白皙，耐寒留香，皮肤表面能保持一定的湿润度而不致粗糙开裂。雪花膏中还可添加种种营养物质和有治疗作用的药物，如银耳、珍珠粉水解液、蜂王浆、人参、花粉、牛奶等，这些添加物中的一些低分子量活性物质易随乳剂一起吸收入皮肤，保持皮肤水分，使皮肤滑润，促进微血管扩张，增强细胞活力，延缓衰老。

7. 润肤霜

润肤霜是将不能互相混合的油分和水分乳化而形成的。这种物质不但状态稳定，而且还配合有多种保湿成分。润肤霜的功效是显而易见的，它能在皮肤上产生保护层，可防止皮下水分的挥发，特别是在干燥而渐趋寒冷的秋冬季节，合理有度地使用润肤霜，可以保护和修饰皮肤，使之细嫩，皮肤的不适便会减轻许多。

润肤霜的主要成分一般是蜂蜡、鲸蜡、巴西棕榈蜡、可可脂、茶油、海龟油、羊毛脂、胆甾醇、十六醇、十八醇、硬脂酸以及香精和水等。在制作时在乳化剂的作用下，将这些原料经搅拌而成。加入营养滋补物质之后，不仅由于增加了某种或某几种营养物质有益于皮肤的某些功能，使润肤霜的作用更接近全面，还由于这些物质间的相互促进，进一步增加和加速了所含营养物质的吸收。

8. 洁面乳

洁面乳是一种清洁脸部皮肤、美白肌肤的化妆品。其中一类是皂化配方洁面乳。其性质与洁面皂相去不远，即碱性、去脂力佳。市售的洁面产品中皂性配方不在少数，原因就在于它洗后清爽干净的感觉，但敏感及干燥肌肤不宜长期使用。另一类则是合成表面活性剂型洁面乳。它的优劣则取决于其选用的表面活性剂。从外观来看，有液状洗面奶、膏状清洁霜、粉状细面粉，以洗面奶和清洁霜使用居多。

液状或者膏状的洁面化妆用品是以非离子表面活性剂为乳化剂，将油、脂乳化，制成水包油型或油包水型乳状液。在洁面的基础上还可以加入某些营养肌肤的成分，如维

生素 E、果酸等，使面部肌肤柔软、舒适，具有光泽和弹性。

9. 面膜

面膜是一种敷在脸上的美容护肤品，有的敷后经过 20～30 分钟，便会形成一层紧绷在脸上的薄膜，所以称做面膜。但是，有的面膜干燥后不形成膜，不能整块地掀起来，只能用水把它洗掉，准确地说，这些面膜应该叫做敷面涂剂，但习惯上，因为操作和效果跟做面膜是一样的，也就笼统地归到一起叫面膜了。根据面膜外观形状可将其分为乳状、液状、胶状和粉状面膜。

面膜作为一种新型的面部化妆品，具有很多优点，主要表现如下：

1）把湿润的面膜敷在脸上，面膜里的物质就把皮肤紧紧地包裹起来，让皮肤与外界的空气阻隔开，一方面让水分缓缓地渗透入表皮的角质层，同时也防止膜内的水分很快丢失，让角质层的细胞在湿润的环境中“喝个够”，使深层细胞的胶原质吸足水分，这样皮肤便会柔软起来，增加弹性。与此同时，皮肤表面“铺上了被子”，会暖和起来，毛细血管慢慢扩张，于是加速了皮肤深层的血液微循环，增加了表皮各层细胞的活力，一除疲惫的老态。

2）在做面膜的过程中，皮肤与外界空气阻隔开，皮肤表面的温度有所升高，也会使毛孔扩张，促进汗腺的分泌，这样就有利于把毛孔里沾染的外界灰尘、化学污染物质和微生物清除掉，同样也有利于排除表皮细胞新陈代谢产生的废物和积累得过多的油脂类物质。面膜在形成膜时，它的胶黏性成分就会把皮肤表面和毛孔里的污垢、化学污染物、废物、油脂等有害于皮肤健康的“毒”物黏附在一起彻底清除。有的面膜里还加入一些粉状的吸附剂，把油性皮肤上过多的油脂吸附掉。面膜这种清洁护肤的效能是十分显著的，容易生暗疮、长青春痘的年轻人常做面膜，不但可以有效地预防暗疮的发生，也有助于暗疮的治疗。

3）面膜敷在脸上慢慢干燥后形成薄膜，在这过程中缓缓地把皮肤适度地收紧，增加张力，形成一种良好的刺激，让皮肤上的皱纹舒展开来，整个面容也就显得年轻了。

4）湿润的面膜敷在脸上，并停留一段时间，这就方便了营养性或功效性的物质渗透进入皮肤的深层。与此同时，毛细血管的扩张、血液微循环的增加，会大大促进细胞对面膜中营养性或功效性物质的吸收和利用。正是考虑到这种优异的效果，人们便把这样那样的营养性或功效性物质添加进面膜里，以期取得更好的效果。

10. 染发剂

染发剂是给头发染色的一种化妆品。染发剂有不同的分类方法，如根据染发用品原料的来源不同，可分为植物染发剂（从天然植物中提取或以天然植物为原料制成，除个别人可能过敏外，对人体和环境基本无害。但此类染发剂尚处于研发阶段，是今后发展的方向，价格较贵，目前使用范围不广）、矿物染发剂、合成染发剂；根据不同的染发原理，可以分为永久性、暂时性和半永久性染发剂。

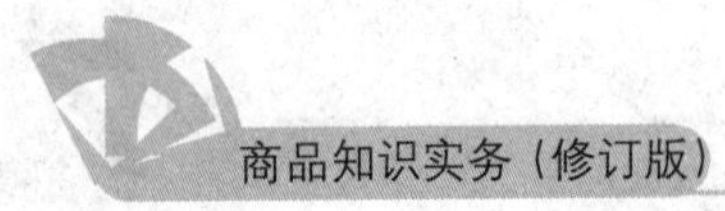

为了使其染发效果更好而在染发剂中加入表面活性剂，其作用是润湿、渗透、匀染。染发剂一般用两个独立包装，其中一个为燃料，另一个为氧化剂，使用时均匀混合。

11. 烫发剂

烫发用品就是将直发变成卷发日用化学品。烫发剂主要包括断裂剂、润湿剂、络合剂和中和剂。断裂剂使头发中的二硫键断裂，断裂剂中加入碱性物质，主要起软化效果；润湿剂有润湿渗透作用，促进断裂剂对头发的渗透；络合剂可防止金属离子对断裂剂的反应，蛋白质和硅油保护头发；中和剂使断裂的二硫键重新恢复，使卷曲形状固定；中和剂中含有氧化剂、有机酸润湿剂、遮光剂等。烫发剂用品还可以加入调理剂和营养剂，以提高烫发剂的档次。

第三个问题：如何选择塑料制品

塑料是一种用途广泛的合成高分子材料，在我们的日常生活中塑料制品比比皆是。从我们起床后使用的洗漱用品、早餐时用的餐具，到工作学习时用的文具、休息时用的床垫以及电视机、洗衣机、计算机的外壳等等数不胜数。塑料以它优异的性能逐步地代替了许多已经使用了几十年、数百年的材料和器皿，成为人们生活中不可缺少的助手。

一、塑料的成分与特性

1. 塑料的含义

塑料是具有塑性行为的材料，所谓塑性是指受外力作用时，发生形变，外力取消后，仍能保持受力时的状态。塑料的弹性模量介于橡胶和纤维之间，受力能发生一定形变。软塑料接近橡胶，硬塑料接近纤维。

2. 塑料的成分

塑料的主要成分为高分子聚合物（或称合成树脂），此外，为了改进塑料的性能，还要在聚合物中添加各种辅助材料，如填料、增塑剂、润滑剂、稳定剂、着色剂等，才能成为性能良好的塑料。

（1）合成树脂

合成树脂是塑料的最主要成分，其在塑料中的含量一般在 40%～100%。由于含量高，而且树脂的性质常常决定了塑料的性质，所以人们常把树脂当作塑料的同义词。其实树脂与塑料是两个不同的概念。树脂是一种未加工的原始聚合物，它不仅用于制造塑料，而且还是涂料、胶黏剂以及合成纤维的原料。而塑料除了极少一部分含 100%的树脂外，绝大多数的塑料，除了主要组分树脂外，还需要加入其他物质。

（2）填料

填料又叫填充剂，它可以提高塑料的强度和耐热性能，并降低成本。例如酚醛树脂中加入木粉后可大大降低成本，使酚醛塑料成为最廉价的塑料之一，同时还能显著提高机械强度。填料可分为有机填料和无机填料两类，前者如木粉、碎布、纸张和各种织物纤维等，后者如玻璃纤维、硅藻土、石棉、炭黑等。

（3）增塑剂

增塑剂可增加塑料的可塑性和柔软性，降低脆性，使塑料易于加工成型。增塑剂一般能与树脂混溶，无毒、无臭，对光、热稳定的高沸点有机化合物，最常用的是邻苯二甲酸酯类。

（4）稳定剂

为了防止合成树脂在加工和使用过程中受光和热的作用分解和破坏，延长使用寿命，要在塑料中加入稳定剂。常用的有硬脂酸盐、环氧树脂等。

（5）着色剂

着色剂可使塑料具有各种鲜艳、美观的颜色。常用有机染料和无机颜料作为着色剂。

（6）润滑剂

润滑剂的作用是防止塑料在成型时粘在金属模具上，同时可使塑料的表面光滑美观。常用的润滑剂有硬脂酸及其钙镁盐等。

（7）抗氧剂

抗氧剂防止塑料在加热成型或在高温使用过程中受热氧化，而使塑料变黄、发裂等。

除上述助剂外，塑料中还可加入阻燃剂、发泡剂、抗静电剂等，以满足不同的使用要求。

3. 塑料的特性

（1）塑料具有可塑性

顾名思义，塑料就是可以塑造的材料。所谓塑料的可塑性就是可以通过加热的方法使固体的塑料变软，然后再把变软了的塑料放在模具中，让它冷却后又重新凝固成一定形状的固体。塑料的这种性质也有一定的缺陷，即遇热时容易软化变形，有的塑料甚至用温度较高的水烫一下就会变形，所以塑料制品一般不宜接触开水。

（2）塑料具有弹性

有些塑料也像合成纤维一样，具有一定的弹性。当它受到外力拉伸时，卷曲的分子就会被拉直，但一旦拉力取消后，它又会恢复原来的卷曲状态，这样就使得塑料具有弹性，例如聚乙烯和聚氯乙烯的薄膜制品。但是有些塑料是没有弹性的。

（3）塑料具有较高的强度

塑料虽然没有金属那样坚硬，但与玻璃、陶瓷、木材等相比，还是具有比较高的强度及耐磨性。塑料可以制成机器上坚固的齿轮和轴承。

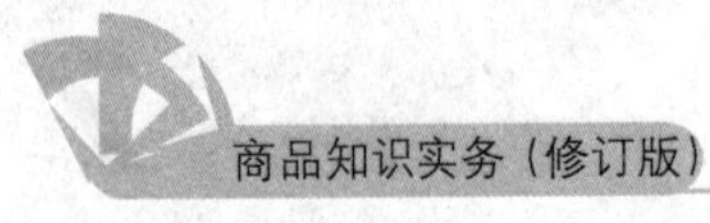

（4）塑料具有耐腐蚀性

塑料既不像金属那样在潮湿的空气中会生锈，也不像木材那样在潮湿的环境中会腐烂或被微生物侵蚀，另外塑料耐酸碱的腐蚀。因此塑料常常被用作化工厂的输水和输液管道，建筑物的门窗等。

（5）塑料具有绝缘性

塑料的分子链是原子以共价键结合起来的，分子既不能电离，也不能在结构中传递电子，所以塑料具有绝缘性。塑料可用来制造电线的包皮、电插座、电器的外壳等。

二、塑料的分类

1. 按使用特性分类

根据各种塑料不同的使用特性，通常将塑料分为通用塑料、工程塑料和特种塑料三种类型。

（1）通用塑料

一般是指产量大、用途广、成型性好、价格便宜的塑料。通用塑料有五大品种，即聚乙烯（PE）、聚丙烯（PP）、聚氯乙烯（PTFE）、聚苯乙烯（PS）及丙烯腈-丁二烯-苯乙烯（ABS）。它们都是热塑性塑料。

（2）工程塑料

一般指能承受一定外力作用，具有良好的机械性能和耐高、低温性能，尺寸稳定性较好，可以用作工程结构的塑料，如聚酰胺、聚砜等。

（3）特种塑料

一般是指具有特种功能，可用于航空、航天等特殊应用领域的塑料。如含氟塑料和有机硅具有突出的耐高温、自润滑等特殊功用，增强塑料和泡沫塑料具有高强度、高缓冲性等特殊性能，这些塑料都属于特种塑料的范畴。

2. 按理化特性分类

根据各种塑料不同的理化特性，可以把塑料分为热塑性塑料和热固性塑料两种类型。

（1）热塑料性塑料

热塑料性塑料是指在特定温度范围内能反复加热软化和冷却硬化的塑料，如聚乙烯、聚四氟乙烯等。热塑性塑料易于成型加工，但耐热性较低，易于蠕变，其蠕变程度随承受负荷、环境温度、溶剂、湿度而变化。为了克服热塑性塑料的这些弱点，满足在空间技术、新能源开发等领域应用的需要，各国都在开发可熔融成型的耐热性树脂，如聚醚醚酮（PEEK）、聚醚砜（PES）、聚苯硫醚（PPS）等。

（2）热固性塑料

热固性塑料是指在受热或其他条件下能固化或具有不熔特性的塑料，如酚醛塑料、环氧塑料等。热固性塑料又分为甲醛交联型和其他交联型两种类型。热加工成型后形成具有不熔特性的固化物，其树脂分子由线型结构交联成网状结构。再加强热则会分解破坏。典型的热固性塑料有酚醛、环氧、氨基、不饱和聚酯、呋喃、聚硅醚等材料，还有较新的聚苯二甲酸二丙烯酯塑料等。它们具有耐热性高、受热不易变形等优点。缺点是机械强度一般不高，但可以通过添加填料，制成层压材料或模压材料来提高其机械强度。

3. 按加工方法分类

根据各种塑料不同的成型方法，可以分为膜压、层压、注射、挤出、吹塑、浇铸塑料和反应注射塑料等多种类型。膜压塑料多为物性的加工性能与一般固性塑料相类似的塑料；层压塑料是指浸有树脂的纤维织物，经叠合、热压而结合成为整体的材料；注射、挤出和吹塑多为物性和加工性能与一般热塑性塑料相类似的塑料；浇铸塑料是指能在无压或稍加压力的情况下，倾注于模具中能硬化成一定形状制品的液态树脂混合料，如尼龙等；反应注射塑料是用液态原材料，加压注入膜腔内，使其反应固化成一定形状制品的塑料，如聚氨酯等。

4. 根据塑料是否有毒性分类

可分为无毒塑料制品和有毒塑料制品。无毒塑料制品可以与食品直接接触，主要有聚乙烯、聚丙烯、聚苯乙烯、有机玻璃、ABS 等塑料制品。有毒塑料制品不宜于直接盛装食品，主要有聚氯乙烯、酚醛、硝酸纤维素等塑料制品。但无论是有毒还是无毒塑料，由于在制造过程中加入了一定量的塑料助剂，均会不同程度地影响人体健康。

三、日用塑料的质量特性

1. 聚乙烯塑料

聚乙烯（PE）是指由乙烯单体自由基聚合而成的聚合物。PE 的合成原料来自石油，自 1965 年以来一直高居世界树脂塑料产量第一位。

PE 为线性聚合物，属于高分子长链脂肪烃；分子对称无极性，分子间作用力小，力学性能不高、电绝缘性好、熔点低，PE 的结构规整，线性度高，因而易于结晶。PE 膜透明，透明度随结晶度提高而下降。PE 膜的透水率低但透气性较大，不适于保鲜包装而适于防潮包装。PE 易燃，燃烧时低烟，有少量熔融滴落。PE 的耐水性较好。制品表面无极性，难以黏合和印刷，须经表面处理才可改善。PE 的力学性能一般，其拉伸强度较低，抗蠕变性不好，耐冲击性能较好；PE 的耐热性不高，随分子量和结晶度的提高而改善；PE 的耐低温性好，脆化温度一般可达－50℃以下；随分子量的增大，最低可达－140℃。PE 的线膨胀系数大，在塑料中属较大者。PE 的热导率属塑料中较高者，PE 无极性，因此电性能十分优异，介电损耗很低，且随温度和频率变化极小。PE 是少数耐电晕性好的塑料品种，介电强度又高，因而可用做高压绝缘材料。PE 具有良

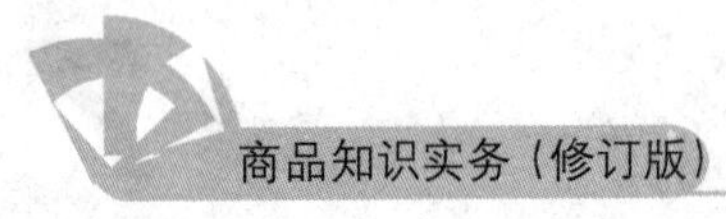

好的化学稳定性，在常温下可耐酸、碱、盐类水溶液的腐蚀，具体有稀硫酸、稀硝酸、任何浓度的盐酸、氢氟酸、磷酸、甲酸及乙酸等，但不耐强氧化剂如发烟硫酸、浓硫酸和铬酸等。PE 耐候性不好，日晒、雨淋都会引起老化，需加入抗氧剂和光稳定剂改善。

典型用途：用于制作薄膜类制品、注塑制品、中空制品、管材类制品、丝类制品、电缆制品和其他制品。PE 广泛用于中、高压电缆的绝缘和护套材料。

2. 丙烯腈-丁二烯-苯乙烯塑料

丙烯腈-丁二烯-苯乙烯（ABS）塑料由丙烯腈、丁二烯和苯乙烯三种化学单体合成，每种单体都具有不同特性：丙烯腈有高强度、热稳定性及化学稳定性；丁二烯具有坚韧性、抗冲击特性；苯乙烯具有易加工性、高光洁度及高强度。从形态上看，ABS 是非结晶性材料。三种单体的聚合产生了具有两相的三元共聚物，一个是苯乙烯-丙烯腈的连续相，另一个是聚丁二烯橡胶分散相。ABS 的特性主要取决于三种单体的比率以及两相中的分子结构。这就可以在产品设计上具有很大的灵活性，并且由此产生了市场上上百种不同品质的 ABS 材料。

ABS 材料具有超强的易加工性、低蠕变性和优异的尺寸稳定性以及很高的抗冲击强度。其缺点是不能与酒精、醋酸和某些植物油长期接触，否则会开裂；耐候性不好，不能露天长期使用，受日光照射易老化；易燃，制品不透明。

ABS 的典型用途：制作汽车的仪表板、工具舱门、车轮盖、反光镜盒等；电冰箱等家电外壳；大强度工具如头发烘干机、搅拌器、食品加工机、割草机等。

3. 聚甲基丙烯酸甲酯塑料

聚甲基丙烯酸甲酯塑料（PMMA）俗称“有机玻璃”，具有优良的光学特性及耐气候变化特性。白光的穿透性高达 92%。PMMA 制品具有很低的双折射率，特别适合制作影碟等。PMMA 具有室温蠕变特性。随着负荷加大、时间增长，可导致应力开裂现象。PMMA 具有较好的抗冲击特性。

典型用途：汽车工业如信号灯设备、仪表盘等；医药行业如储血容器等；工业应用如影碟、灯光散射器等；日用消费品如饮料杯、文具等。

4. 聚丙烯塑料

聚丙烯塑料（PP）是一种常见的热塑性通用材料，是一种半结晶性材料。它的成分、结构、性质及其生产技术与 PE 相似，但它比 PE 要更坚硬并且有更高的熔点。PP 的优点为电绝缘性和耐化学腐蚀性优良、力学性能和耐热性在通用热塑性塑料中最高、耐疲劳性好、价格在所有树脂中最低，而且是一种无色、无味、无毒的塑料。经过玻璃纤维增强的 PP，具有很高的强度，性能接近工程塑料，常用作工程塑料。PP 的缺点是低温脆性大，耐老化性不好。

典型用途：在汽车工业入主要使用含金属添加剂的 PP 做挡泥板、通风管、风扇等；

制作器械如洗碗机门衬垫、干燥机通风管、洗衣机框架及机盖、冰箱门衬垫等；日用消费品如草坪和园艺设备，如剪草机和喷水器等。

5. 聚氯乙烯塑料

聚氯乙烯（PVC）是一种通用热塑性塑料，是一种非结晶性材料。刚性 PVC 是使用最广泛的塑料材料之一。PVC 材料在实际使用中经常加入稳定剂、润滑剂、辅助加工剂、色料、抗冲击剂及其他添加剂。

PVC 材料具有不易燃性、高强度、耐气候变化性以及优良的几何稳定性。PVC 对氧化剂、还原剂和强酸都有很强的抵抗力。但它能够被浓氧化酸如浓硫酸、浓硝酸所腐蚀，并且也不适用于与芳香烃、氯代烃接触的场合。PVC 的流动特性相当差，其工艺范围很窄。特别是大分子量的 PVC 材料更难于加工，因此通常使用的都是小分子量的 PVC 材料。PVC 的收缩率相当低，一般为 0.2%～0.6%。

典型用途：用于供水管道、家用管道、房屋墙板、商用机器壳体、电子产品包装、医疗器械、食品包装等。

6. 聚酰胺塑料

聚酰胺（PA）俗称“尼龙”，目前它为最大的通用工程塑料品种。PA 种类很多，具体可命名为 PA*xy*，其中 *x* 代表二元胺的碳原子数目，*y* 代表二元酸的碳原子数目。具体品种有 PA6、PA66、PA610、PA1010、PA11、PA12、PA9、PA612、PA46、PA1212、浇铸尼龙（MC5）及芳香尼龙等。

PA 的外观为透明或不透明乳白色或淡黄色的粒料，表观角质、坚硬，制品表面有光泽；吸水率比较大，酰胺基的比例越大，吸水率越高；PA 在室温下的拉伸强度和抗冲击强度都较高，但抗冲击强度不如 PC 高，随温度和湿度的升高，拉伸强度急剧下降，而抗冲击强度则明显提高；PA 的耐疲劳性较好，耐摩擦性和耐磨损性优良，是一种常用的耐磨性塑料品种；在低温和低湿条件下 PA 为极好的绝缘材料，但绝缘性能随温度和湿度的升高而急剧恶化，并以分子中含酰胺基比例大者最敏感，例如，PA6 最大而 PA12 最小；PA 耐化学稳定性优良；可耐大部分有机溶剂如醇、芳烃、酯及酮等，尤其是耐油性突出。

PA 抗蠕变性较差，不适于制造精密的受力制品，但玻纤增强后可改善；耐酸、碱、盐性不好，可导致溶胀，危害最大的无机盐为氯化锌；PA 的耐光性不好，在阳光下强度很快变脆，因此不可用于户外。

典型用途：PA 目前最大的应用为汽车配件，其他用途有包装膜、电子电器、机械零件、日用品等。具体可制造齿轮、轴套、泵叶轮、高压油管、密封圈及一般机械配件；尼龙丝可以用来纺织网、渔线、绳索等。

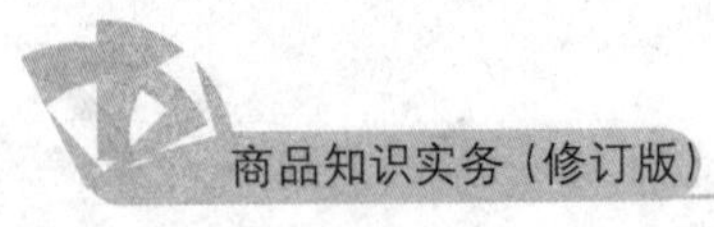

7. 聚碳酸酯塑料

聚碳酸酯（PC）是一种非晶体工程材料，它是第二大通用工程塑料品种。按具体组成不同，PC可分成脂肪族、脂环族、芳香族三类。

PC 的优点是：具有特别好的有很好的机械特性，具有刚而韧的特点，其冲击性能是热塑性塑料中最好的一种；热稳定性好，主要是其耐高、低温性好，可在－130～130℃温度范围内使用；热变形温度可达 130～140℃，并受载荷的影响小；热导率和线膨胀系数都小，阻燃性好，属于自熄性能材料；PC 的光泽度好，为最优异的光学塑料品种之一，其透光率可达 93%，折射率为 1.587，可用于透镜材料。PC 可耐有机酸、稀无机酸、盐、油、脂肪烃及醇类。PC 的缺点：收缩率很低，一般为 0.1%～0.2%；流动特性较差，因此这种材料的注塑过程较困难。PC 属弱极性聚合物，绝缘性能一般。PC 作为高档光学材料的不足之处，一是硬度低、耐磨性差；二是双折射率高，不宜用于光学仪器等高精度制品中。

典型用途：电气和商业设备如制作计算机组件、连接器等；器具如制作食品加工机、电冰箱抽屉等；交通运输行业如制作车辆的前后灯、仪表板等。

8. 聚甲醛塑料

聚甲醛（POM）是一种坚韧有弹性的材料，即使在低温下仍有很好的抗蠕变特性、几何稳定性和抗冲击特性。POM 既有均聚物材料也有共聚物材料。均聚物材料具有很好的延展强度、抗疲劳强度，但不易于加工。共聚物材料有很好的热稳定性、化学稳定性并且易于加工。无论均聚物材料还是共聚物材料，都是结晶性材料并且不易吸收水分。POM 的高结晶程度导致它有相当高的收缩率，可高达到 2%～3.5%。对于各种不同的增强型材料有不同的收缩率。

典型用途：POM 具有很低的摩擦系数和很好的几何稳定性，特别适合于制作齿轮和轴承。由于它还具有耐高温特性，因此还用于制作管道器件如管道阀门、泵壳体、草坪设备等。

9. 聚苯乙烯塑料

聚苯乙烯（PS）是透明的非晶体材料。PS 具有非常好的几何稳定性、热稳定性、光学透过特性、电绝缘特性以及很微小的吸湿倾向。它能够抵抗水、稀释的无机酸，但能够被强氧化酸如浓硫酸所腐蚀，并且能够在一些有机溶剂中膨胀变形。

典型用途：产品包装，家庭用品如餐具、托盘等，电气工业如透明容器、光源散射器、绝缘薄膜等。

10. 聚对苯二甲酸丁二醇酯塑料

聚对苯二甲酸丁二醇酯（PBT）是最坚韧的工程热塑材料之一，它是半结晶材料，有非常好的化学稳定性、机械强度、电绝缘特性和热稳定性，PBT 吸湿特性很弱，在各种环境条件下都有很好的稳定性。PBT 的结晶很迅速，这将导致因冷却不均匀而造成弯曲变形。由于 PBT 的结晶速度很高，因此它的黏性很低，塑件加工的周期时间一般也较低。

典型用途：用于制作家用器具如食品加工刀片、真空吸尘器组件、电风扇、头发干燥机壳体、咖啡器皿等；电器组件如开关、电机壳、保险丝盒、计算机键盘按键等；汽车工业如散热器格窗、车身嵌板、车轮盖、门窗部件等。

第四个问题：如何选择玻璃制品

玻璃及其制品和人们的生活关系十分密切，是人类发展生产、征服大自然的不可缺少的材料和工具。玻璃及玻璃制品具有一些优良的性质和实用价值，所以用途很广泛。玻璃的制造具有相当长的历史，人类最早使用的玻璃是由火山喷出的酸性熔岩经凝结硬化后加工磨制而成。

一、玻璃的成分与特性

1. 玻璃的结构

玻璃是以石英砂、纯碱、石灰石等无机氧化物为主要原料，与某些辅助性原料经高温熔融，成型后经过冷却而成的固体，是一种非结晶的无机物。然而并不是所有的熔融物在冷却时都会形成这种无定形固体——玻璃态。许多物质的熔融物在冷却时并不会形成玻璃态而是结晶固化。只有某些物质，特别是硅酸盐类在冷却时才容易过冷却而形成玻璃态。

2. 玻璃的化学成分

组成玻璃的基本成分是各种硅酸盐化合物，这些化合物是由二氧化硅与各种金属氧化物所组成。普通玻璃的化学成分可用一个通式来表示：$xR_2O \cdot yRO \cdot zSiO$，式中 R_2O 为一价氧化物，主要有 Na_2O、K_2O、Li_2O 等；RO 为二价氧化物，主要有 CaO、MgO、PbO、ZnO、BaO 等，R_2O 含量约占 14～16%，RO 含量约占 11%～12%，SiO_2 含量约占 71%～75%，$R_2O:RO:SiO_2=1:1:6$ 即 $R_2O \cdot RO \cdot 6SiO_2$。

为了提高玻璃的质量，改善玻璃的性质，或使其具有某种特性，还可以引入其他辅助物质，玻璃成分中的二氧化硅，还可部分的由氧化硼（B_2O_3）和氧化铝（Al_2O_3）来代替，而使玻璃含有硼酸盐和铝酸盐的特性。所以各种玻璃都是根据其用途来确定它们的成分的。

3. 玻璃的性质

玻璃的性质与氧化物的种类及含量有密切关系，不同成分的玻璃在性质方面有很大

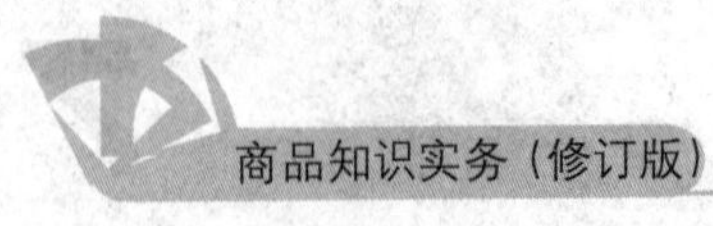

差别，这里仅以普通玻璃一般性质分述：

（1）光学性质

光学性质是玻璃最重要的物理性质。

1）折光性。玻璃具有较大的折光性，每种光学仪器玻璃都要求具有一定的折射率，如眼镜玻璃的折射率要求须在1.522～1.524之间，玻璃器皿由于有一定折射率，可制成光彩夺目的高级玻璃器皿和艺术品。玻璃的折射率大小，因成分不同而异。普通玻璃为1.48～1.53，铅玻璃则为1.61～1.96，由于铅玻璃的折射率大，所以适宜制造晶质玻璃器皿。

2）透明性。玻璃的透明性是决定玻璃具有广泛用途的最重要性质之一。当光透过玻璃时，也像透过其他任何介质一样，光能将降低。这是由于表面的反射，而一部分是由于光被玻璃本身吸收而引起的。对不同厚度的同一种玻璃来说，它具有不同的吸光性能，灯泡玻璃很薄，能透过大量的光，大块较厚玻璃则吸收较多量的光。对一般玻璃来说，光线透过越多，被吸收越少，其品质就越高。良好窗用玻璃（2毫米厚）可透过90%投射光，反射约8%，吸收约2%，玻璃组成中二氧化硅、三氧化二硼等，可提高玻璃的透明性。氧化铁含量增加会降低透明性，使玻璃制品发绿。因此，对氧化铁的含量要予以控制。

（2）机械性质

玻璃的机械性质是决定玻璃制品是否坚固耐用的重要因素，其中与玻璃制品品质关系最大的就是抗张强度、抗压强度、脆性和硬度。

1）抗张强度是玻璃的最重要性质之一，它决定玻璃制品的强度。玻璃的抗张强度系指单位面积试样所承受荷重的大小。玻璃的理论抗张强度极限为12 000MPa，实际强度只有理论强度的1/300～1/200，一般为30～60MPa。提高玻璃中的硅、钙、铅、钡、硼的氧化物含量，能增强玻璃的抗张强度，而增加氧化钾、氧化钠的含量，则会降低玻璃的抗张强度。

2）抗压强度即玻璃在单位面积上所能承受的极限压力，超过极限压力即破碎。玻璃的抗压强度约为700～1000MPa。影响玻璃抗压强度的主要因素与抗张强度一样。由于玻璃抗压强度远远大于抗张强度，约为后者的14～15倍，所以，玻璃往往因受张力作用而破裂。玻璃在运放时宜竖直放置。

3）脆性。当物体受到的冲击力超过它的极限强度时，立即破裂的性质叫脆性。脆性是玻璃的主要缺点。玻璃的脆性指标为1300～1500，受到冲击极易破碎，因而限制了它的使用范围，玻璃钢化后脆性大大降低，强度为普通玻璃的5～7倍。

4）硬度是指玻璃抵抗较硬物体的刻画能力。玻璃的硬度对其磨光、钻孔、割切以及其他机械加工过程及使用中的耐磨性能起着很大的作用。在研磨和抛光过程中，应根据玻璃的硬度来选择适宜的磨料及研磨方法。用来雕刻的艺术玻璃，常采用硬度较小的铅质玻璃。

玻璃的硬度主要取决于化学组成，铅玻璃最软，为四级，易于研磨和雕刻，普通玻璃一般五级，石英玻璃及硼硅玻璃（10%～12%三氧化二硼）为八级，其制品表面不易磨损。

（3）热稳定性

玻璃经受急剧的温度变化而不致破裂的性能称为玻璃的热稳定性，或称耐温急变性。玻璃是热的不良导体，其热传导能力仅为钢的 1/400。玻璃的导热系数约为 0.0023 卡/厘米·秒·度。玻璃的热膨胀系数为 $80\sim100\times10^{-7}$；石英玻璃的热膨胀系数最小，为 5.8×10^{-7}。膨胀系数越大，玻璃的热稳定性就越低。

玻璃忍受急热比急冷的能力强得多，原因在于玻璃导热性很差，当玻璃受热时，表面层受热后竭力膨胀，而尚冷的内层却阻碍着这种膨胀，结果在表面层上产生压应力，而内层产生张应力。相反，玻璃在迅速冷却过程中，表面层冷却得比较快并尽力收缩，但受到表面层紧连着的尚热的内层阻止，结果在表面层产生张应力，而在内层产生压应力。由于玻璃的抗压强度比抗张强度大许多倍，玻璃迅速加热比迅速冷却时的热稳定性要好得多，故玻璃制品使用时要避免急冷。

（4）化学性质

玻璃表面抵抗周围介质（水、酸、碱、二氧化碳及其他化学物质）作用的能力，称为玻璃的化学稳定性。玻璃具有较高的化学稳定性，它可以抵抗除氢氟酸以外所有酸类的侵蚀，但对碱的抵抗力较差，玻璃与碱液长期接触，会逐渐被侵蚀，且浓度愈高的碱液对玻璃的破坏作用越大，玻璃的抗酸性要比抗碱性强 14～19 倍。玻璃会发生它本身所特有的风化现象，也就是玻璃长期与空气和水接触，会引起变质，使玻璃中可溶性成分发生水解，表面产生白色薄膜或斑点，而降低或失去透明性。

二、玻璃的分类与质量特性

玻璃的品种很多，可以按化学组成、制品结构与性能来分类。

1. 按玻璃的化学组成分类

（1）钠玻璃

钠玻璃主要由氧化硅、氧化钠、氧化钙组成，又名钠钙玻璃或普通玻璃，含有铁杂质使制品带有浅绿色。钠玻璃的力学性质、热性质、光学性质及热稳定性较差，用于制造普通玻璃和日用玻璃制品。

（2）钾玻璃

钾玻璃是以氧化钾代替钠玻璃中的部分氧化钠，并适当提高玻璃中氧化硅含量。它硬度较大，光泽好，又称硬玻璃。钾玻璃多用于制造化学仪器、用具和高级玻璃制品。

（3）铝镁玻璃

铝镁玻璃是以部分氧化镁和氧化铝代替钠玻璃中的部分碱金属氧化物、碱土金属氧化物及氧化硅制成的。它的力学性质、光学性质和化学稳定性都有所改善，用于制造高级建筑玻璃。

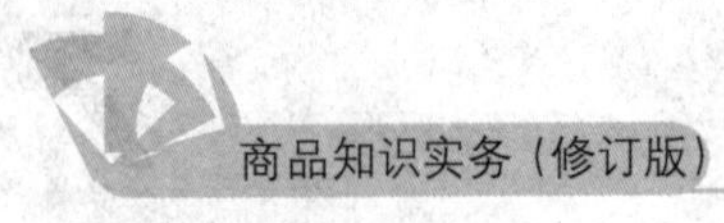

（4）铅玻璃

铅玻璃又称铅钾玻璃、重玻璃或晶质玻璃。它由氧化铅、氧化钾和少量氧化硅组成。这种玻璃透明性好，质软，易加工，光折射率和反射率较高，化学稳定性好，用于制造光学仪器、高级器皿和装饰品等。

（5）硼硅玻璃

硼硅玻璃又称耐热玻璃，它是由氧化硼、氧化硅及少量氧化镁组成。它有较好的光泽和透明性，力学性能较强，耐热性、绝缘性和化学稳定性好，用来制造高级化学仪器和绝缘材料。

（6）石英玻璃

石英玻璃由纯净的氧化硅制成，具有很好的力学性质，热性质、光学性质、化学稳定性也很好，并能透过紫外线，用于制造高温仪器灯具、杀菌灯等特殊制品。

2. 按制品的结构与性能分类

（1）平板玻璃

1）普通平板玻璃，包括普通平板玻璃和浮法玻璃。

2）钢化玻璃。

3）表面加工平板玻璃，包括磨光玻璃、磨砂玻璃、喷砂玻璃、磨花玻璃、压花玻璃、冰花玻璃、蚀刻玻璃等。

4）掺入特殊成分的平板玻璃，包括彩色玻璃、吸热玻璃、光致变色玻璃、太阳能玻璃等。

5）夹物平板玻璃，包括夹丝玻璃、夹层玻璃、电热玻璃等。

（2）玻璃制成品

1）平板玻璃制品，包括中空玻璃、磨花玻璃、雕花、彩绘、弯制制品及幕墙、门窗制品。

2）不透明玻璃制品和异型玻璃制品，包括玻璃锦砖（马赛克）、玻璃实心砖、玻璃空心砖、水晶玻璃制品、玻璃微珠制品、玻璃雕塑等。

3）绝热玻璃、隔音材料玻璃，包括泡沫玻璃和玻璃纤维制品等。

第五个问题：如何选择陶瓷制品

一、陶瓷制品的含义与性质

凡是经高温热处理、工艺合成的无机非金属固体材料通称为陶瓷制品。陶瓷具有良好的白度、透光度、光泽度、热稳定性、耐酸性、致密性，但脆性较大。其中光泽度决定于瓷器表面的平坦与光滑程度；陶瓷材料为良好的耐酸材料，能耐无机酸和有机酸及盐的侵蚀，但抵抗碱侵蚀的能力较弱。日用陶瓷质地致密，吸水率不超过 0.5%。

二、陶瓷的分类

陶瓷制品的品种繁多，它们之间的化学成分、矿物组成、物理性质，以及制造方法常常互相接近交错，无明显的界限，而在应用上却有很大的区别。

1. 按原料来分类

可分为以下两种：

1）普通陶瓷，利用黏土、长石、石英等天然硅酸盐原料。

2）特种陶瓷，利用氧化物、氮化物、碳化物、硼化物、氟化物等纯度高的人工合成材料。

2. 根据土质来分类

可分为 7 种，如表 7-1 所示。

表 7-1　陶瓷制品分类与产品特性

序号	原料分类	收缩比率	烧成温度	产品特性	成品种类
1	骨灰瓷	18%	1350℃（采用还原烧）	特白、薄、透光性好	高档食具、迷你饰品、夜灯罩（贴花纸）
2	新瓷	18%	1350℃（采用还原烧）	特白、薄、透光性好	高档食具、迷你饰品、夜灯罩（贴花纸）
3	全瓷	15%	1250℃（采用氧化烧）	白、硬度强	一般食具（贴花纸）
4	半瓷	8%～10%	1180℃（采用氧化烧）	米色、硬度强	低档食具（贴花纸）
5	白云土	5%～6%	1050℃（采用氧化烧）	白、脆、轻、密度低、吸水性高	釉下彩绘之礼品，食具釉上彩，贴花之食具
6	红土	8%	960～1000℃（采用氧化烧）	赤红色、脆、轻、密度低、吸水性强	花盆或其他礼品，一般色釉、流釉或透明釉
7	半陶		600～800℃	米黄色、脆、轻、密度低、吸水性强	低档花盆，水泥漆或油漆作表面处理

3. 按用途的不同分类

1）日用陶瓷，如餐具、茶具、缸、坛、盆、罐、盘、碟、碗等。

2）艺术陶瓷，如花瓶、雕塑品、陈设品等。

3）工艺陶瓷，如花瓶、花盆、花插、套餐系列、灯座、园林、陶瓷、树脂工艺器皿等。

4）工业陶瓷，指应用于各种工业的陶瓷制品，又分以下 6 项：①建筑—卫生陶瓷，如砖瓦，排水管、面砖、外墙砖、卫生洁具等。②化工陶瓷，用于各种化学工业的耐酸容器、管道，塔、泵、阀以及搪瓷反应锅的耐酸砖、灰等。③化学瓷，用于化学实验室

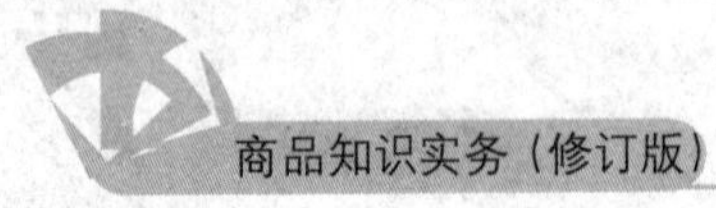

的瓷坩埚、蒸发皿、燃烧皿、研钵等。④电瓷，用于电力工业高低压输电线路上的绝缘子、电机用套管、支柱绝缘子、低压电器和照明用绝缘子，以及电信用绝缘子、无线电用绝缘子等。⑤耐火材料，用于各种高温工业窑炉的耐火材料。⑥特种陶瓷，用于各种现代工业和尖端科学技术的特种陶瓷制品，有高铝氧质瓷、镁石质瓷、钛镁石质瓷、锆英石质瓷、锂质瓷以及磁性瓷、金属陶瓷等。特种陶瓷是随着现代无线电、航空、原子能、冶金、机械、化学等工业以及电子计算机、空间技术、新能源开发等尖端科学技术的飞跃发展而发展起来的。

三、陶瓷的质量要求

1. 外观质量

外观质量是产品等级划分的重要指标。日用陶器的质量要求，除土陶外，其吸水率不超过 10%；敲击时不带有破碎的锣声；体型周正匀称，规格尺寸、公差等应符合规定要求。带釉制品釉面应光润平滑，无粘渣、炸裂和磕碰等缺陷，并且色彩均匀、协调。日用瓷器的质量要求，其瓷坯应质地致密、瓷化完全，白瓷的白度和吸水率符合规定标准要求；釉面光润、颜色纯正，彩饰清晰美观，不允许有炸釉、磕碰、裂纹、渗漏等缺陷；口部、边沿和楞角处不允许有开口釉泡。

2. 热稳定性

热稳定性是指产品在冷热交换中不出现裂纹或破损。热稳定性的好坏可反映陶瓷产品的使用寿命，冷热交换的温差越大，其使用寿命越长。标准一般均规定加热至 180℃然后投入 20℃的水中，取出观察其是否有裂纹或破损，若此温度下不出现损坏，其使用寿命一般可达 3 年以上。

3. 铅、镉溶出量

铅、镉溶出量是陶瓷制品的重要安全卫生指标。铅、镉的存在是由于产品表面装饰图案中陶瓷颜料里含有相应成分所致，铅的存在还有可能是为降低产品表层釉的烧成温度而加入了含铅成分。若生产工艺控制不当，极易造成在使用过程中铅、镉的过量溶出，经常使用这类产品易引起铅、镉重金属中毒。

1. 各种洗涤用品有哪些特性？
2. 怎样选择化妆品？
3. 各种塑料制品有哪些性质和用途？
4. 玻璃制品有哪些性质？

5．陶瓷制品有什么特点？

本章主要介绍了日用工业品的含义、分类、结构特性以及质量鉴别方法等内容，包括洗涤用品、化妆品、塑料制品、玻璃制品和陶瓷制品等类别，涵盖了日用工业品的核心内容。

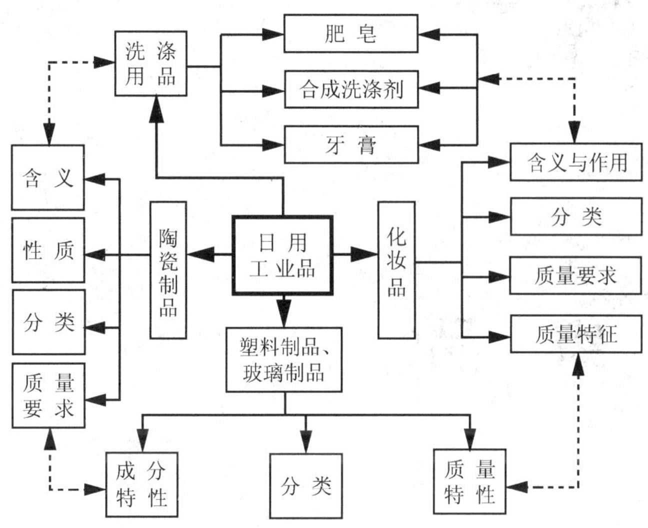

第8章

纺 织 品

学习目标

阅读本章后，你将能够：

- 理解纺织品的含义及特点。
- 熟悉机织品的概念、分类及品种。
- 熟悉针织品的概念、分类及品种。
- 熟悉非织造物的含义和特点。
- 了解纺织类商品的科学使用与保管方法。

2009年面料市场百花齐放，谁将折桂

1. 面料市场三大风潮

2009年面料市场依然是个性张扬的一年，众多新品面料如闪光面料、透明面料、金属面料依然占据着强大的市场。从总体上看，面料的流行趋势受着三大流行风潮的影响。

（1）东方风潮

2008年全球大事件中，不得不提北京奥运会。这一体育盛会将中国推向了世界，也让中国服装进入了更多人的视野。

美轮美奂的奥运颁奖礼服引爆了众多眼球。对于国人来说，第一次见到我们自己的服装如此大气、唯美；对于国外观众来说，神秘的中国和神秘的丝绸，以震撼的方式揭开了他们的面纱。因此，可以预见，丝绸类服装的风靡全球指日可待。

同时，作为我国民族特产代表的刺绣，也将获得更多的青睐。而最具有民间特色的印花布，也将获得重新繁荣的机会。

（2）休闲风潮

舒适和个性是近年来割舍不掉的主题，因此促热了休闲风潮。

而棉类面料、化纤类面料将服装的休闲性表现到了极致。近年来，明星着装休闲成为了时尚，受此影响，棉类、化纤类面料销售态势一直居高不下。而休闲运动类服装大范围的广告投入也间接推动了相关面料的热销态势。加上2008年美特斯邦威的上市，预计2009年休闲类面料仍将大行其道。

（3）复古风潮

复古风潮多受外来因素的影响，如欧美国家的流行喜好等。

复古风潮影响下的服装表现华丽高贵，装饰烦琐而精致。最能体现复古风潮的面料是丝绸和皮草。丝绸的丝光效果有着天生的华贵感，而皮草，从来就是王公贵族的专属品。

平民的复古面料朴素了很多，但是仍然不失其韵味。剪花布能打造出原始、怀旧的感觉。而印花布、绣花织物能让人想起古代的中国。

除三大风潮之外，随着人们对面料知识的了解，功能性面料如抗静电面料、防辐射面料将越来越受到人们的青睐。

2. 大环境下的面料策略

2008年是纺织服装业不寻常的一年，在这一年里，受全球金融危机和成本价格上涨的影响，众多纺织服装企业面临着前所未有的资金危机。而国际消费市场的萎缩，也让我国纺织服装出口陷入寒冬。企业倒闭、棉价跌声一片……我国纺织服装业仿佛看不到出路的苍蝇，在等待着寒冬的过去、市场的复苏。

面料市场受此影响匪浅，许多有发展前景的面料生产甚至因此搁浅。如丝绸面料，

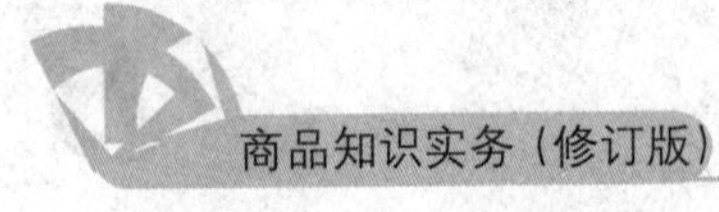

受奥运的烘托，本应该是最有前景的面料。但金融风暴让国际市场需求缩水，丝绸成了有声誉没市场的虚壳。而国内成本高涨，普通人根本无法接受高价位的丝绸。居高不下的价格让国人望而却步。

因此，2009年丝绸面料并不会获得预期的成功。

受棉价一路下跌，棉企面临收棉困难的影响，2009年的棉类面料有可能出现供不应求的状况。棉类面料可能会适当提高自己的价格。而在需求方面，由于国人的衣着习惯，棉类面料仍将保持着不错的销售态势。但和往年的需求一样，棉类面料缺乏一个可以猛冲的噱头，因此，虽然销售不错，但是终难摘得桂冠。

在出口转内销的不可逆态势下，面料市场的黑马——印花布，有可能获得名利双收。它契合了两大潮流：东方风潮和复古风潮，且有奥运作为推广契机，又因其低廉的成本，非常适合在现有状况下生存发展。据2008年盛泽市场、中国轻纺城等销售数据显示，印花布一度成为销售热点，在市场上极受欢迎。因此，延续2008年的销售态势，获得2009面料市场的销售桂冠，似乎指日可待。

资料来源：http://info.textile.hc360.com

请思考：

1．服装纺织业面料发展趋势如何？

2．人们对纺织品面料主要关注哪些方面？

第一个问题：如何认知纺织品

一、纺织品的概念及质量要求

1．纺织品的概念

纺织品商品，是指以纺织纤维为原料加工而成的一类织品（有时也称织物）。这类商品除供人们穿着外，在工业、农业、医疗、交通运输和国防军事等方面也都有大量需求。

2．纺织品商品质量的基本要求

（1）服用性

服用性是指纺织品商品适合穿着的各种性能，主要是指适合穿着的各种自然属性，包括卫生性、缩水性、起毛起球性、刚挺度和悬垂性等。

纺织品的卫生性包括保暖、散湿、吸水和透气等控制衣内小气候的性能。因为穿着纺织品的主要目的是遮体防寒，保护身体健康，因此纺织品必须适应人在穿着过程中的主观要求，既能防寒，又能散热，还有吸附、扩散人体所排出的汗液的功能，穿着舒适，有益健康。

纺织品要求不易起毛球，缩水率要小。因为起毛起球影响织品外观，织品缩水往往造成服装变形，影响穿着甚至丧失使用价值。

纺织品的刚挺度，是指织品抵抗弯曲变形的能力，它影响纺织品手感风格和服装的挺括性。悬垂性，是指从织物中心提起后自然悬垂产生匀称美观垂折的特性，它影响穿着的外观风格，决定了衣服贴体和形态优美的程度。

（2）艺术性

艺术性是指纺织品所呈现的外观风格、色泽、花纹、图案等。近代，由于人们生活和文化水平的提高，对纺织品商品质量特别是外观艺术越来越重视，要求越来越高，所以艺术性也成为对纺织品质量要求的内容之一。

对纺织品艺术性的要求是多方面的，既有纺织品外观风格，又包括纺织品的色泽、花纹和图案等。纺织品的外观风格不同，基本要求也不同。如棉型风格，一般要求纱支条干均匀，棉结杂质小且少，布面匀洁；丝型风格，一般要求布面平整、细致、光洁，手感柔滑、滑爽或滑润，弹性足。

纺织品对色泽、花纹和图案的要求通常是色彩鲜艳、光泽柔和、花型大方，具有时尚性和协调性。

（3）工艺性

工艺性是指服装采用各种加工工艺的可能性。如在加工服装的过程中，采用的纺织品是否便于剪裁、缝制和熨烫定型等。这些既是消费者关心的问题，也是服装加工者应重视的问题。

纺织品的剪裁涉及织品的主要用途。用途不同的纺织品，其匹长和幅宽的规定也有所不同。纺织品的缝纫性决定于纺织品的厚度、柔软性、摩擦性和覆盖系数。不同用途纺织品在设计时应综合考虑。纺织品的熨烫定型与服用性密切相关，应熨烫方便，定型稳定。

（4）耐用性

耐用性是指纺织品在使用过程中抵抗各种外界因素对其破坏的性能。纺织品的耐用性直接影响其使用寿命，因此也是评价纺织品商品内在质量的重要特性。

纺织品在使用过程中受到外力很多，有拉伸、压缩、弯曲、剪切、摩擦等作用形式。不同的织品抵抗外力作用的要求也有所不同，纺织品的耐用性包括抗拉伸断裂特性、抗撕裂特性、抗顶破特性和耐磨性。

二、纺织纤维的构成

1. 棉纤维

棉纤维的主要成分是纤维素，还含有少量的蜡质、果胶质、含氮物、矿物质和其他物质。因此棉纤维是一种近于纯纤维的纺织纤维。棉纤维是具有很多天然捻曲的扁平带状物。完全失去水分的棉纤维其成分如表 8-1 所示。

表 8-1　棉纤维的成分

纤维素	蜡质	果胶质	含氮物	矿物质	其他
94.5%	0.5%～0.6%	1.2%	1.0%～1.2%	1.14%	1.36%

棉纤维的主要性能有：具有较大的吸湿性，这主要是因为纤维素大分子含有亲水性的羟基，而且在纤维素填充层之间存在很多孔隙；是热的不良导体，具有良好保温性能；是电的不良导体，干的棉纤维的介电常数在 3 左右；具有较强的耐光性、耐热性和耐碱性。在低温或常温下，将棉纤维浸在 18%～25%的苛性钠溶液中，纤维发生膨胀，恢复成管状，直径变粗，长度缩短，失去天然捻曲，产生强烈光泽，呈现“丝光化”。

2. 麻纤维

麻的种类很多，作为纺织品原料的主要是苎麻和亚麻。麻纤维的主要成分也是纤维素，并不同程度地含有半纤维素、果胶质和木质素。麻纤维含量愈多，则愈容易变色。

与棉纤维相比较，麻纤维素分子链长，排列的整齐度高，洁净区域大，所以纤维强度大，吸湿后膨润性小，化学性能较稳定。

苎麻和亚麻麻纤维的主要成分如表 8-2 所示。

表 8-2　麻纤维的成分

纤维素	半纤维素	果胶质	木质素
60%～80%	10%～15%	1%～5%	1%～3%

3. 蚕丝

蚕丝分为桑蚕丝和柞蚕丝，市场上的丝织品其主要原料是桑蚕丝。桑蚕丝是由桑蚕茧槽制而成，构成桑蚕茧的茧丝由两条平行的单丝组成，单丝外层包覆着一层胶状物即丝胶，还有单丝以丝胶黏合在一起。

桑蚕丝是含有蛋白质成分的长纤维，其主要性能：具有较好吸湿性，因为构成蚕丝的蛋白质分子中含有大量的亲水性基团，同时，在蚕丝中有许多空隙，可以吸附水分子；绝缘性和耐热性较好，蚕丝是电和热的不良导体，是电绝缘的良好材料；耐酸性好，可抵抗弱酸，强酸在较长时间的作用下才能使其溶解。

4. 羊毛纤维

羊毛纤维也是一种优良的天然蛋白质纤维。构成羊毛的主要成分是角质蛋白，平均含量在 97%以上，羊毛纤维有无髓毛和有髓毛之分。无髓毛是由鳞片层和皮质层组成，如美利奴毛、绒毛。有髓毛是由鳞片层、皮质层和髓质层三部分组成，如粗毛、死毛。鳞片层是包覆在羊毛最外层的扁平透明的鳞片状物质，可保护毛纤维不受外界损伤，使毛纤维表面光泽柔和，并使毛纤维产生缩绒性。皮质层在鳞片层的里面，由角朊构成，是羊毛的主要成分，细胞之间和分子之间的空隙较多。皮质层是毛纤维最主要的一层，直接影响羊毛的物理和机械性能，该层越厚，其强度、伸度和弹性等就越好。髓质层位于纤维中心部位，由结构松散、联系不紧密的角蛋白细胞和空气组成，在潮湿环境中，可提高羊毛的含湿量，会降低羊毛的品质。因此，无髓毛具有较高的纺织价值，而有髓毛纺织价值却很低。

羊毛纤维的主要性能：具有较强的吸湿性，因为羊毛的角朊结构上含有多种亲水性基团，皮质层和髓质层又存在很多孔隙；存在缩绒性，羊毛纤维在湿、热和机械的作用下，能相互穿插纠缠，咬合紧密，从而引起织物面积收缩且厚度加大；具有优良的弹性，用毛料制成的服装不易发生皱折或变形；耐酸性，与棉、麻纤维相比，在弱酸条件下比较稳定。

5. 化学纤维

化学纤维简称“化纤”，是通过化学方法加工制造出来的纤维。依其原料不同，分为人造纤维和合成纤维两大类；按照主要用途的不同，可分为长丝和短纤维，分别用于织造中长型和棉型织物。

（1）黏胶纤维

黏胶纤维是将含有大量纤维的棉短绒、木材、甘蔗渣、芦苇等原料提存后，通过化学方法制成稠状的黏胶液，再经纺丝制的纤维。

黏胶纤维的主要性能：光泽强，黏胶纤维虽不如蚕丝那样柔和悦目，但用它织出的丝绸却富有耀眼的光泽；吸湿性好，因为构成的纤维素含有大量亲水性基团且分子链较短，排列整齐度差；收缩性大，湿强度低，黏胶纤维缩水率一般在10%左右，湿强度只有干强度的50%。此外，黏胶纤维弹性差，衣服易走样变形。

（2）富强纤维

富强纤维是在黏胶纤维的基础上改进而成的，其原料与黏胶纤维相同，但对原料的要求较高，多用棉浆或高级木浆加工而成。在制造过程中，化学处理方法和生产工艺也与黏胶纤维有所不同。富强纤维保留了黏胶纤维的优点，克服了黏胶纤维强力低，尤其是湿强度降低大、湿态断裂伸长大等明显缺点，其基本性能与棉花接近。

（3）涤纶纤维

涤纶纤维是由有机二元酸与二元醇聚合反应制成的纤维。这类纤维的分子中含有酯基，故称聚酯纤维。它的主要品种是聚对苯二甲酸乙二醇酯纤维，市场俗称“的确良”。

涤纶纤维的主要性能：弹性好，涤纶纤维织品的最大特性是抗皱折性特别好，挺括美观，水洗也不变形；强度高，耐磨性仅次于棉纶，比羊毛纤维高三倍；吸湿性差，仅为 0.4%～0.5%，虽洗后易干，但卫生性能较差；热稳定性和耐日光性好，涤纶纤维制成的衣服高温一次定型后，可保持很长时间不变形，暴晒 600 小时，强度约损失 60%。

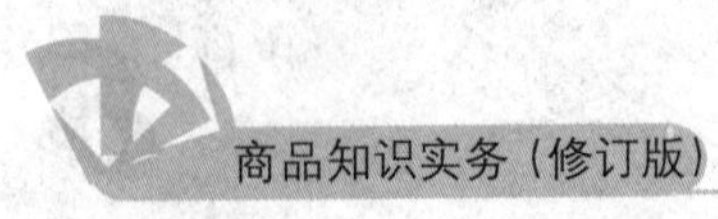

（4）锦纶纤维

锦纶纤维的学名称聚酰胺纤维，是一大类，品种很多，分子中都含有酰胺基。锦纶纤维的主要品种之一是锦纶-6，它由含 6 个碳原子的己内酰胺单体聚合而成。

锦纶纤维的主要性能：耐磨性强，其耐磨性居各种纤维之首；强力大，目前是民用纤维中强度最高的一种；耐腐蚀性好，对酸和碱均具有较强的抵抗能力；吸湿性较好，吸湿率可达 3.5%～5%，比涤纶和腈纶要好；耐光性差，长时间在阳光下暴晒其强度会明显下降并褪色发黄。

（5）腈纶纤维

腈纶纤维是丙烯腈与其他单体的共聚物。由于这种纤维柔软、保暖、卷曲、蓬松，可与羊毛媲美，有“合成羊毛”之称。

腈纶纤维的主要性能：保暖性好，实验证明比羊毛纤维还好；耐光性和耐气候性特别好，是纺织纤维中最好的一种；弹性好，仅次于锦纶和涤纶纤维；耐热性好，125℃热空气下持续暴露一个月，强度仍不变；耐磨性和吸湿性差，其耐磨性不如棉花和羊毛，更不如锦纶和涤纶，吸湿率仅有 1.2%～2.0%。

（6）维纶纤维

维纶学名聚乙烯醇缩醛纤维，国外商品名称有“维尼纶”、“维纳纶”等，未经染色的维纶洁白如雪，柔软如棉，有“合成棉花”之称。

维纶纤维的主要性能：吸湿性好，在合成纤维中，其吸湿性最强；耐日光性好，具有耐日光暴晒的特点；耐磨性较好，比棉纤维高一倍多；强度较高，高于棉花 30%；耐热性差，开水中强度会降低 1/3，湿态时加热到 115℃就开始收缩变形。

（7）氯纶纤维

氯纶的学名为聚氯乙烯纤维，它是由聚氯乙烯树脂纺成丝，再经过加工处理制成。其主要性能：化学稳定性好，对酸、碱、氧化剂有很高的抵抗能力；防火性能很好，当其燃烧时一经离开明火自行熄灭；吸湿性极小，接近于零；保暖性好，比棉花还要好；电绝缘性好；耐热性差。

（8）丙纶纤维

丙纶纤维学名聚丙烯纤维，使用从石油中提取的丙烯聚合而成。其主要性能：强度高，比棉花、羊毛纤维都高；化学稳定性好，耐酸碱和化学溶剂的性能都好；耐磨性好，其织物耐磨，又不起球；吸湿性小，基本上不吸湿。

（9）氨纶纤维

氨纶纤维学名聚氨酯纤维。其主要性能：弹性好，伸缩回复率大，当伸长达 600%时，回弹率仍可达 98%；耐热性能好，在 100℃水中长时间浸泡，强力无明显变化；染色性能好。

6. 染料

染料是能使纤维或其他物体着色的有机物质。作为纺织用染料，除要求有明显的色泽，还要求对纤维有良好的亲和力和各项坚牢度，并且能制成溶液，以利于加工染色。但也有部分染料不溶于水，染色时需将颗粒细小的染料制成悬浮液，通过特殊工艺或借助媒介固着在纤维上。

（1）直接染料

直接染料能溶于水，与纤维有很强的亲和力，能直接对棉、黏胶、蚕丝、锦纶等纤维染色。其色谱齐全，色泽鲜艳，染色工艺简便，价格低廉，因为其染色牢度低，尤其日晒、水洗后牢度很差，适用范围有限。

（2）还原染料

还原染料不能直接溶于水，染色时需先在碱溶液中用还原剂还原成可溶于水的隐色体，被纤维吸附后再氧化成不溶于水的燃料，因在染色时需要还原剂才能完成，故称还原染料。

还原染料主要用于棉、麻、维纶等纤维织物的染色和印花，对棉布效果最好，使用也最多。还原染料色泽鲜艳，色谱齐全，染色坚牢度在各类染料中是最好的一类，经日晒、皂洗后坚牢度更佳。

（3）活性染料

活性染料分子结构上含有活性基因，能与纤维上的基因发生化学反应，使染料与纤维结合成为一体，故称活性染料。

活性染料坚牢度较高，使用方便，价格低廉，染色均匀性好，色泽也鲜艳，色谱又较齐全，可用于各种纤维织物染色和印花，多用于棉、黏胶纤维和丝绸的染色和印花。

（4）硫化染料

硫化染料不溶于水，染色时一般需要用硫化钠还原成可溶性的隐色体，被纤维吸附后，再氧化成不溶性的染料而固着在纤维上。因为染料结构都含有硫，所以称作硫化染料。硫化染料主要用于棉织品染色。

硫化染料价格低廉，应用较简便，日晒、皂洗后牢度较高。但色谱不全，色泽不够鲜艳，光泽较暗。

（5）不溶性偶氮染料

不溶性偶氮染料，因染色时需在低温下进行，也称冰染染料。它是由两种中间体色酚和色基在纤维上生成的一种不溶于水的染料，其色泽鲜艳，色谱不齐全，皂洗和日晒后牢度好，但摩擦牢度较差。不溶性偶氮染料价格低，主要用于棉织物的染色和印花，是深色棉织物的主要染料。

（6）酸性染料

酸性染料溶于水，需在酸性介质中染色，因此称为酸性染料。其主要适用对象是羊毛、蚕丝及其织物，也用于锦纶织物染色和印花酸性染料，色泽鲜艳，色谱齐全，染色

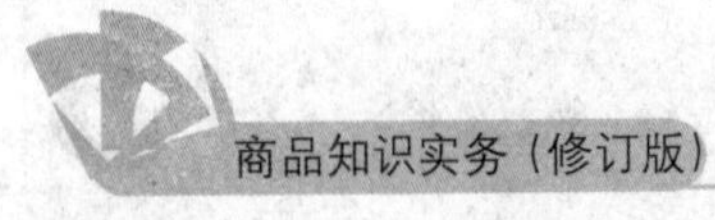

牢度也较好。酸性媒染染料和酸性络合染料在染料分子结构和染色工艺上与普通酸性染料有所区别。但基本性能与普通酸性染料接近，主要用于羊毛和蚕丝纤维织物的染色。

（7）分散染料

分散染料适用于涤纶及其他化学纤维染色。分散染料是不溶于水的非离子型染料，染色时以极细的颗粒状借分散剂悬浮在染浴中进行染色。分散染料色泽鲜艳，色谱齐全，各项牢度也好。

（8）阳离子染料

阳离子染料是适用于腈纶染色的一类染料。腈纶纤维与一般染料无亲和力，阳离子染料溶于水后可离解成带正电荷的有色离子，能和腈纶纤维形成盐键结合。阳离子染料色泽非常鲜艳，牢度也很好，染色方法简单。

7. 整理剂

在印染织物出厂前为赋予其一些特定性能，常常对织物进行整理。在进行去污、防火、阻燃、防霉、抗菌和防蛀等防护整理中，需要易去污整理剂、拒水整理剂、阻燃剂、防霉抗菌整理剂和防虫整理剂；进行抗起毛起球、抗静电、舒适、防皱防缩等特殊整理时需要抗起毛起球整理剂、抗静电整理剂、舒适整理剂、防皱防缩整理剂；进行仿毛、仿麻、仿绸和仿棉等模拟整理时，需要仿毛整理剂、仿麻整理剂、仿绸整理剂和仿棉整理剂等。

三、纺织品的分类

1. 按用途可分为衣着用纺织品、装饰用纺织品、工业用纺织品三大类

1）衣着用纺织品包括制作服装的各种纺织面料以及缝纫线、松紧带、领衬、里衬等各种纺织辅料和针织成衣、手套、袜子等。

2）装饰用纺织品在品种结构、织纹图案和配色等各方面较其他纺织品更要有突出的特点，也可以说是一种工艺美术品。可分为室内用品、床上用品和户外用品，室内用品包括家居布和餐厅浴洗室用品，如地毯、沙发套、椅子、壁毯、贴布、像罩、纺品、窗帘、毛巾、茶巾、台布、手帕等；床上用品包括床罩、床单、被面、被套、毛毯、毛巾被、枕芯、被芯、枕套等；户外用品包括人造草坪等。

3）工业用纺织品使用范围广，品种很多，常见的有苫盖布、枪炮衣、过滤布、筛网、路基布等。

2. 按生产方式不同分为线类、带类、绳类、机织物、无纺织布等六类

1）线类，纺织纤维经纺纱加工而成纱，两根以上的纱捻合成线。

2）带类，窄幅或管状织物，称为带类。

3）绳类，多股线捻合而成绳。

4）机织物，采用经纬相交织造的织物称为机织物。

5）针织物，由纱线成圈相互串套而成的织物和直接成型的衣着用品为针织物。

6）无纺布，不经传统纺织工艺，而由纤维铺网加工处理而形成的薄片纺织物，称为无纺织布。

第二个问题：如何认知机织物

一、机织物的含义

机织（weaving）是指以纱线作经、纬按各种织物结构形成机织物的工艺过程，是纺织工业生产的重要组成部分。根据所用原料种类可分为棉织、毛织、丝织和麻织，其产品统称为机织物。机织物的品种和用途极其广泛，根据不同的使用要求选择合适的纱线原料和相宜的织物组织。

机织物工艺过程通常包括把经纱做成织轴、把纬纱做成纡子（或筒子）的织前准备，织造和织坯整理 3 个部分。

1. 织前准备

以棉型纤维和中长纤维为例，机织工艺的织前准备一般包括络纱、整经、浆纱、穿经或接经、卷纬和定拈。

2. 织造

织造是将经、纬纱线在织机上相互交织成织物的工艺过程。在织造时，经纱应具有适当均匀的张力，并按照预定规律与纬纱交织，构成有一定组织、幅度和密度的织物。

3. 织坯整理

织坯整理过程通常包括检验、清刷、烘布、折叠、分等和成包等。织坯从织机上落下后，在验布机上逐匹检验疵点，测定下机产量并标出疵点记号，以便整修。清刷是通过刷布机的砂轮和毛刷的磨刷作用，除去织坯上残留的白星和籽屑杂物，使织物表面光洁。烘布是把织物的回潮率控制在一定范围以内，以防止贮存中霉变。折叠是以一定幅度把织物在长度方向折叠起来，并测量连匹长度。折叠起来的织坯经过整修和复验，最后按疵点情况给予评分，并根据评分多少加以分等。经过分等的织物便可成包入库。

二、机织物的分类

1）按组成机织物的纤维种类分为纯纺织物、混纺织物和交织物。①纯纺织物，指经纬用同种纤维纯纺纱线织成的织物，此种织物的性能主要体现了纤维的特点。如纯棉织物的经纬纱都是棉纱（线）（纯棉卡其 21X21/108X58），黏胶纤维织物的经纬纱都是黏胶纤维纱线。②混纺织物，指两种或两种以上不同品种的纤维混纺的纱线织成的织物，如棉麻混纺、涤棉混纺、毛涤等，它们的最大特征是在纺纱过程中将纤维混合在一起（一般在纺纱的前道“开清棉工序”中混合纤维）。③交织织物，指经纬向使用不同纤维的纱线或长丝织成的织物，比如经向用锦纶长丝、纬向用黏胶的锦黏交织。面料经向用真丝，纬向用毛纱的丝毛交织物等。

2）按组成机织物的纤维长度和细度分为棉型织物、中长织物、毛型织物与长丝类织物。①棉型织物，棉纤维的长度在 30 毫米左右，在这个长度的纤维构成的纱线为棉型纱线（为了与棉纤维混纺，化纤要切成这个长度的棉型化纤），用这种纱线构成的织物为棉型织物。②中长型织物，介于棉型与毛型长度之间的纤维，称做中长纤维，构成的纱线叫做中长纤维纱线，用这种纱线构成的织物为中长型织物。③毛型织物，羊毛的长度大概在 75 毫米左右（不同品种相差比较大），在这个长度的纤维构成的纱线为毛型纱线（为了与毛纤维混纺，化纤要切成这个长度——毛型化纤），用这种纱线构成的织物为毛型织物。④长丝型织物，用长丝织成的织物，如人造丝织物、涤纶丝织物。

3）按机织物的组织结构分为平纹、斜纹、缎纹与其他组织。

4）按机织物的用途分为服装用、家纺、产业用布等。

三、机织物的基本特征

1. 匹长和幅宽

一匹织物两端最外边完整的纬纱之间的距离称为匹长，一般而言，棉织物 27～40 米；毛织物大匹 60～70 米，小匹 30～40 米。

织物最外边的两根经纱间的距离为幅宽。

2. 机织物的组织结构

分为平纹、斜纹、缎纹。

3. 纱线的线密度

有三种配置，即 NtT =NtW、NtT＜NtW、NtT＞NtW。

4. 机织物的密度和紧度

（1）密度（织物经纬向单位长度内排列的经纬纱根数）

经密（PT）：经纱根数/10 厘米。

纬密（PW）：纬纱根数/10 厘米。

品种、组织结构相同时，能表示相同粗细纱线织物的紧密程度。

机织物规格表示为：NT×NW×PT×PW。如 13×13 表示经纬纱都是 13tex 的单纱；28×2×28×2，表示经纬纱都是二根 28tex 单纱并捻成的双股线；14×2×28，表示经纱为二根 14tex 单纱并捻成双股线，纬纱为 28tex 的单纱。

（2）紧度（覆盖系数）

$$ET=100\times(dT/a)=dTPT\ (\%)$$

$$EW=100\times(dW/b)=dWMW\ (\%)$$

$$E = ET+EW-ETEW/100\ (\%)$$

式中：ET、EW——经纬纱紧度（%）；

PT、PW——经、纬密，根数/10厘米；

dT、dW——经纬纱直径，毫米；

a、b——相邻经纱或相邻纬纱间的中心距，厘米。

ET或EW 100说明纱线之间已存在挤压、重叠等现象，仍表示为E=100。

5. 机织物的厚度

机织物的厚度指织物在一定压力下，正反两面之间的距离，单位为毫米。

棉织物、毛织物、丝织物、精梳毛织物的厚度，薄型为0.25、0.40、1.10、0.14；中厚型为0.25～0.40、0.40～0.60、1.10～1.60、0.14～0.28；厚型为0.40、0.60、1.60、0.28。

影响织物厚度的主要因素为纱线线密度、织物组织，纱线在织物中的屈曲程度、生产加工时的张力。

6. 机织物单位面积重量和体积重量

（1）单位面积重量（克/平方米）

实测：取样（100平方米）→烘干→称重→计算。

估算：G=0.01（NTPT+NWPW），不考虑织缩。

（2）体积重量（克/立方米），又称表观密度

棉织物的体积重量、退浆干重/立方米。

7. 机织物的结构相和支持面

1）结构相。织物中经纬纱线相互交织呈屈曲状态的构相。一般由经纱屈曲波高与纬纱屈曲波高的比值来决定。

2）支持面。织物支持面是一定压力下织物与一光滑平面相接触的面积与织物规定面积之比的百分率。

第三个问题：如何认知针织物

一、针织物的含义

针织物是由纱线通过针织有规律的运动而形成线圈，线圈和线圈之间互相串套起来而形成的织物。所以，线圈是针织物的最小基本单元。这也是识别针织物的一个重要标志。

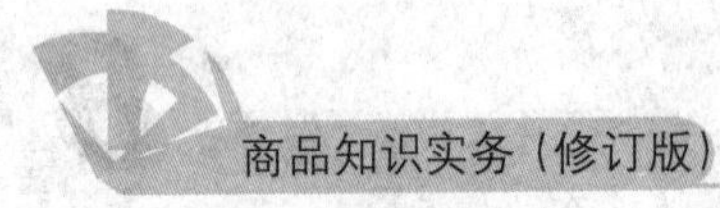

织制针织物可使用的原料比较广泛，包括棉、毛、丝、麻、化纤及它们的混纺纱或交并纱等。

二、针织物的分类

针织物主要分为两类：纬编针织物和经编针织物。纬编针织物用于毛衫和袜子等，经编针织物常用做内衣面料。

1. 纬编

纬编中，纱线是从机器的一边到另一边做横向往复运动（或圆周运动），配合织针运动就可以形成新的针织线圈。纬编针织物纱线走的是横向，织物的形成是通过织针在横列方向上编织出一横列一横列的上下彼此联结的线圈横列所形成的。一横列的所有线圈都是由一根纱线编织而成的。纬编针织物可以在横机或圆机上完成。生产纬编织物所用的机器主要有圆纬机（单面圆纬机、双面圆纬机、袜机、横机等），纬编织物常见的产品有内衣（如汗衫、棉毛衫、羊毛内衣等）、羊毛衫、袜品、手套等，手工编织也是纬编的编织方法。

2. 经编

经编是在经向上的一组经纱做纵向运动，配合织针运动形成新的针织线圈。经编针织物和生产它们的经编机，与纬编织物和生产纬编织物的纬编机有着本质上的区别。纱线在经编织物中是经向编织的，就像机织物的经纱一样，由经轴供纱，经轴上卷绕有大量平行排列的纱线，与机织中的经轴类似。纱线在经编织物中的走向是经向的。在一个横列中形成一个竖直的线圈，然后斜向移动到另一纵行，在下一个横列中形成另一个线圈。纱线在织物中沿长度方向从一边到另一边呈“之”字形前进，一个横列中每一个线圈都是由不同的纱线编制而成的。

针织品中当以纬编针织物所占比重最大。

生产经编织物所用的机器主要有经编机（单针床经编机、双针床经编机）、缝编机、花边机等。经编织物常见产品有家庭及宾馆装饰用布（如厚型、薄型窗帘布）、床上用品（如蚊帐、床罩、拉舍尔毛毯）以及部分产业用品等。

三、针织物的形成

针织物在针织机上的纺织过程可以分为三个阶段。

1）给纱。纱线以一定的张力输送到针织机的成圈编织区域，这一阶段称为给纱。

2）成圈。纱线在纺织区域，按照不同的成圈方法，形成针织物或形成一定形状的针织品，这一阶段称为成圈。

3）卷取。将针织物从成圈区域引出，或卷绕成一定形式的卷装，这一阶段称为牵拉卷取。

四、针织物的品种

1. 纬编针织物

(1) 基本组织

纬编针织物的基本组织有平针组织、螺纹组织和双反面组织。

1) 平针组织。针织物中结构最简单的组织，由连续的单元线圈单向相互串套而成，在织物正反面形成不同外观。该组织横向延伸性大，但易卷边和脱散，广泛用于内衣、外衣和各类袜品种。

2) 螺纹组织。是一种双面组织，由正面线圈纵行和反面线圈纵行组合配置而成，根据正反面线圈纵行相间配置的数目不同，可分为1+1、2+2、1+2或3+5等不同名称和性能的螺纹组织。螺纹组织有很好的弹性，多用于各类内衣制品及要求有拉伸性的服装部位（如衣服的下摆、袖口和领口及弹力衫等）。

3) 双反面组织。双反面组织也称“珍珠编”，由正面线圈横列和反面线圈横列相互交替配置而成，可以有1+1和2+2等不同组合方法而形成凹凸条纹或花纹。该组织具有纵、横延伸性和弹性相近的特点，多用于毛衣、运动衫或童装等成形产品。

(2) 变化组织

变化组织是在一个基本组织的相邻线圈纵行间，配置另一个或几个基本组织的线圈纵行而成，如常用的双螺纹组织。双螺纹组织又称双反面组织，它是由两个螺纹组织彼此复合而成，在织物正反面均形成相同外观的正面线圈，广泛应用于内衣和运动装。

(3) 花色组织

纬编针织物有各种花色组织。它们是在基本组织或变化组织的基础上，采用各种不同的纱线按一定规律编织不同结构的线圈而形成，如衬垫组织、集圈组织、菠萝组织、波纹组织、长毛绒组织、衬经衬纬组织等。这些组织在内外衣、毛巾、毯子、童装及运动装上都得到了广泛应用。

2. 经编针织物

(1) 基本组织

经编针织物的基本组织有编链组织、经平组织和经缎组织等。

1) 编链组织。每根纱始终在同一针上垫纱成圈的组织称为编链组织，其各根经纱所形成的线圈纵行之间没有联系，有开口和闭口两种。由于纵向拉伸性小，又不易卷边，常作为衬衫布、外衣布等少延伸类织物、花边窗帘等制品的基本组织。

2) 经平组织。每根经纱轮流在相邻两根针上垫纱，每个线圈纵行由相邻的经纱轮流垫纱成圈，由两个横列组成一个完全组织。这种组织具有一定的纵、横向延伸性，且卷边性不显著，常与其他组织复合用于内、外衣、衬衫等针织物中。

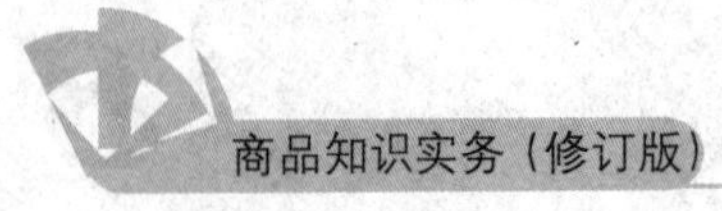

（2）变化组织及其他组织

在经编织物中除以上组织外，还有经绒、经斜等许多组织，这些组织在内衣、外衣、羊毛衫等方面都有广泛的应用。

第四个问题：如何认知非织造布

一、非织造布的含义和优点

1. 非制造布的含义

非织造布又称无纺布，是指不经过传统的纺纱、机织、针织所制成的布。是一种由纤维层构成的纺织品，这种纤维层可以是定向纤维网或是杂乱无序的纤维网，也可以是由纤维网与传统的纺织品，如纱线、机织物、针织物等，或与非纺织材料如金属薄膜、金属铝箔等组成；还可以是用纺丝的方法直接制成的纤维网。将这些纤维层经过非传统的纺织机械加工或经过化学黏合，便可制成非织造布。

非织造布的生产工艺过程如下：纤维准备（开松、除杂、混合）→成网（干法成网、湿法成网、纺丝直接成网、长丝退绕成网）→纤维网加固（化学黏合法、机械加固法、热黏合法、自身黏合法）→烘燥（热风法、烘筒法、红外线法）→后整理法（机械法、化学法、高能法等）→成卷包装。

2. 非织造物的优点

（1）工艺流程短，劳动生产率高

一般的非织造布生产，只需在一条连续生产线上进行，工艺流程短，有利于实现生产的连续化和自动化。国外已有采用电子计算机对其生产全过程进行自动化控制，为无人化工厂奠定了基础。由于工艺流程短，劳动生产率较高。如采用纺丝直接成网法生产非织造布，把来自化工厂的聚合物切片投入进料仓后，只要数小时就可得到非织造布的成品，其劳动生产率将会大大提高。

（2）生产速度高，经济效益显著

由于工艺流程短，又不受纺纱和织造速度的限制，因而生产速度大大提高。若以自动有梭织机的平均产量（5 米/台时）作为 1，则缝编法的产量为 90，针刺法为 125～360，黏合法为 600，热轧黏合法为 1800，纺丝直接成网法为 20～2000，湿法为 2300～10 000，其单位产量可提高 90～10 000 倍，经济效益可想而知。

（3）原料范围广，不受任何限制

几乎每一种已知的纺织纤维原料都可用于非织造布的生产，无论是天然纤维、化学纤维以及它们的下脚纤维，一直到难以用传统的纺织方法加工的石棉纤维、玻璃纤维、碳纤维、石墨纤维、金属纤维或是耐高温的芳纶纤维等，都可在非织造布的生产设备上

加工，而且纤维的长度、细度的变化在非织造布生产中也不受限制。

（4）产品品种繁多，使用领域广泛

目前，非织造布的主要生产方法已有 10 余种，每一种方法又有许多工艺流程变化的可能性。例如，缝编法非织造布就有 10 种以上的缝编工艺变化，而每一种非织造布的生产方法又可与其他方法组合使用，如针刺与缝编、针刺与黏合等。非织造布的前加工（成网）也由许多变化形成，有杂乱无序成网，亦有纤维平行排列的单层纤维网或交叉折叠的多层纤维网等。非织造布后整理加工也同样有许多变化，如印花、染色、涂层、叠层、轧花等。因此，通过对纤维原料、成网方式、纤维网加固方式、后整理方法等的适当选择与组合，就可得到变化万千的非织造布生产工艺，制造出各种各样的非织造布产品。非织造布的品种繁多，其用途的覆盖面很广，涉及国民经济的各个部门和人们日常生活的各个方面。

二、非织造布的分类

1. 水刺无纺布

水刺工艺是将高压微细水流喷射到一层或多层纤维网上，使纤维相互缠结在一起，从而使纤网得以加固而具备一定的强力。

2. 热合无纺布

热黏合无纺布是在纤网中加入纤维状或粉状热熔黏合加固材料，纤网再经过加热熔融冷却加固成布。

3. 浆粕气流成网无纺布

气流成网无纺布又可称做无尘纸、干法造纸无纺布。它是采用气流成网技术将木浆纤维板开松成单纤维状态，然后用气流方法使纤维凝集在成网帘上，纤网再加固成布。

4. 湿法无纺布

湿法无纺布是将置于水介质中的纤维原料开松成单纤维，同时使不同纤维原料混合，制成纤维悬浮浆，悬浮浆输送到成网机构，纤维在湿态下成网再加固成布。

5. 纺黏无纺布

纺黏无纺布是在聚合物已被挤出、拉伸而形成连续长丝后，长丝铺设成网，纤网再经过自身黏合、热黏合、化学黏合或机械加固方法，使纤网变成无纺布。

6. 熔喷无纺布

熔喷无纺布的工艺过程：聚合物喂入→熔融挤出→纤维形成→纤维冷却→成网→加

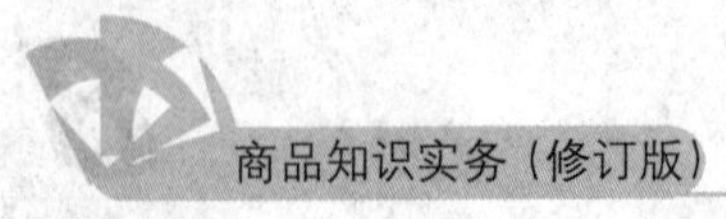

固成布。

7. 针刺无纺布

针刺无纺布是干法无纺布的一种，针刺无纺布是利用刺针的穿刺作用，将蓬松的纤网加固成布。

8. 缝编无纺布

缝编无纺布是干法无纺布的一种，缝编法是利用经编线圈结构对纤网、纱线层、非纺织材料（例如塑料薄片、塑料薄金属箔等）或它们的组合体进行加固，以制成无纺布。

三、非织造布的用途

1. 工业用非织造布

非织造布在工业领域的应用越来越广泛。在汽车行业用于汽车内部装潢、边饰、椅套、汽车零件的涂层、叠层、遮阳板、车门软衬垫、车门外罩、车顶衬垫和复合材料等；在电子行业用于绝缘材料、电化学能源的隔层、电池分离层、电子零件、磁片保护层，以及电线电缆的被覆等；在建筑及公用工程用于屋顶用材、天花板、绝缘、隔音、地板、壁材、铁路、公路、水坝、运河底材、水土保持基材、土工布及高尔夫球场、运动场的铺设等。

2. 服装用非织造布

主要用于里衬、婴儿用衣、纸裤、防护衣、护肩、护垫、工作服、睡袋、棉被、雪衣、枕头、航空用品，黏合衬衣、内衣、外衣等服装标签。

3. 医疗卫生用非织造布

主要用于婴儿尿片、成人尿布、卫生棉、止血球、幼儿裤、尿垫、手术衣、手术帽、口罩、拖鞋、鞋套、医用袜布、卫生面巾、床单、伤患用衣、消毒隔离服、面罩、湿毛巾、棉球、橡皮膏、包扎布、绷带等。

4. 家庭用品和装饰用非织造布

主要用于抹布、湿巾、咖啡袋、茶衣、垃圾袋、包装袋、文具出套、包装纸、信封、地毯、地毯内里、沙发衬、地板、壁纸、桌巾、床单、窗帘及家具用布等。

5. 鞋材、皮包用非织造布

主要用于人造皮、人造革底基、贴合用料、内袖、后衬、中底，购物袋、赠品包、手提包及皮箱内里等。

6. 其他特殊用非织造布

主要有工业过滤用材料、研磨材料、农业、园艺、人造皮革。

第五个问题：如何使用和保管纺织品

一、纺织品的性质

1. 物理性质

（1）吸湿性

商品吸湿性的大小主要取决于商品体表面积的大小和商品的化学结构即物质分子中亲水性基团的多少。商品体表面积大，与空气接触的面积大，与水分子接触的机会就多，吸着和散发水分性能就好；构成商品的物质分子具有的亲水性基团越多，吸着和散发水分的能力就越大。

商品的吸湿性，可使人体排出体外的汗液很快被衣服吸收，是织物透气的前提，是衣着用品微气候舒适性的基础之一。

（2）透气性和透湿性

透气性是纺织品允许空气有一面向另一面透过的特性，一般用透气率衡量。透气率就是单位时间内通过织品单位面积的空气量[国际符号为毫米/（平立厘米·秒）]。

当物体处于内外不同湿度的环境中，水蒸气在物体两侧的密度不同，密度高的那面水蒸气就要透过物体弥散到密度低的一面，这样，湿度较高的一面是吸着水分，水蒸气逐渐吸附于物体组织的空隙中和分子间，而湿度较小的一面却是放出水分，存在于组织中的水就从这一面蒸发逸出。

由此可见，商品透湿性与吸湿性有着密切的关系，吸湿性强者往往透湿性好；反之，透湿性差。纺织品吸湿性大小直接影响透气性的大小，所以说吸湿性是透气性的前提，人体排泄的汗液首先通过纺织品一面吸着，然后通过纺织品体内传递，最后在纺织品另一面放出，使衣服和人体体表之间的小气候中的水分得到调整，从而获得舒适感，这也是衣着用品微气候舒适性的基础之一。

（3）保温性

保温性是指纺织品具有防止人体热量向外界流失的性质。

（4）方便性

方便性是纺织品在服装裁剪、缝制、洗涤、熨烫等过程中便于加工和使用的性质。包括纺织品的宽度、可缝性、尺寸稳定性和形状稳定性等。

（5）美观性

美观性是指纺织品在使用过程中不起球，挺括、轮廓优美、颜色、花纹和款式新颖，

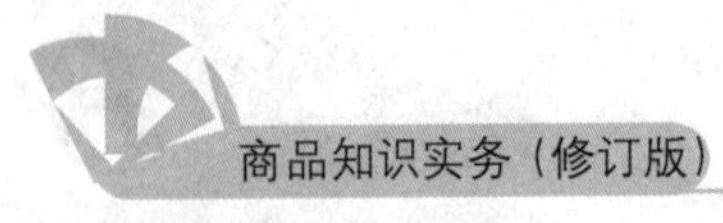

没有或很少有外观瑕疵的性质。纺织纤维材料、染料不同，设计不同，生产过程中管理不同，纺织品的美观性也不同。

2. 化学性质

纺织品的化学性质是指纺织物在各种外界因素影响下，其组成成分发生化学变化的性质。纺织品在流通和使用过程中，经常受到空气中氧、日光照射、水分、酸碱和气候变化等因素的影响，由于构成纺织品的纤维成分和结构的不同，其化学性质也有所不同。

（1）耐水性

耐水性是指纺织品抵抗水作用的性质。纺织品在穿着过程中常接触到水分，特别是穿脏后的去污方法主要是水洗。耐水性就是说纺织品含水或在水中浸泡时，特别是经过揉搓或机械洗涤的情况下是否会发生化学变化而出现强力下降等问题。

（2）耐酸碱性

耐酸碱性指纺织品对酸碱的稳定性。含天然纤维成分的棉麻纤维对酸的抵抗能力较差，但耐碱性却很强；含蛋白质成分的羊毛纤维和蚕丝纤维；对酸的抵抗能力比棉花和麻好，但对碱的作用较敏感，抵抗能力较差。

在化学纤维中，涤、腈纶的耐酸性能较强，耐碱性较差，尤其是涤纶；维纶、锦纶和氨纶对碱的抵抗能力较好，对酸的抵抗能力较差；丙纶和氯纶纤维对酸和碱的抵抗能力都较强。

（3）耐气候性

耐气候性是指纺织品抵抗日光照射和气候变化的性质。

（4）抗燃性

抗燃性是指纺织品遇火抵抗燃烧的性质。各种纤维制品都有遇火燃烧的特性，不同的纤维纺织品其燃烧程度不同。纤维素纤维和腈纶纤维纺织品较易燃烧，燃烧速度快，其抗燃性小；羊毛纤维、蚕丝纤维和锦纶纤维纺织品容易燃烧，但燃烧速度慢；氯纶纤维纺织品难燃烧，与火接触时燃烧，离火后自行熄灭。

3. 机械性质

机械性质是指纺织物在穿用过程中受到各种形式外力作用后相应产生的应力和应变特性，主要有抗拉伸性、抗撕裂性、抗顶裂性、抗磨损性、抗褶皱性等。

二、纺织品的使用与保管

纺织类商品在使用与保管过程中必须注意以下事项：

1. 日常保存护理

（1）保持清洁

收藏、存放服装的房间和箱柜要保持干净，要求没有异物及灰尘，防止异物及灰尘

污染服装，同时要定期进行消毒。

服装在收藏存放之前要清洗干净。经穿用后的服装都会受到外界及人体分泌物的污染。这些污染物如不及时清洗，长时间黏附在服装上，随着时间的推移就会慢慢地渗透到织物纤维的内部，最终难以清除。另外，这些服装上的污染物也会污染其他的服装。

服装上的污垢成分是极其复杂的。其中有一些化学活动性较强的物质，在适当的温度和湿度下，缓慢地与织物纤维及染料进行化学反应，会使服装污染处变质发硬或改变颜色，这不仅影响其外观，同时也降低了织物牢度，从而丧失了服装的穿用价值。皮革服装上的污垢如不及时清洗，时间久了会使皮革板结发硬，失去弹性，而难以穿用。总之，为了避免上述各种不良后果的产生，要将服装清洗干净之后再收藏存放。

（2）保持干度

保持干度就是要提高服装在收藏存放时的相对干度。衣物污垢中的有机物质，在适当的温度和湿度下会发生酸败和霉变，而服装的自身就是有机物质，除化纤是由高分子化合物组成外，棉、毛、丝、麻的化学成分是由葡萄糖聚合物和蛋白质类所组成。

再者，由于服装都带有霉菌，自然纤维织物在长期受潮下，也会发生酸败和霉变现象，而使织物发霉、发味、变色或出现色斑。在有污垢存在的情况下，表现就更为突出。为防止上述现象的发生，在收藏存放服装时要保持一定的相对干度。

（3）防止虫蛀

在各类纤维织物服装中，化纤服装不易招虫蛀，天然纤维织物服装易招虫蛀，尤其是丝、毛纤维织物服装更甚。

棉、毛、丝、麻服装的织物纤维是由葡萄糖的聚合物和蛋白质所构成，具有一定的营养性。天然纤维都具有亲水性的特点，有着很强的吸湿回潮性能，能使自身保持一定的湿度。这就给蛀虫创造了较好的滋生条件，因此常招虫蛀。丝、毛织物纤维由蛋白质构成，营养更为丰富，所以丝、毛织物服装更易招虫蛀。

服装上的一些有机污垢也能为蛀虫增加营养，会使虫蛀更为严重。为了防止服装虫蛀，除了要保持清洁和干度外，还要用一些防蛀剂或杀虫剂来加以防范。虽然一些农用杀虫剂可以驱杀蛀虫，但对服装和人体有害，故不可用。

一般服装通常使用樟脑丸作防蛀剂。樟脑丸是由樟树的根、干、枝、叶、叶蒸馏产物分离制成的，卫生樟脑丸具有很强的挥发性，挥发出的气味能防止虫蛀。樟脑丸之类的防蛀剂有一定的增塑性，用量过多，集中或直接与织物接触，时间久了，会加快织物的老化，影响服装的使用寿命。这些防蛀剂，特别是樟脑丸含有一定数量的杂质，如直接与织物接触会造成污斑。尤其是白色、浅色丝绸织物接触樟脑丸发生泛黄，影响外观。因此在使用时，应把樟脑丸用白纸或浅色纱布包好，散放在箱柜四周，或装入小布袋中悬挂在衣柜内。还要注意到，经日晒和熨烫后的服装，要在凉透后再放入衣柜，以免因服装温度较高而加快防蛀剂的挥发。

在使用防蛀剂时要注意它的用量。防蛀剂的用量，一般只要在存放服装的箱柜中能嗅到樟脑丸的气味就可以了。

（4）保护衣形

直观上平整、挺括的服装能给人以很强的立体感、舒适感。尤其是现在，对衣形的要求就显得更为重要，因为它可以体现出服装的风格和韵律，是现代服装的灵魂。在收藏存放服装时，一定要将衣形保护好，不能使其变形走样或出现褶皱。

对于衬衣衬裤及针织服装可以平整叠起来存放，对于外衣外裤要用大小合适的衣架裤架将其挂起。悬挂时要把服装摆正，防止变形，衣架之间应保持一定的距离，切不可乱堆乱放。

2. 纺织品的发脆与变色

为使服装充分体现耐用方面的功能，必须妥善进行保管，通过保管还可减少服装发脆、变色的产生。服装发脆、变色的原因有以下几方面：

1）虫害和发霉。

2）整理剂和染料因日光及水分的作用，发生水解和氧化等现象。如硫化染料染色时释放出的硫酸，会使纤维发脆。

3）残留物对纤维的影响，如残留氯的氧化作用。

4）由于空气的氧化作用而使织物发黄，如丝绸织物和锦纶织物的变黄。

5）由于整理剂如荧光增白剂的变质而使织物发黄。

6）在保管环境下由于光或热的作用而使织物发黄。

7）由于染料的升华而导致染色织物褪色。

8）由于油剂的氧化和残留溶剂的蒸发而导致织物变色。

以上因素对各种面料的影响程度不一，因此在保管不同面料时应考虑不同的影响因素，分别处理。

1）棉麻服装存放入衣柜或聚乙烯袋之前应晒干，深浅颜色分开存放。衣柜和聚乙烯袋应干燥，里面可放樟脑（用纸包上，不要与衣料直接接触），以防止衣服受蛀。

2）呢绒服装应放在干燥处。毛绒或毛绒衣裤混杂存放时，应该用干净的布或纸包好，以免绒毛玷污其他服装。最好每月透风 1～2 次，以防虫蛀。各种呢绒服装以悬挂存放在衣柜内为好。放入箱内时要把衣服的反面朝外，以防褪色风化，出现风印。

3）化纤服装以平放为好，不宜长期吊挂在柜内，以免因悬垂而伸长。若是与天然纤维混纺的织物，则可放入少量樟脑丸（不要直接与衣服接触）。

4）皮革服装过分干燥，容易折裂，受潮后则不牢固，因此皮革服装既要防止过分干燥，又要防湿，不能把皮革服装当雨衣穿着。如果皮衣面上发生了干裂现象，可用石蜡填在缝内，用熨斗烫平。如果衣面发霉，可先刷去霉菌，再涂上皮革揩光剂。

1. 纺织纤维的主要组成成分有哪些？

2. 对纺织品商品质量的基本要求是什么？

3．机织物的含义及分类情况如何？
4．针织物的含义及分类情况如何？
5．什么是非织造物？
6．纺织物使用与保管时应注意哪些事项？

知识漫游

本章主要介绍了纺织品商品的有关知识。纺织品是指以纺织纤维为原料加工而成的一类织品。对纺织品的基本要求主要有服用性、艺术性、工艺性、耐用性等，主要有机织物、针织物和非织造物三大类。机织是以纱线作经、纬按各种织物结构形成机织物的工艺过程。针织物主要分为两类：纬编针织物和经编针织物。纬编针织物用于毛衫和袜子等，经编针织物常用做内衣面料，手工编制也是纬编的编制方法。非织造布又称无纺布，是指不经过传统的纺纱、机织、针织所制成的布。非织造布一般分为水刺无纺布、热合无纺布、浆粕气流成网无纺布、湿法无纺布、纺黏无纺布、熔喷无纺布、针刺无纺布、缝编无纺布等。纺织类商品在使用与保管过程中必须注意日常保存护理，防止纺织品商品发脆、变色等的发生。

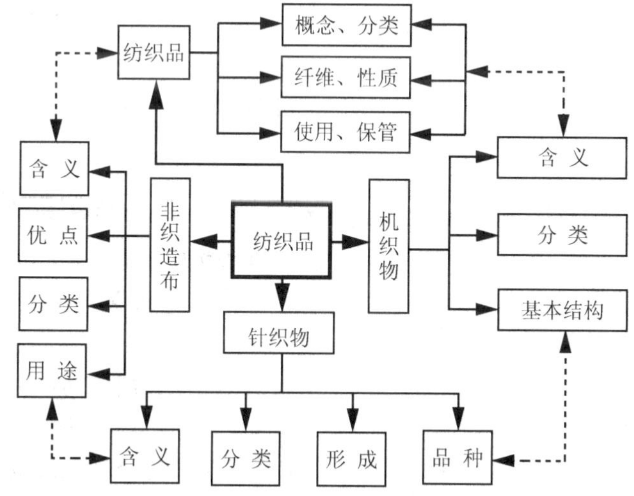

第9章

食　品

学习目标

阅读本章后，你将能够：

- 理解糖类的营养成分及主要性能。
- 掌握乳及乳制品的组成和主要性能。
- 掌握茶叶的分类、组成成分和主要性能。
- 熟悉酒的分类、组成及营养性能。
- 掌握卷烟制品的含义及分类。

我国食品添加剂监管中存在的三个问题

在近日由国际生命科学学会中国办事处、瞭望周刊社、新探健康发展研究中心共同举办的食品添加剂使用卫生标准媒体论坛上，中国工程院院士、国际食品添加剂法典委员会主席陈君石指出，目前我国对食品添加剂的监管存在三个问题：缺乏国家质量规格标准，餐饮业使用增加，违规使用现象普遍（见图 9.1①）。

图 9.1 非法食品添加触目惊心

据介绍，食品添加剂是为改善食品品质和色、香、味，以及为防腐和加工工艺需要而加入食品中的化学合成或者天然物质。营养强化剂、食品用香料、胶基糖果中的基础剂物质、食品工业用加工助剂也包括在内。目前全世界食品添加剂种类约有 14000 种，常用的约有 1000 种；允许使用的食品添加剂种类，美国为 3000 种，欧洲为 2000 种，日本为 2000 种，我国为近 2000 种。无论我国还是世界各国，允许使用的食品添加剂都经过了科学风险评估。目前世界多数国家对食品添加剂的风险管理都采用允许使用名单制，即名单上列出的食品添加剂是可使用的，名单之外的不得使用。

我国卫生部发布并的《食品添加剂使用卫生标准》，基本上实现了与国际食品添加剂法典委员会《食品添加剂通用标准》的接轨。但陈君石指出，目前我国食品添加剂监管仍然面临一些问题：由于大多数批准使用的食品添加剂没有国家质量规格标准，对添加剂质量的监管力度很弱；餐饮行业在食品制作过程中使用添加剂日益增加，监管困难；违规使用食品添加剂相当普遍，但一般风险不高，如何将有限的监管资源有效利用是一个挑战。

另外，由于使用不合法的添加物以及超范围和超量使用食品添加剂，以及企业的误导性商业宣传等因素，也使得百姓对于添加剂有很多误解。尤其是一些使用非法添加物的行为（比如不法分子在牛奶中添加三聚氰胺）所造成的不良后果，使得对添加剂不十分了解的消费者，望食品添加剂而生畏。实际上，陈君石指出，没有食品添加剂就没有现代化食品加工业，食品添加剂可保持或提高食品本身的营养价值，作为某些特殊膳食用食品的必要配料或成分，便于食品的生产、加工、包装、运输或者储藏等。因此他认为，在提升监管能力，解决以上三个问题的同时，还要引导消费者正确认识食品添加剂。科学家要及时和有计划地进行风险评估，并适时通报评估结果；政府主管部门要根据科

① 图片引自 http://www.sgnet.cc/stock/2011-04/22/content_597720.htm。

学家的评估结果及时发布评估结果和管理措施的信息；媒体要根据科学家的评估结果和政府发布的信息，客观、科学、准确地向广大消费者报道。

资料来源：http://www.cqagri.gov.cn/detail.asp?pubID=338367

请思考：

1．文章中指出的我国食品添加剂存在的问题的根源是什么？

2．通过本文分析，我们应当如何看待食品安全与我们的日常生活的关系？

第一个问题：如何认知糖类

一、糖的含义与分类

糖类又称碳水化合物，是食品的重要成分，它是绿色植物光合作用的产物，主要由碳、氢、氧三种元素组成。糖类的通式可用 $C_n(H_2O)_m$ 表示，按其分子结构的不同可分为单糖、双糖、多糖三种。

1．单糖

单糖是分子结构最简单的一类糖，它不能再被水解为更简单的糖。常见的单糖主要有葡萄糖、果糖和半乳糖等，它们都能被人体直接吸收利用，其共同的分子式为 $C_6H_{12}O_6$。

1）葡萄糖广泛存在于各种植物体中，尤以葡萄、成熟的瓜果中含量最多，易溶于水，在医疗中可作营养剂，有强心、利尿和解毒的作用。

2）果糖是一种最甜的单糖，广泛存在于瓜果中，在蜂蜜中含量丰富，因而蜂蜜的甜度较大。

3）半乳糖在自然界中游离存在的很少，稍具甜味，可由乳品中的乳糖水解后制成。半乳糖是这三种单糖中被人体吸收速度最快的单糖，并能帮助人体吸收钙，适宜做婴儿的主要食品。

2．双糖

双糖是指由两个单糖分子缩合形成的糖，不能直接被人体吸收，水解后可以生成两分子单糖，其化学通式为 $C_{12}H_{12}O_{11}$。食品中最主要的双糖有蔗糖、麦芽糖和乳糖等。

1）蔗糖最早发现于甘蔗中，故称为蔗糖。甜菜、植物果实中也含有较多的蔗糖。它经酶或酸的降解后，可分解为一分子的葡萄糖和一分子果糖。

2）麦芽糖是淀粉水解的中间产物，易溶于水。饴糖中含量较多，在谷物和薯类中也有少量存在。麦芽糖经水解可产生两分子葡萄糖。

3）乳糖存在于哺乳动物的乳汁中，故称为乳糖。乳糖呈白色粉末状，微溶于水，甜度不大，较易消化和吸收，是良好的婴儿营养剂。乳糖水解可分解为一分子葡萄糖和一分子半乳糖。

3. 多糖

多糖是一类天然高分子化合物，由许多单糖分子缩合而成。水解后又会分为许多个单糖分子。多糖的分子通式为（$C_6H_{10}O_5$）$_n$。

绝大多数的多糖均为无定形体，无甜味，很难溶于水，经消化酶作用可分解为单糖。多糖只有在水解为单糖后，才能被人体吸收。

多糖在自然界中分布极为广泛，如植物体中的淀粉、纤维素、果胶物质以及糖原。一般常见的多糖是淀粉和纤维素。

1）淀粉存在于粮谷类、薯类及某些果实类中，是人体热量的主要来源。呈颗粒状，无甜味，不能直接被人体吸收。淀粉不溶于水，但能吸收水分，淀粉吸水膨胀而破裂，形成糊状物，这种现象称为淀粉的“糊化”。糊化后，淀粉分子结构松弛，易被酶或酸进行水解，依次降解为红色糊精、无色糊精、麦芽糖，最后为葡萄糖，即可被人体吸收利用。

2）糖原存在于动物体内，又称为动物淀粉。主要存在于人和动物的肝脏和肌肉中，因此有肝糖原和肌糖原之分。糖原在体内可被分解，以供给机体所需要的能量。糖原能溶于冷水，能被酶水解生成葡萄糖。

人在进食了过多的糖或脂肪而未被完全利用时，多余的部分就转变为糖原，贮存在肝脏和肌肉中。当体内糖分缺乏时，糖原就分解成葡萄糖供给身体需要。

3）纤维素是由许多葡萄糖缩合而成的高分子化合物，是构成细胞壁的主要成分。人体内由于缺乏水解纤维素的酶，所以不能消化和吸收纤维素，但它有促进胃肠蠕动的作用，有助于消化和排泄。

纤维素的分子式是（$C_6H_{10}O_5$）$_n$，是白色、无臭、无味的物质，它不溶于水、稀酸和稀碱溶液。在无机强酸作用下能够水解，最终生成葡萄糖。

二、糖类的生物学功能

糖是人类赖以生存的重要物质之一。糖是人体三大主要营养素之一，是人体热能的主要来源。糖供给人体的热能约占人体所需总热能的60%～70%，除纤维素以外，一切糖类物质都是热能的来源。

糖是自然界中最丰富的有机化合物。糖类主要以各种不同的淀粉、纤维素的形式存在于粮、谷、薯类、豆类以及米面制品和蔬菜水果中。在植物中约占其干物质的80%，在动物性食品中糖含量很少，约占其干物质的2%。

1）提供能量。植物的淀粉和动物的糖原都是能量的储存形式。糖的主要功能是提供热能。每克葡萄糖在人体内氧化产生4千卡能量，人体所需要的70%左右的能量由糖提供。此外，糖还是构成组织和保护肝脏功能的重要物质。

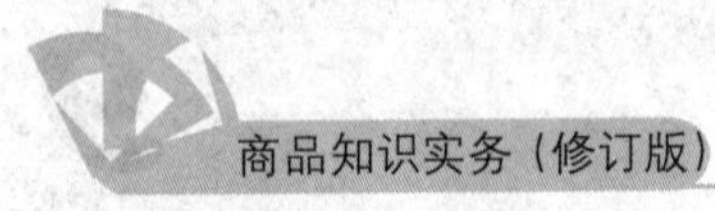

2）物质代谢的碳骨架。为蛋白质、核酸、脂类的合成提供碳骨架。

3）细胞的骨架。纤维素、半纤维素、木质素是植物细胞壁的主要成分，肽聚糖是原核生物细胞壁的主要成分。

4）细胞间识别和生物分子间的识别。细胞膜表面糖蛋白的寡糖链参与细胞间的识别。一些细胞的细胞膜表面含有糖分子或寡糖链，构成细胞的天线，参与细胞通信。红细胞表面 ABO 血型决定簇就含有岩藻糖。

三、糖对人体的危害

蔗糖是含有最高热值的碳水化合物，过量摄入会引起肥胖、动脉硬化、高血压、糖尿病以及龋齿等疾病。

1. 吃糖过多对小孩骨骼发育不利

吃糖过多可影响体内脂肪的消耗，造成脂肪堆积；吃糖过多，还可以影响钙质代谢。有些学者认为吃糖量如果达到总食量的 16%～18%，就可使体内钙质代谢紊乱，妨碍体内的钙化作用。据日本一项调查表明，近年来小儿骨折率有所增加，他们认为糖过多是造成骨折的重要原因。

吃糖过多，会使人产生饱腹感，食欲不佳，影响食物的摄入量，进而导致多种营养素的缺乏。儿童长期高糖饮食，直接影响骨骼的生长发育，导致佝偻病等。儿童多吃糖如果又不注意口腔卫生，则为口腔的细菌提供了生长繁殖的良好条件，容易引起龋齿和口腔溃疡。

2. 甜食吃太多易患各种疾病

长期高糖饮食，会使人体内环境失调，进而给人体健康造成种种危害。由于糖属酸性物质，吃糖过量会改变人体血液的酸碱度，呈酸性体质，减弱人体白血球对外界病毒的抵御能力，使人易患各种疾病。

有些专家认为，糖比烟和含酒精的饮料对人体的危害还要大。世界卫生组织曾对 23 个国家人口死亡原因作了调查后得出结论：嗜糖之害，甚于吸烟，长期食用含糖量高的食物会使人的寿命缩短 20 年。因此，世界卫生组织于 1995 年提出“全球戒糖”的新口号。世界卫生组织调查发现，食糖摄入过多会导致心脏病、高血压、血管硬化症及脑溢血、糖尿病等。

长期嗜好甜食的人，容易引发多种眼病。有关专家还提出老年性白内障与甜食过多也有关。

第二个问题：如何认知乳与乳制品

本书所谓的乳与乳制品是市场上供应的各种乳制品的总称。

一、乳的成分

各种哺乳动物的乳汁都有一些特有的化学成分，但总的来看大同小异。以牛奶为例，其主要化学成分如下：

1. 水分

牛乳的水分是由乳腺细胞所分泌，它与普通的水不同，溶有牛乳中的可溶性物质。牛乳中的水分含量通常为87%左右。

2. 脂肪

乳中的脂肪呈微小的球体，均匀地分布在乳汁中。乳中脂肪含量在3%～5%。乳脂肪是牛乳中最重要的组成部分，赋予乳与乳制品较高的营养价值和独特的风味，它比其他脂肪易于消化吸收，含有较多的人体所需要的脂肪酸。

3. 蛋白质

牛乳中蛋白质含量为3%～4%，其中酪蛋白占2.8%左右，清蛋白占0.5%左右，球蛋白占0.1%左右。酪蛋白又称为干酪素，是乳蛋白质的主要成分，不溶于水，在牛乳中呈悬乳状，加热时不凝固，可被酸和皱胃酶所凝固。清蛋白是乳中天然免疫体的重要组成部分，在初乳中的含量可达4%，它具有重要的生理作用，对婴幼儿生长发育尤为重要。球蛋白在日常饮用乳中含量很少，而在初乳中含量可达12%。它是乳中天然免疫体的载体。

4. 乳糖

乳糖是乳汁中特有的成分，在普通牛乳中含量为4%～6%。乳糖可调节胃酸，促进胃、肠的蠕动，促进消化腺的分泌，并能助长肠道中某些乳酸菌的繁殖和抑制腐败菌的生长。

5. 无机盐类

乳汁中的无机元素，主要有K、Ca、Na、Mg、P、Cl、S，还有Cu、Zn、Co、Si、Fe、Br、I等微量元素，其含量约占0.7%～0.75%。虽然含量不多，但对乳制品的加工和人体的作用是非常重要的。

6. 其他物质

牛乳中还含有人体所需的各种维生素（如V_A、V_D、V_E、V_B、V_C等）。各种生物酶（如过氧化酶、还原酶、乳糖酶、脂肪酶等）还含有磷脂、胆固醇、色素、免疫体等，它们对乳的质量、理化性能、食用品质等均有一定影响。

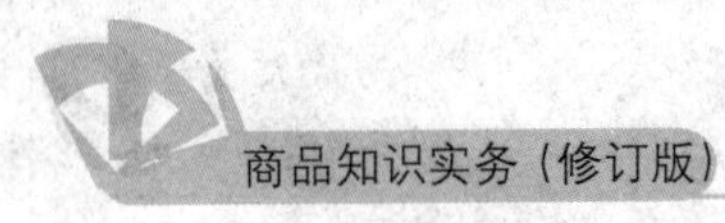

二、乳与乳制品的品种与特性

乳制品是以牛、羊、骆驼等动物乳为原料加工后所得产品的总称。乳与乳制品的品种很多，主要有液态乳、酸乳、含乳饮料、奶粉、干酪、炼乳、奶油和冰激淋等。

1. 液态乳

液态乳是用健康奶牛所产的新鲜乳汁，经有效的加热杀菌处理后，分装出售的饮用牛乳。

（1）按成品组成成分

1）全脂牛乳，含乳脂肪在3.1%以上。

2）强化牛乳，添加多种维生素、铁盐的牛乳，如添加维生素A、维生素B_1、维生素B_2、维生素B_6等以供特殊需要。

3）低脂牛乳，含乳脂肪在1.0%～2.0%的牛乳。

4）脱脂牛乳，含乳脂肪在0.5%以下的牛乳。

5）花色牛乳，在牛乳中加入咖啡、可可、果汁等组成的牛乳。

（2）按杀菌方式分类

1）低温长时间杀菌牛乳，或称保持式杀菌法消毒牛乳，牛乳经62～65℃保持30分钟的杀菌法杀菌、冷却、包装后的产品。

2）高温短时间杀菌牛乳，也称巴氏高温杀菌牛乳。牛乳经72～75℃，保持15～16秒钟杀菌，或80～85℃，保持10～15秒加热杀菌。

3）超高温灭菌乳，牛乳加热至130～150℃，保持0.5～4秒钟杀菌或灭菌。

4）蒸汽直接喷射法超高温灭菌牛乳，条件大致与超高温灭菌乳相同，牛乳与高温蒸汽直接接触，在喷射过程中瞬间即达到灭菌效果，经无菌包装后即为灭菌乳。

5）瓶装（或罐装）灭菌牛乳：牛乳在装瓶（装罐）经密封后，于密闭容器中加压灭菌。

一般液态奶主要是巴氏杀菌乳和超高温灭菌乳。

巴氏杀菌乳的特性：需冷藏，新鲜、营养、健康，保质期较短，一般为2～14天。

超高温灭菌乳的特性：无需冷藏，饮用方便，便于携带，保质期长达30天～8个月。

（3）按包装式样分类

1）玻璃瓶装消毒牛乳。

2）塑料瓶装消毒牛乳。

3）塑料涂层的纸盒装消毒牛乳。

4）塑料薄膜包装的牛乳。

5）多层复合纸包装的牛乳。

2. 酸乳

酸乳（即酸奶）即在添加（或不添加）乳粉（或脱脂乳粉）的乳中（杀菌乳或浓缩

乳），由于保加利亚乳杆菌和嗜热链球菌的作用进行乳酸发酵而制成的凝乳状制品，成品中必须含有大量的、相应的活性微生物。

根据产品的组织状态可分为凝固型酸奶和搅拌型酸奶。

酸奶产品有益于人体肠胃健康，促进食欲，改善消化功能；口感细腻酸甜，保质期较长。

3. 奶粉

奶粉一般是鲜牛奶经过干燥工艺制成的粉末状乳制品。主要分为两大类：普通奶粉和配方奶粉。普通奶粉常见的有全脂淡奶粉、全脂加糖奶粉和脱脂奶粉等。全脂奶粉是指以新鲜牛奶为原料，经浓缩、喷雾干燥制成的粉末状食品；脱脂奶粉是指以牛奶为原料，经分离脂肪、浓缩、喷雾干燥制成的粉末状食品。

配方奶粉是根据不同人群的营养需求，通过调整普通奶粉营养成分的比例，并强化所需的钙、铁、锌、硒等矿物质，维生素 A、维生素 D、维生素 E、维生素 C、维生素 B 族以及牛磺酸、低聚果糖等营养强化剂及功能因子等。

配方奶粉一般分为婴幼儿配方奶粉、功能性配方奶粉、营养强化奶粉三种。

奶粉的特性为营养价值高，易吸收，便于携带，保质期长。

4. 干酪

干酪是在牛奶中加入凝乳酶，使奶中的蛋白质凝固，经过压榨、发酵等过程所制取的乳品，也叫奶酪、奶干、奶饼，蒙古族人有的称奶豆腐。每公斤干酪制品大约由 10 公斤牛奶制成，是一种具有极高营养价值的乳制品，蛋白质含量达 25%左右，乳脂含量为 27%左右，钙可达 1.2%，而且钙、磷比值接近 2:1，最容易被人体吸收，吸收率可达 80%～85%，是理想的补钙食品，更是补充优质蛋白质的理想食品。

干酪大体可分为天然干酪、融化干酪和干酪食品。

酪的特性是营养价值高，易为人体吸收，携带方便，越来越受人们的关注。

5. 炼乳

炼乳是“浓缩奶”的一种。炼乳是将鲜乳经真空浓缩或其他方法除去大部分的水分，浓缩至原体积 25%～40%的乳制品。炼乳加工时由于所用的原料和添加的辅料不同，可以分为加糖炼乳（甜炼乳）、淡炼乳、脱脂炼乳、半脱脂炼乳、花色炼乳、强化炼乳和调制炼乳等。

炼乳的特性是消化性好，且不引起牛乳过敏，若添加必要的维生素，非常适合婴儿及病弱者饮用。

6. 奶油

奶油是新鲜牛奶中分离出的乳脂肪，根据其含量不同一般分为稀奶油和奶油两种。

奶油含有 20 种以上的脂肪酸并且低碳链（14 个碳以下）的脂肪酸含量多达 15%，

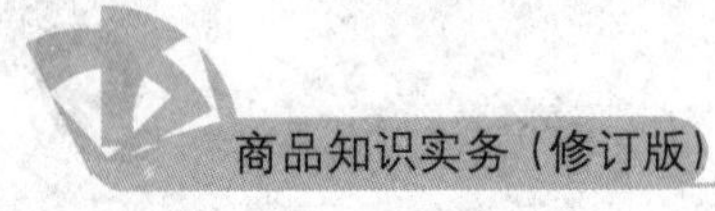

所以奶油具有特殊的香味和柔润的质体。乳脂肪不但比其他脂肪更容易被人体吸收，其消化率高于95%，而且其中含有大量的脂溶性维生素和人体所需的脂肪酸，所以乳脂肪是一种风味独特的营养食品。另外，由于奶油具有良好的乳化性、充气性、润滑作用和起酥性等，所以它也是冰激淋、雪糕等冷冻食品、西餐和各种糕点不可缺少的原料。

7. 冰激淋

冰激淋一般是以牛奶为主要原料，添加脂肪、砂糖、香料及品质改良剂等经冻结而成的、具有较高膨胀率的冷冻制品。

冰激淋的种类很多，主要包括普通冰激淋、果汁冰激淋和蛋黄冰激淋等，其配料也是多种多样。

冰激淋的特性是营养价值较高，易于消化，作为夏季的嗜好饮料而深受人们的喜爱，而且由于一般冰激淋的脂肪及糖的含量较高，也是一种高能量食品。

第三个问题：如何认知茶叶

一、茶叶的主要成分

茶、咖啡、可乐是世界性的三大饮料，饮茶的历史最久，生产地区最广，消费量最大。

茶叶中含有多种有益人体健康的营养物质，如维生素、矿物质、蛋白质、糖类等。与茶叶质量直接相关的成分，主要是影响其色、香、味的多酚类、生物碱、芳香油和色素等。

1. 茶多酚类

茶多酚类又称茶单宁，是茶中多种酚类化合物的总称，主体为儿茶素，此外还包括黄酮类、酚酸类等，医学上称之为“维生素 P 群”。茶多酚的药理作用主要有以下几点：

1）增强毛细血管的弹性。

2）抗菌消炎抗病毒。增强人体抗感染能力，提高免疫力。用茶水清洗伤口有利于伤口的愈合。

3）抗辐射损伤。茶中的黄烷醇可使放射性元素从骨髓组织中被排出体外。

4）保护人体维生素 C 代谢，促进维生素 C 的吸收。

2. 生物碱类

包括咖啡碱、茶碱、可可碱、腺碱等，其中咖啡碱含量最高，咖啡碱和茶碱的主要药理作用有以下三点：

1）兴奋作用。能够暂时振奋精神，驱除睡意，增强记忆力，从而提高学习和工作效率。

2）利尿作用。茶碱可扩张肾微细血管，加速尿液的分泌，咖啡碱可促进肾对其中水的滤出率，同时刺激膀胱，加速排尿。

3）增强心肌收缩力，改善血液循环，降低胆固醇，防止动脉硬化，促进胃液分泌等功效。

3. 芳香类物质

茶叶的香气来自于茶叶所含的芳香物质。茶叶中芳香物质多达数百种，但绝对量并不大。

4. 氨基酸类

茶中的氨基酸为主要呈味物质，也与茶叶香气关系很大。氨基酸的存在使绿茶汤更鲜爽、味更丰满。有的氨基酸在热水冲泡后，会与糖类物质发生化合作用，发出诱人的香气，比如丙氨酸就有类似玫瑰的香气味。

5. 维生素类

茶中含有多种维生素，其中维生素 C 最丰富，每 500 克绿茶约含维生素 C 135 毫克；其次是 B 族维生素。茶叶中也含有多种矿物质，特别是以含氟量高而在绿色植物中著称。

6. 其他成分

茶叶还有含量高达 20%～30%的糖类物质，以及各种色素。糖类物质的存在使茶汤具甜醇味；色素的存在使不同类别的茶叶叶底和茶汤呈现与其品质相符的颜色。

二、茶叶的主要品种及特点

我国通常将茶叶分为绿茶、红茶、乌龙茶、花茶和紧压茶五大类。其代表性品种和特点如下：

1. 绿茶

绿茶是不发酵茶，它的特点是保护了茶叶的绿色，即做到干绿、汤绿、叶底绿“三绿”。绿茶按初制干燥方法不同，分为炒青、烘青和晒青三类。

2. 红茶

红茶品质特征和绿茶不同，绿茶以保持天然绿色而引人，红茶则以红艳而名贵。制作中，采用细嫩叶为原料，经完全发酵使绿叶变为红叶——发酵是红茶品质形成的关键。发酵使茶多酚加速了酶促氧化，形成红叶红汤、香甜味醇的品质特征。红茶根据制法与品质的差异分为功夫红茶、小种红茶、红碎茶三类。

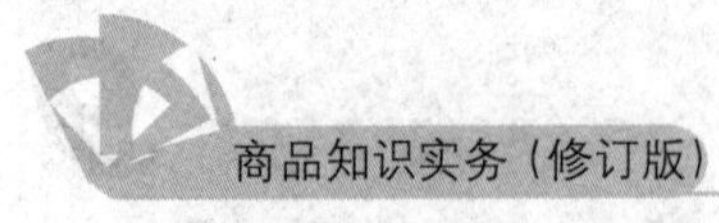

（1）功夫红茶

功夫红茶是我国特有的农特产品，以做工精细而得名。功夫红茶在制作过程中很讲究茶的形状和色、香、味，特别要求紧卷、完整、匀称和洁净。其成品特点是条索紧细、色泽乌润，汤色红艳明亮、香气浓郁纯正，滋味甘醇、叶底匀嫩鲜红。其中，祁红、滇红、川红、宜红被称为我国的四大红茶。

（2）小种红茶

我国的小种红茶多产于福建省。因烘干时用松木熏制，故成品茶有独特的松木香味，这是小种红茶与功夫茶的最明显区别。

小种红茶的品质特点是茶条粗实、叶质肥厚、色泽乌黑、汤色红浓、滋味爽口。

（3）红碎茶

红碎茶在国际市场上很受欢迎。红碎茶在初制时经过充分的揉捻和切碎、发酵、干燥而成。其特点是外形整齐一致，色泽乌黑、香气很浓，滋味浓厚、汤色浓红，适于添加牛奶、柠檬、糖等饮用。因红碎茶压制时经揉、撕、切，已使茶叶组织破坏，故一次冲泡就能将大部分有效成分浸出，这很符合西方人的饮茶习惯。

3. 乌龙茶

乌龙茶即青茶，属半发酵茶。其制作方法有红茶与绿茶的发酵和杀青，其成品特点为既有绿茶的鲜爽又有红茶的甘醇，而且叶底具有绿叶红镶边的特点。制作时有“摇青”工序，将鲜叶置于特制容器内不断摇动，使茶叶相互碰接至叶缘细胞破裂，茶汁流出，氧化发酵，发酵到适应程度后立即杀青，使发酵过程终止。这样，茶叶边缘经发酵，中心部分不发酵，故而形成叶底绿叶红镶边的特殊风格。

乌龙茶也是我国特产，主产于福建、广东、台湾三省，以福建产量最大、品种最多，质量最好。主要品种有安溪铁观音、武夷岩茶等。

4. 花茶

花茶属再加工茶，是由成品茶加鲜花窨制成。多以所用鲜花命名，如茉莉花茶、柚子花茶、玫瑰花茶等。

花茶的质量特点除了外形、叶底、色泽等方面与所用茶坯相同外，主要不同之处是香气，其次是滋味。高级花茶均要求香气鲜灵、浓郁清高，滋味浓厚鲜爽，汤色清澈、清黄、明亮，叶底细嫩、匀净。

5. 紧压茶

紧压茶属各种块状茶，其形状以砖形最多，亦有碗形、饼形等。突出的特点是便于运输和贮藏。

紧压茶是用晒青和红茶或茯茶作原料经蒸茶、装模或装篓压制而成。紧压茶种类很多，有湖南产的黑砖、花砖，湖北产的青砖、米砖和云南普洱沱茶、方茶、饼茶等。

三、茶叶的质量审评

茶叶质量包括感官质量和理化指标两部分。在我国，茶叶品质的好坏、等级的划分、价值的高低，主要是根据茶叶外形、香气、滋味、汤色、叶底等项目，通过感官审评来决定的。

感官审评分为干茶审评和开汤审评，即干评和湿评。干评是审评干茶外形，开汤及泡茶或沏茶则为湿评内质的重要步骤。开汤后应先嗅香气，观看汤色，再尝滋味，后评茶底。操作程序如下：

1）嗅香气。嗅香气应一手拿住已倒去茶汤的评审杯，另一手半揭开杯盖，靠近杯沿用鼻轻嗅或重嗅。为了正确判别香气的高低和类型，嗅时应重复一两次，但每次嗅的时间不宜过久，过久不但容易失去嗅觉的灵敏度，而且杯数较多时，冷热程度不一，就难以评比。每次嗅评都要将杯内叶底抖动一下。未评之前，杯盖不得打开。

2）看汤色。汤色又称水色，俗称汤门或水碗。审评汤色要及时，因茶汤中的成分和空气接触后很容易发生变化，所以有的把评汤色放在嗅香气之前。汤色易受光线强弱、茶碗规格、容量多少、排列顺序、沉淀物多少、冲泡时间长短等各种因素影响，在审评时要加以足够注意。汤色以深浅、明暗、清浊等评定优劣。

3）尝滋味。尝滋味应在看汤色后立即进行。茶汤的温度要适宜，一般尝滋味的茶汤温度以50℃左右为宜。温度过高或过低都易使滋味失真。尝汤味的方法是将汤匙自审评碗中取汤入口。汤入口后舌头快速循环打转，让舌头各部分在功能上有区别的味蕾全进入工作状态，以便全面而客观地反映茶滋味。尝味后的茶汤一般不下咽，尝另一碗前，匙要用白开水漂净，以免串味。审评滋味主要按浓度、强弱、爽涩、鲜滞及纯杂等评定优次。

4）评叶底。评叶底是根据叶底的老嫩情况、均匀程度、整碎程度和开展与否来评定。同时还应注意有无其他物质掺杂。评叶底时匙将杯中冲泡过的茶叶（即叶底）倒入叶底盘或放入审评杯盖的反面，也有放入白色搪瓷漂盘内。倒时要注意把细碎的粘在杯壁杯底的茶叶倒干净，用叶底盘或杯盖的先将叶张拌匀、铺开，观察其嫩度、匀度和色泽的优次，如果感到不够明显时，可在盘里酌加茶汤，再将茶汁徐徐倒出，使叶张漂在水中观察分析。评叶底时，要充分发挥眼睛和手指的作用。手指按揿叶张，感觉其软硬、厚薄、平凸等。用眼睛看芽叶含量、叶张卷摊、光糙、色泽及均匀度等以区别好坏。

第四个问题：如何认知酒类

一、酒的含义与分类

1. 酒的含义

酒，即用粮食、水果等含淀粉或糖的物质发酵制成的含乙醇的饮料。酒是多种化学

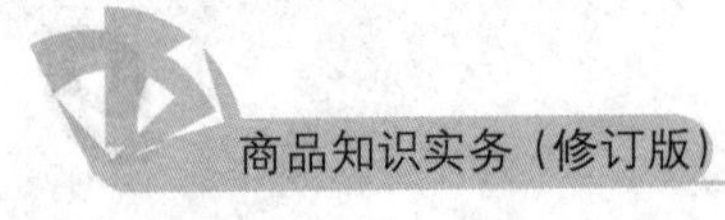

成分的混合物，酒精是其主要成分，除此之外，还有水和众多的化学物质。这些化学物质可分为酸、酯、醛、醇等类型。决定酒的质量的成分往往含量很低，但种类却非常多。这些成分含量的配比非常重要。

2. 酒类商品的分类

酒的种类很多，常见的分类方法有以下几种：

（1）按酒精的含量分类

1）高度酒。酒度在40°以上者，多为蒸馏酒，如白酒、白兰地等。

2）中度酒。酒度在20°～40°，如各种露酒、药酒等配制酒。

3）低度酒。酒度在20°以下，如黄酒、葡萄酒、啤酒、果酒等。

（2）按制作工艺分类

1）蒸馏酒。用含淀粉或糖较多的物质为原料，经过糖化、发酵后，采用蒸馏的工序制成的酒。这种酒的度数一般在40°以上。

2）酿造酒。原料经糖化（或不经糖化）发酵后采用压榨方法使酒与酒糟分离制成的酒。多数低度酒如啤酒、果酒、黄酒等都属于这种酒。

3）配置酒。用成品酒或食用酒精作为酒基，再配以香料、中草药和添加适量的糖和食用色素配制成的酒。

（3）按商业经营习惯分类

按商业经营习惯，酒可分为白酒、啤酒、黄酒、葡萄酒、果酒、露酒等。其中，葡萄酒、果酒、露酒通称为色酒。

二、酒的质量特点

1. 白酒

以含淀粉和糖类较多的物质为原料，通过酒曲、酵母的糖化和发酵，经蒸馏而制成的一种无色、透明、含高度酒精成分的酒称为白酒。

（1）白酒的成分

白酒的主要成分是乙醇和水，二者约占总量的98%以上。其余成分为高级醇、有机酸、酯类、酚类及其他微量成分。这些成分含量虽少，却与白酒的品级质量关系密切。白酒中也含有一些有碍人体健康的成分，对这些成分，食品卫生标准中有限制性指标。

（2）白酒的香型及其代表品种

根据白酒中呈香物质的不同，我国习惯将各地所产优质白酒划分为以下五种类型：

1）酱香型。酱香型白酒的特点是酱香突出，幽雅细致，酒体醇厚，回味悠长。酱香型白酒略有焦香，饮酒之后空杯的香气经久不散，有代表性的为贵州茅台酒、四川郎酒和湖南常德武陵酒。

2）浓香型。浓香型白酒种类很多，但其共性是窖香浓郁，清洌甘爽，香味协调，

尾净余长。民间称之为：香浓郁，入口绵，落口甜。其主体香气成分是乙酸乙酯和适量的丁酸乙酯。浓香型白酒种类很多，如泸州老窖、五粮液、洋河大曲、古井贡酒、剑南春、宋河粮酒、山东曲阜孔府家酒等。

3）清香型。清香型白酒的风味特点是：清香纯正，口味协调，微甜绵长，余味爽净。该类酒的主要香气成分是乙酸乙酯和乳酸乙酯。典型代表有山西杏花村汾酒等。

4）米香型。米香型白酒的风味特点是：米香清雅，入口柔绵，满口甘洌，回味怡畅。小曲酒多属米香型。其主体香气成分是乳酸乙酯，乙酸乙酯稍低。代表品种有广西桂林三花酒、湖南浏阳河小曲等。

5）兼香型。又称复香型、混合型。这是一类兼有两种主体香型的白酒。著名酒品有贵州遵义的董酒、陕西凤翔的西凤酒。

（3）白酒的质量鉴定

白酒的质量鉴定包括感官鉴定和理化卫生指标鉴定。

1）感官鉴定。对白酒进行感官鉴定，要求鉴定人员是训练有素的专业人员。白酒的感官质量指标包括色泽、香气和滋味。

2）色泽。白酒一般应无色透明，清亮无悬浮物，无混浊或沉淀。发酵较久、储藏期较长的优质白酒，如酒液略带微黄是允许的。

3）香气。优质白酒醇香、芳香扑鼻。白酒的香气可分为溢香、喷香和留香三类。品酒时当鼻腔靠近杯口，顿觉芳香物质就溢散于杯口附近，这叫溢香。酒液进入口腔，香气立即充满口腔就叫喷香。一般白酒都应有一定的溢香，名优白酒兼有溢香、喷香和留香，而且香气典雅纯正，不带异味。

4）滋味。白酒滋味要纯正，无强烈的刺激性，白酒的滋味与香气是协调一致的。香气较好的，滋味也较好。优质、名牌白酒要求滋味醇厚、味长、甘洌、有回甜、入口各味协调、有愉快舒适的感觉。

在给白酒评分时，除色、香、味外，还有风格一项。

白酒的理化指标有酒精度、总酸、总酯、固形物等含量指标；卫生指标有甲醇、杂醇油、铅等限制性指标。

1）酒精。白酒酒精含量应符合各种白酒所规定的含量标准。

2）甲醇。国家食品卫生标准中规定，粮食白酒中不得超过0.04克/100毫升，薯干等代用原料不得超过0.12克/100毫升。

3）总醛。醛类具有强烈的刺激性和辛辣味，饮后头晕，有害健康，一般白酒总醛含量不宜超过0.02克/100毫升（以乙醛计）。

4）总酸。白酒中有机酸可提高酒的风味。一般白酒总酸含量为0.06～0.15克/100毫升（以醋酸计）。

5）总酯。酯是白酒中香味的主要成分，总酯含量一般在0.02克/100毫升（以乙酸乙酯计）。

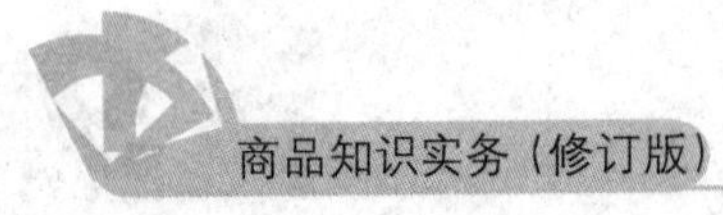

6）铅。酒中有毒的重金属，白酒中铅含量不能超过 1ppm。

7）氰化物。烈性毒物。国家食品卫生标准规定：木薯为原料白酒中氰化物含量不得超过 5ppm（以氢氰酸计），代用原料白酒中含量不得超过 2ppm。

2. 啤酒

啤酒是以大麦芽、酒花、水为主要原料，经酵母发酵作用酿制而成的饱含二氧化碳的低酒精度酒。

（1）啤酒的原料

啤酒的原料为大麦、酿造用水、酒花、酵母以及淀粉质辅助原料（玉米、大米、大麦、小麦等）和糖类辅助原料等。

1）大麦。啤酒以大麦为原料，取其淀粉和蛋白质成分。优质大麦的特征应为：籽粒饱满，皮薄，色浅，发芽率高，无病虫害和霉变。

2）酿造用水。酿造啤酒所用水应符合饮用水标准，水质的选择对成品啤酒风味和质量影响很大。通常，软水适于酿造淡色啤酒，碳酸盐含量高的硬水适于酿制浓色啤酒。淡色啤酒用水要求为：无色、无臭、透明、无浮游物、味纯正、无生物污染；硬度低；铁、锰含量低（含量高对啤酒的色、味有害，而且能引起喷涌现象）；不含亚硝酸盐。

3）酒花。酒花又称蛇麻花，是大麻科律草属多年生草本植物，可生存 20～30 年，酒花为雌雄异株。选择酒花应以色泽黄绿、有清香味为好。成熟的新鲜酒花经干燥压榨，以整酒花使用，或粉碎压制颗粒后密封包装，也可制成酒花浸膏，然后在低温仓库中保存。其有效成分为酒花树脂和酒花油。

4）酵母。酵母是用以进行啤酒发酵的微生物。啤酒酵母又分上面发酵酵母和下面发酵酵母。啤酒工厂为了确保酵母的纯度，进行以单细胞培养法为起点的纯粹培养。为了避免野生酵母和细菌的污染，须严格啤酒工厂的清洗灭菌工作。

5）玉米。玉米淀粉的性质与大麦淀粉大致相同。但玉米胚芽含油质较多，影响啤酒的泡持性和风味。除去胚芽，就能除去大部分的玉米油。脱胚玉米的脂肪含量不应超过 1%。以玉米为辅助原料酿造的啤酒，口味醇厚。玉米也是国际上用量最多的辅助原料。

6）大米。淀粉含量高，浸出率也高，含油质较少。但大米淀粉的糊化温度比玉米高。以大米为辅助原料酿造的啤酒色泽浅，口味清爽。大米是中国用量最多的辅助原料。

7）糖类。大都在产糖地区应用，一般使用量为原料的 10%～20%。添加的种类主要有蔗糖、葡萄糖、转化糖、糖浆等。

8）小麦。德国的白啤酒以小麦芽为主原料，比利时的兰比克啤酒是用大麦芽配以小麦为辅料酿造的具有地方特色的上面发酵啤酒。小麦品种有硬质小麦和软质小麦，啤酒工业宜采用软质小麦。

（2）啤酒的成分

啤酒中除了 90%左右的水，还有少量其他成分。这些成分与啤酒的保存期及口味有密切关系。主要有：①酒精，啤酒含酒精成分低，大都在 3%～5%；②二氧化碳，对于

啤酒来说是重要成分，使啤酒具爽口的风味，通常要求其含量在3%略高一点；③甘油，是酒精发酵的副产物，适量甘油的存在，可使啤酒泡沫更持久，酒味更醇和；④浸出物，浸出物指糖分、酸类、含氮物、矿物质等，多数为营养性物质。

（3）啤酒的分类

1）按原麦汁浓度分。①低浓度啤酒，原麦汁浓度在8%（m/m），酒度为2%（V/V）左右。该类啤酒用料少，成本低，稳定性差，适宜于夏天作凉茶饮料。②中浓度啤酒，原麦汁浓度在10%～12%（m/m），酒度在2.9%～3.7%（V/V）。这种啤酒稳定性好，杀菌后可储存较长时间，是啤酒中的产销量最大的一类。③高浓度啤酒，原麦汁浓度在14%～18%（m/m），酒度在 14.1%～14.5%（V/V）。这类啤酒稳定性好，色浓，固形物多，口味醇厚，耐储。

2）根据啤酒色泽分。①淡色啤酒：淡色啤酒的色度在5～14 EBC单位，例如：高浓度淡色啤酒，是原麦汁浓度13%（m/m）以上的啤酒；中等浓度淡色啤酒，是原麦汁浓度 10%～13%（m/m）的啤酒；低浓度淡色啤酒，是原麦汁浓度 10%（m/m）以下的啤酒。②浓色啤酒：浓色啤酒的色度在15～40 EBC单位，例如：高浓度浓色啤酒，是原麦汁浓度13%（m/m）以上的浓色啤酒；低浓度浓色啤酒，是原麦汁浓度13%（m/m）以下的浓色啤酒；浓色干啤酒（高发酵度啤酒），是实际发酵度在72%以上的浓色啤酒。③黑啤酒：黑啤酒色度大于40 EBC单位。

3）按工艺中是否杀菌分。①鲜啤酒，又称生啤酒。在生产中未经杀菌，味鲜美，营养价值高，稳定性差，多为夏季桶装啤酒。②熟啤酒，装瓶后经过巴氏杀菌，防止酵母发酵和微生物引起的质量变化，稳定性好，不易发生混浊，易保管。多用于瓶装和罐装。

（4）啤酒的质量鉴定

1）感官鉴定。①透明度，酒液应澄清透明，无杂质，无沉淀。不含明显的悬浮粒。②气味与滋味，应有明显的酒花香味，口味纯正，无其他异味。浅色啤酒要求酒花香气突出，深色啤酒要求麦芽香气突出。③泡沫，啤酒注入杯中，有泡沫升起，洁白细腻，持久挂杯。

2）理化检验。①酒精含量，啤酒中酒精含量与麦汁浓度和发酵度有关系，一般来说12度啤酒，酒精含量应不低于3.5%。②原麦汁浓度，12度啤酒原麦汁浓度应不小于12%。③总酸，酒中酸对啤酒的风味影响较大。适量的酸可改进啤酒的风味，但酸含量过多使啤酒风味变坏。啤酒中总酸在1.8%～3.0%为佳。

3. 葡萄酒和果酒

（1）葡萄酒

葡萄酒是采集新鲜的葡萄，压榨成汁，经过发酵过程而成的一种含低度酒精的饮料，酒精含量通常在14%以下。葡萄酒的种类很多，通常按以下依据分类：

1）按颜色不同分类。①红葡萄酒：选用红色或紫黑色葡萄为原料，采用带皮发酵

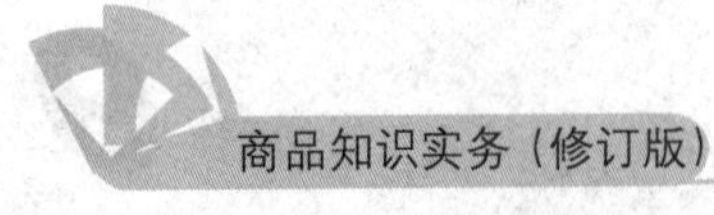

酿制而成。②白葡萄酒：选用黄绿色葡萄或红葡萄的果汁发酵酿制而成。果肉中的多酚类色素在发酵中氧化形成邻醌色素，酒色呈浅黄色或金黄色。口味鲜爽，澄清透明，柔和，有愉快的清香。

2）按酒中的含糖量分类。①葡萄酒：葡萄中糖分经发酵后，大部分成为了酒精。100 毫升酒含糖量在 0.4 克以下，口味清爽，协调柔和，有明显的葡萄果香，多为佐餐饮料。②甜葡萄酒：酒中糖分含量高，100 毫升酒含糖分在 5 克以上，口味甜爽。我国甜葡萄酒中糖分含量一般为 12%左右。③半甜葡萄酒：100 毫升酒中含糖分在 1.2～5.0 克，口味微甜，醇厚。④半干葡萄酒：100 毫升酒中含糖分在 0.4～1.2 克，酒香浓郁，微酸、爽口。

3）按酿造方式分类。①天然葡萄酒，也称原汁葡萄酒，全部由葡萄发酵而成，不添加任何物质，如干葡萄酒。②半汁葡萄酒，原葡萄酒中，加入葡萄酒精和糖调配而成。③调味加强葡萄酒，原汁葡萄酒中加入植物药材为香料配制而成，如味美思、桂花陈酒、人参葡萄酒等。④起泡酒，酒中含有大量二氧化碳，开瓶时产生大量泡沫，如香槟酒等。⑤蒸馏酒，葡萄皮渣经发酵后蒸馏的原白兰地，经过陈酿，调配成为白兰地，属于蒸馏酒。

（2）果酒

果酒酿造方法与葡萄酒相似。果酒都是以果实名称命名的，如山楂酒、苹果酒、梨酒、黑豆蜜酒等。

（3）葡萄酒和果酒的质量评价

1）感官指标。①色泽。葡萄酒种类不同，色泽也不同，应具有与天然果实相近的色泽。红葡萄酒呈紫红色、宝石红、砖红色等。白葡萄酒、苹果酒应呈麦秆黄色、浅黄色、金黄色等。②透明度。是反映酒质是否正常的一项指标。优质葡萄酒应澄清透明，有光泽、不混浊、无沉淀。③香气。葡萄酒中的香气主要是果香和酒香。葡萄酒应具有葡萄本身特有的果香和浓郁的酒香。果香是形成各种酒风味的重要因素，是在酿造中产生的香气。构成酒香的成分，不仅是酯类，还包括酚类、酸类、醛类、酮类等。酒香越是丰满持久，酒质越佳。④滋味。滋味是决定葡萄酒质量的重要指标。优质葡萄酒酒味香甜爽口、醇厚、软润，不得过酸、过苦、过涩。干型酒滋味应爽口，舒适洁净，滋味丰满和谐。甜型酒应醇厚爽口，酸、甜、涩味和谐，醇而不烈，甜而不腻。⑤典型性（风格）。葡萄酒和果酒，各种名酒都应具有典型性，典型性主要是香气。甜葡萄酒的风格应是爽、酸、甜、馥感，各味和谐统一。干白葡萄酒应具有清新、爽、利、愉、雅及独特风格。

2）理化指标。①酒精度，葡萄酒属于低度酒。一般酒精含量在 10%～14%。②酸度，酒中含有挥发酸和不挥发酸，两者之和为总酸。以葡萄酒为例一般总酸为 0.4%～0.6%（以酒石酸计）。③糖分：一般为 9%～18%，最高达 20%。

（4）葡萄酒和果酒的保管

大多数采用玻璃瓶装，少数使用透明瓶装，大多数使用深绿色、棕绿色及棕色等。

保管场所应空气流通，清洁卫生，防止光线照射，储存要求库房温度在 8～25℃。

第五个问题：如何认知卷烟

卷烟，或称香烟，是烟草制品的一种。制法是把烟草烤干后切丝，然后以纸卷成长约 120 毫米、直径 10 毫米的圆柱形。吸食时把其中一端点燃，然后在另一端用口吸食产生的烟雾。香烟最初在土耳其一带流行，当地的人喜欢把烟丝以报纸卷起来吸食。在克里米亚战争中，英国士兵从当时的鄂图曼帝国士兵中学会了吸食方法，之后传播到不同地方。

一、卷烟的主要成分

（1）尼古丁

香烟烟雾中极活跃的物质，毒性极大，而且作用迅速。40～60 毫克的尼古丁具有与氰化物同样的杀伤力，能置人于死地。尼古丁是令人产生依赖成瘾的主要物质之一。

（2）焦油

在点燃香烟时产生，其性质与沥青并无多大差别。有分析表明，焦油中约含有 5000 种有机和无机化学物质，是导致癌症的元凶。

（3）亚硝胺

亚硝胺是一种极强的致癌物质。烟草在发酵过程中以及在点燃时会产生一种烟草特异的亚硝胺（TSNA）。

（4）一氧化碳

吸烟时，烟丝并不能完全燃烧，因此会有较多的一氧化碳产生。一氧化碳与血红蛋白结合，影响心血管的血氧供应，促进胆固醇增高，也可以间接影响某些肿瘤的形成。

（5）放射性物质

烟草中含有多种放射性物质，其中以钋 210 最为危险。它可以放出 α 射线。

（6）其他有害及致癌物质

除了上述有害物质之外，香烟中的有害物质还有苯并芘，这是一种强致癌物质。另外烟中的金属镉、联苯胺、氯乙烯等，对癌细胞的形成会起到推波助澜的作用.

二、卷烟的分类

卷烟按香气类型可分为四种，即烤烟型、混合型、外香型、雪茄型。

1）烤烟型。烟气中具有明显烤烟香气的卷烟。

2）混合型。烟气中具有烤烟、晾烟、晒烟混合均匀一致香气的卷烟。它主要有美国式风格、欧洲式风格、中国式风格和其他风格。

3）外香型。烟气中具有独特的烟草以外的外加香香气风格的卷烟。主要有薄荷型、奶油型、可可型、玫瑰型。

4）雪茄型。烟气中具有明显雪茄烟香气的卷烟。

三、卷烟对人体的危害

1. 烟草对大脑的影响

尼古丁通过肺黏膜和口腔黏膜扩散到全身，进入大脑之后，尼古丁能仿效乙酰胆碱这种神经递质的作用，同许多神经元表面的尼古丁受体结合在一起。尼古丁对中枢神经系统具有刺激作用，在“奖赏回路”内作用尤为明显。它能通过激活相关神经来释放更多的多巴胺。而烟草中所含的哈尔明和降哈尔明则能通过抑制分解酶的活动，使神经突触内的多巴胺、血清素和去甲肾上腺素保持在高浓度水平。随着多巴胺、血清素和去甲肾上腺素保持的作用得到强化，人的清醒程度就更高、注意力更为集中，从而更能缓解忧虑、忍耐饥饿。烟草可导致恶心、眩晕、头痛。

2. 耐受性和依赖性

经常吸烟会使大脑中的尼古丁含量始终处于很高水平。神经元受体对尼古丁越来越不敏感，对多巴胺释放的刺激作用也出现减弱，原来的烟量再也不能满足吸烟者的快感，吸烟者由此对尼古丁产生耐受性。当吸烟者停止吸烟数小时（睡眠时间）后，体内尼古丁含量出现下降，神经元受体变得异常敏感。此时乙酰胆碱的活性超出正常水平，使吸烟者变得烦躁，并很想抽烟。这时候吸烟会过度刺激神经元受体，并促使多巴胺大量释放。通过这一现象，我们可以明白为什么每天的第一支烟能给“老烟枪”带来莫大的快感，吸烟者也因此陷入烟瘾不断增强的恶性循环。

四、真假卷烟的识别

1. 一摸

香烟，无论软包装还是硬包装，都外包有透明薄膜。消费者购烟时，最开始接触的就是这层外包装。

真烟的塑料膜摸起来手感光滑，透明度较好，光泽度好，是一种特殊的薄膜，这种薄膜只用于香烟包装。拆开再摸，会感觉这层外包装薄膜较薄，手感较柔软。

假烟用的是一般性薄膜，光泽较差，透过薄膜看烟盒会感觉透明度较差，用手摸有滞手感，拆开后再摸，会感觉这种薄膜较厚且硬。

2. 二看

1）从色泽上鉴别。经常抽一种香烟的消费者，购烟时可注意比较烟盒的颜色。假烟盒再逼真，与真烟盒还是有颜色上的差异。

2）从烟丝上鉴别。有些人误以为烟丝越黄表明香烟质量越好，其实这是误解。真烟的烟丝色泽自然，黄中偏黑。烟丝中一般没有未经处理的烟梗，因为未处理的烟梗不易燃烧，容易熄灭。正规厂家在制作时，对烟梗进行了膨化处理。为迷惑消费者，假烟一般会采用硫磺熏制烟叶，烟丝显得黄亮。假烟中经常会看到烟梗，其制造者不可能花力气去对烟梗做膨化处理，那是一种专门的工艺，且需要购买高档设备。

3）从烟灰上鉴别。一般消费者吸烟后，看到烟灰较白，便认为是好烟。其实这也是一种误解。实际上，烟灰的色泽受烟叶的干燥程度影响，烟叶较干时，烟灰燃烧后呈灰白色，反之则较黑，也难吸。

从烟灰来看真假烟，应在燃烧中观察，如烟丝中是否掺杂有烟梗冒头，当烟梗出现时，香烟也就难吸了。

3. 三吸

品吸香烟是消费者鉴定烟的真假较有效的手段。一般消费者会长时间吸一种香烟，口味突然出现大的变化，很可能是遇到了假烟。

真烟：一般配方较稳定，口味也稳定。正规烟厂一个品种的香烟，选料有讲究，配方也是长时间研制出来的。虽然烟叶可能来自全国不同的地区，但按烟丝配料 40 个等级进行综合配方，口味的稳定就能保证。

假烟：制假者不可能顾及口味的问题，能糊弄成大致相仿的香烟，能换成钱，就万事大吉。也可以说假烟的味道都一样。

4. 四拆

通过以上方式，一时还难以鉴别烟的真假时，最直接的办法就是：拆开看！

拆开包装盒，从粘胶方式上进行鉴别，是较直接的方式。

真烟：包装盒都是通过机器大规模生产的。机器上胶、点状胶点，烟盒上两边粘合处，点胶是等齐的，很规整、有固定的位置。

如每条烟烟盒侧面的上胶都有固定的三点，每处胶点的间距是相等的，大约为 10 厘米。一包烟烟盒两侧的上胶是以点胶的方式，如果撕开来看，可以看到排列整齐的一点一点胶迹，两点之间相隔 2～2.5 毫米。两侧的胶迹也很对称。

假烟：都是人工上胶，用刷子刷上去的。拆开来看，可以明显看见刷子的痕迹，烟盒两侧胶迹也不对称，随意性很大。

打假专业人士称，拆开烟盒辨真伪是最灵的，适用于所有的假烟鉴别。

拆开后鉴别的另一种方式是看内衬纸。每包香烟内都有金属色的箔纸。打开烟盒后，要拉开箔纸才能拿到香烟。在拉开处就有讲究，真烟箔纸只有两点连接，其他部位完全切开，拉开很容易。而假烟箔纸拉开时，中间呈锯齿状，拉开处毛糙、不平。

课后检测

1．糖对人体的生物学功能有哪些？

2．乳制品的化学成分主要有哪些？

3．乳制品的种类都有哪些？
4．我国茶叶的主要品种有哪些？各有什么特性？
5．如何对茶叶进行感官质量评价？
6．酒的分类情况如何？
7．如何对白酒进行感官质量评价？
8．如何鉴别真假香烟？

知识漫游

本章主要介绍了食品类商品的几大组成类别：糖类、乳与乳制品、茶叶、酒类、卷烟等。糖类主要由碳、氢、氧三种元素组成，按其分子结构的不同可分为单糖、双糖、多糖三种。糖类是含有较高热值的碳水化合物，过量摄入会引起肥胖、动脉硬化、高血压、糖尿病以及龋齿等疾病。乳与乳制品是市场上供应的各种乳制品的总称，主要包含液态乳、酸乳、奶粉、干酪、炼乳、奶油、冰激淋等。

茶是世界性三大饮料之一，我国通常将茶分为红茶、绿茶、乌龙茶、花茶和紧压茶五大类。在我国，茶叶品质的好坏、等级的划分、价值的高低，主要是根据茶叶外形、香气、滋味、汤色、叶底等项目，通过感官审评来决定的。酒是多种化学成分的混合物，是用粮食、水果等含淀粉或糖的物质发酵制成的含乙醇的饮料，按商业经营习惯分为啤酒、白酒、果酒等。卷烟的成分主要有尼古丁、焦油、亚硝胺、一氧化碳、放射性物质、其他有害及致癌物质等，按香气类型可分为四种：烤烟型、混合型、外香型、雪茄型。

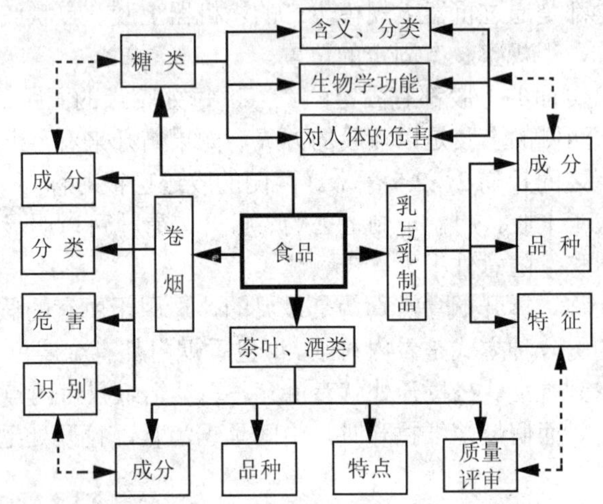

第10章

家用电器与文化用品

学习目标

阅读本章后，你将能够：

- 理解家用电器的含义及其特点。
- 熟悉常用家用电器的种类及其工作原理。
- 了解家用电器的科学使用方法。
- 熟悉文化用品的含义及发展变化。
- 了解现代办公文化用品的种类及工作原理。

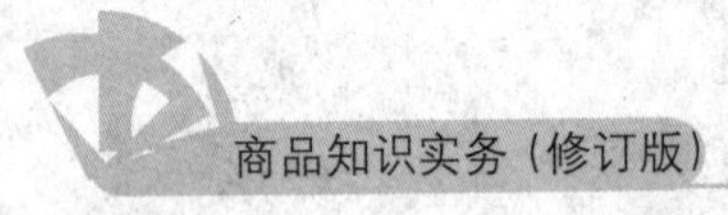

案例导入

环 保 文 具

2008 年 9 月 22～24 日，第 102 届文化用品商品交易会暨国际制笔文具博览会在上海新国际博览中心隆重开展。慧聪办公用品网作为行业门户网站，一直关注着文具的发展。慧聪办公用品网对本届展会进行了全程直播。以下是慧聪办公用品网对上海汉宏普乐士文具有限公司总经理中岛聪先生的采访。

慧聪办公用品网：此次参展主要带来了哪些新产品，都有什么特点？

中岛聪：我们此次参展主要带来了我们即将在中国市场正式上市的 10 款最新采用再生原纸制作的纸制办公系列产品。其中 CD 盒、名片整理盒、A3 双孔夹、覆膜双孔夹、覆膜档案盒、覆膜如意伸缩夹、覆膜强力夹和强力夹等 8 款产品采用日本进口再生原纸，经济型单片夹和经济型口袋夹这 2 款产品采用在中国国内采购的高级原纸。

这些采用再生原纸制作的纸制收纳用品与 PP 塑料制品相比，重量轻、触感好，而且耐寒、耐湿性也非常好，更适合于印刷，实际使用中它的耐用性也很好。尤其是普乐士明星产品——纸制文件夹，使用环保再生纸产品，装订夹可再重复使用，可用铅笔书写标签，可修改标签重复再利用，保存年限过后，文件与文件夹可直接再利用，解决空间不足问题，不浪费资料保管的时间。

另外我们的这些纸制品都拥有丰富的色彩、柔和的色调，既不失高雅质感又可以回收再利用保护环境，同时也能帮助用户将资料整理得井井有条，提高效率，心情舒畅，让日常办公不再枯燥乏味。

慧聪办公用品网：目前中国的文具市场竞争已经十分激烈，而且目前中国人对再生纸的消费还没有养成习惯，那么普乐士将如何保持产品竞争力，赢得市场？

中岛聪：首先我们会不断地在生产过程中进行改革，提高我们的生产效率。因为我们中国的人均工费也在不断地上涨，我们会尽量使在人工方面能够自动化的部分尽量自动化，减少人工成本。另外在生产过程中，会产生很多的损耗，比如时间上的损耗、材料上的损耗、运输上的损耗等等，这些我们都在生产过程中不断地克服，达到最佳状态，尽量降低产品的价格，提高产品的品质，赢得市场。

对于如何让客户接受我们的产品，在纸制产品投入市场之前，我们经过详细的调查，一些客户对于纸制产品耐水、耐用、是否牢固等方面都持否定的态度，但当他们使用我们的纸制产品一段时间之后，上面的这些疑问都已经不再存在，我们的纸制产品比他们原来想象的要牢固、坚挺、耐脏、耐用，所以我们坚信，消费者只要使用过我们的产品，就会认可肯定，进而接纳我们的纸制产品的，因此在今后的过程当中，我们会更广泛地分发一些我们的产品，让最终用户接触我们的产品、了解我们的产品、使用我们的产品，吸引他们成为我们的用户。

不知道大家是否知道，我们中国纸制品的回收率大概在 70%左右，而韩国在 80%，我们也希望大家通过使用我们的纸制产品以后，提高纸张再生率，通过我们的回收、再生产和再投放再使用用，来提高整个社会效应。

另外大家也许注意到了，政府也在不断地加大环保宣传力度，在环境环保的重视度方面较以前提高了很多，这对我们的环保纸制产品是一个好时机，在今后通过各种活动，大家会不断认知我们的新产品。

慧聪办公用品网：如何看待中国的办公用品市场？

中岛聪：大概前年我看到过齐心董事长的一句话，中国的办公用品市场大约有1000亿元人民币，每年以10%的涨幅在增长，在这么广大的市场中，中间如果有一些我们纸制产品将更完美。

慧聪办公用品网：据我了解，咱们这些产品的原材料都是从日本进口的，为什么不选择中国企业生产的产品呢？

中岛聪：我们也希望能使用中国的纸板，也进行了一些尝试，也试过了一些产品，经过我们的测试，那些纸张的品质达不到我们的需求，目前为止还没有找到我们所需要的纸张来替代。

慧聪办公用品网：也就是说中国目前生产厂家的技术还达不到咱们的需求，是吗？

中岛聪：中国可能也有这样的生产厂家，但我们的信息来源可能还不够广泛，所以到目前为止我们还没有找到。前面已经介绍过了，我们纸制品的颜色不是染上去的，而是原材料就是有颜色的，在中国市场，就是在世界各地，这种有颜色的纸板本身就不多，所以我们目前只能选择从日本进口。

慧聪办公用品网：考虑过在中国建一个这样的工厂吗？

中岛聪：目前还没有这个计划。如果你发现有这样纸板的生产厂家可以介绍给我们。

慧聪办公用品网：可以。不过你也可以上我们慧聪办公用品网交易市场找找看，说不定还能找到呢。

中岛聪：好的。非常感谢。

慧聪办公用品网：也希望汉宏普乐士的再生纸制品能很快融入中国市场，被越来越多的消费者接受。

资料来源：http://www.office.hc360.com

请思考：

1．汉宏普乐士文具有限公司的办公文化产品为什么不选择中国的原材料？
2．中国的文化用品市场应向哪个方向发展？

第一个问题：如何认知家用电器

一、家用电器的含义

家用电器是指家庭或类似条件下使用的电子和电器器具的总称。电子器具和电气器具的共同特点是使用交流电或直流电作为动力能源，它能减轻人们的家务劳动强度，改善人们的生活环境，丰富人们的物质和文化生活。因此，人们普遍认为：家庭生活电气化是生活现代化的前提条件和基本标志。家用电器是一种综合性的工业产品，除了以电子、电气工业的产品为主要组件外，还涉及冶金、机械、化工、塑料、橡胶等多方面的先进工艺和技术，所以，家用电器工业的发展水平，在一定程度上反映了一个国家工业生产技术水平和人民生活水平的高低。

二、家用电器的种类

家用电器的种类很多，按其功能不同，主要有以下几类：

1）白色家电（white goods），即用来满足基本生活需求的大型家电，包括空调、电扇、冰箱、冰柜、洗衣机、烘干机、洗碗机、消毒柜、电炉、电烤箱、电热水器等。

2）黑色家电（brown goods），即用来提供视听娱乐功能的家电，包括电视机、录像机、影碟机、家庭音响、便携式摄像机等。

3）小家电（small appliance），即可以很方便地移动使用的小型电器用品，包括电动剃须刀、除毛器、电熨斗、电饭煲、微波炉、烤面包机、电动牙刷、吸尘器、食物搅拌机、食品加工机、电吹风等。

此外，用于各类照明和艺术装饰的灯具，如台灯、壁灯、吊灯、射灯、落地灯等；用于娱乐的电动玩具、电子游戏机、电子乐器；用于美容保健的电动按摩椅、电理疗机；电子钟表、电动缝纫机、移动电话、多媒体和家庭信息终端等各种现代化家用电器也日趋走入普通百姓家庭。

三、常见的家用电器

1. 电视机

电视机利用电能即时传送活动的视觉图像。同电影相似，电视利用人眼的视觉残留效应显现一帧帧渐变的静止图像，形成视觉上的活动图像。电视系统的发送端把景物的各个微细部分按亮度和色度转换为电信号后，顺序传送。在接收端按相应的几何位置显现各微细部分的亮度和色度来重现整幅原始图像。

电视信号从点到面的顺序取样、传送和复现是靠扫描来完成的。各国的电视扫描制式不尽相同，在中国是每秒 25 帧，每帧 625 行。每行从左到右扫描，每帧按隔行从上到下分奇数行、偶数行两场扫完，用以减少闪烁感。扫描过程中传送图像信息。当扫描电子束从上一行正程结束返回到下一行起始点前的行逆程回扫线，以及每场从上到下扫完，回到上面的场逆程回扫线均应予以消隐。在行场消隐期间传送行场同步信号，使收、发的扫描同步，以准确地重现原始图像。

电视摄像是将景物的光像聚焦于摄像管的光敏（或光导）靶面上，靶面各点的光电子的激发或光电导率的变化情况随光像各点的亮度而异。当用电子束对靶面扫描时，即产生一个幅度正比于各点景物光像亮度的电信号，传送到电视接收机中使显像管屏幕的扫描电子束随输入信号的强弱而变。当与发送端同步扫描时，显像管的屏幕上即显现发送的原始图像。

目前，市场上彩色电视机向大屏幕、多功能发展，大屏幕彩电越来越多，功能越来越全，如全制式、画中画、重低音、人工智能、卫星接收以及平面直角彩电、纯平彩电、背投式彩电、数字电视、平板电视等新的电视品种不断涌现。

2. 电冰箱

冰箱，又称冰桶，由古时的“冰鉴”发展而来，功能明确，既能保存食品，又可散发冷气，使室内凉爽。它是古代人的发明创造，向我们揭示了古代生活的一个侧面。电冰箱是家用制冷器具中具有代表性的商品，它一般设有冷冻室和冷藏室两部分。其结构由箱体、制冷系统、电气控制系统和附件四部分组成。

电冰箱在我国市场上以中等容量（150～250 升）较受欢迎，箱门型式有单门、双门、三门、对开门、顶开门等，箱体形式有立式、柜式、台式、壁式和手提式等，此外还有直冷式冰箱、间冷式冰箱、自动化霜冰箱、无氟冰箱、节能环保冰箱等。

3. 空调

空调即房间空气调节器（room air conditioner），是一种用于给房间（或封闭空间、区域）提供处理空气的机组。它的功能是对该房间（或封闭空间、区域）内空气的温度、湿度、洁净度和空气流速等参数进行调节，以满足人体舒适或工艺过程的要求。空调的种类很多，一般有以下几种：

1）单冷式。将室内热湿空气吸入，经蒸发器将其中的水蒸气冷凝，然后将干燥、凉爽的空气送入室内，起到降温、降湿的作用。

2）冷热式。既能降温、降湿，又可制热、取暖。制热方式可分为热泵式和电热式。热泵式空调取暖时，室外空气温度在 5℃以上才能正常工作。

3）窗式。是空调制冷、通风、控制系统的组合体。

4）移动式。它与窗式空调器的区别是采用水冷方式，冷凝水通过软管排出，可以在室内随意移动，不用安装。

5）分体式。它由室内机箱和室外机箱组成，室外机箱组合了制冷系统中的压缩机、冷凝器和轴流风机等。目前，分体式空调器又开发了“一拖二”、“一拖三”等机型，即一个室外机带动两个室内机或三个室内机，方便了多居室的家庭使用。

6）家庭中央空调（也叫户式中央空调）。是由一台主机通过风管或冷热水管连接多个末端出风口将冷暖气送到不同区域，实现对多个区域调节温度的目的。它是一个小型化的独立空调系统，适用于 100 平方米以上的大面积多居室户型，该系统由主机和配套末端组成，主机和多个末端分离安装。

7）变频空调。是由电脑控制的变频器和变频压缩机组成的，它运用变频控制技术，

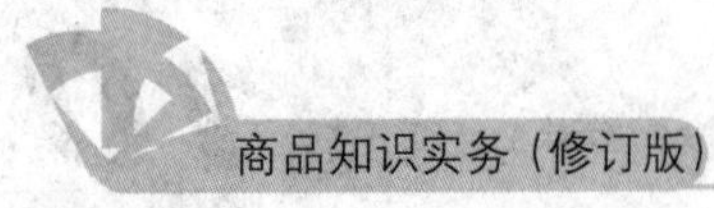

使空调根据环境温度自动选择制冷、制热和除湿运转方式，使居室在短时间内迅速达到所需要的温度，并在低转速低能耗状态下以较小的温差波动，实现快速、节能和舒适的控温效果。

8）国产家用空调器型号。是由横杠分开的两部分组成。第一位为 K，即为家用空调；第二位是结构形式代号：C 为整体式（窗式或穿墙式），F 为分体式；第三位是功能代号：L 为冷分式（常被省略），R 为热泵式，D 为电热型，Rd 为热泵辅助电热型。

4. 洗衣机

洗衣机是通过水流的冲刷、衣物的翻滚搅动、衣物与洗涤桶的摩擦，同时借助洗涤剂的作用，使衣物上的油脂污垢除去，从而达到洗净效果的家用清洁卫生电器。洗衣机分为普通洗衣机、半自动洗衣机和全自动洗衣机三种，按结构又分为波轮式洗衣机、滚筒式洗衣机和搅拌式洗衣机。波轮式洗衣机洗涤时间短、洗净能力强，但耗水量多、衣物磨损大。滚筒式洗衣机洗衣量大、用水量和洗涤剂量少，但洗净率不如波轮式洗衣机。

5. 微波炉

微波炉是利用磁控管发射出 2450 兆赫兹的高频电磁波（即微波）照射食物，使组成食物的分子剧烈地振动起来，从而使食物在很短的时间内产生足够的热量，而烹熟食物的家庭厨房用具。

微波炉由电源、磁控管、控制电路和烹调腔等部分组成。电源向磁控管提供大约 4000 伏高压，磁控管在电源激励下，连续产生微波，再经过波导系统，耦合到烹调腔内。在烹调腔的进口处附近，有一个可旋转的搅拌器，因为搅拌器是风扇状的金属，旋转起来以后对微波具有各个方向的反射，所以能够把微波能量均匀地分布在烹调腔内。微波炉的功率范围一般为 500～1000 瓦。

微波炉有机械控制式和电脑控制式，以及普通式和烧烤式。微波率具有加热速度快、耗用电能少、不提高厨房温度、没有烟气灰尘、不损害食品营养等优点。

四、使用家用电器的注意事项

随着人们物质生活水平的提高，各种不同用途的家用电器陆续进入寻常百姓家。洗衣机、电视机、电冰箱等在城乡家庭中已相当普遍，这无疑给人们的生活带来了方便。但如果使用不当，也容易出现意外事故，轻者造成一定程度的经济损失，重者可危及人们的健康乃至生命。为了确保家用电器的安全运行，在安装、使用家用电器时，应注意：

1）在购买每件家用电器时，首先要认真、细致地阅读产品说明书，比较一下产品的额定电压是否和家庭所在地的供电电压相符。一般常见的家用电器都是用 220 伏、50 赫兹的交流电，但特殊的也有。特别要注意电器的额定功率。额定功率过大，使用时电流过大，会超过家庭电能表、保险丝和导线的承受能力。几件电器同时使用时，如果总功率超过电源插座、电能表、保险丝和导线的负荷能力，就不要强行并用，而应该错开

使用时间。

2）家用电器不要安置在潮湿、有热源和易燃物、灰尘多的地方。使用完毕，要随手切断电源。若电气失火，在断电之前，千万不要用水去扑灭。

3）进入家庭的电源线路，火线与零线的标志应清楚，一眼便能识别出。家用电器的电源引线要正确接在线路中的火线和零线位置，不可接错。要求用三脚插头和三孔插座引入电源线的家用电器，不要用对称的双脚插头和两孔插座来代替，防止接插错误，造成电器的金属外壳带电，使用时发生触电事故。另外，不要在接地线和零线上安开关或保险丝，也不要将接地线接在自来水管、煤气管或暖气管上。

4）家用电器的电源引入线不可直接接在线路上或直接插入插孔，这样极易造成短路事故；应该接在可断开的开关上或插头上。电器通电试运行前，开关应置于停机位置。开机、调试、停机等过程应严格按说明书中的操作顺序进行，通电后发生异常现象，应立即停机并切断电源，请电工或内行人检查，自己不要随便拆看。没有找出毛病前，不可再次强行通电。

5）家用电器在运行过程中，不得用湿手接触开关或它的金属外壳，更不能触及电器元件。像电吹风、电烙铁等用手拿着使用的电器，不要将电线绕在手上或小臂上；切断电源时，不可用手拉电线的办法拔掉插头。使用人体要接触的电热器具，要有过热保护装置。如有异常气味和噪声，应立即切断电源，检查异常现象发生的原因。要经常检查功率较大的电热器具的电源引线、摇头、插座，发现老化、绝缘程度下降要及时更换。电源引线或供电线路如有裸露处，要用电工胶布包好。不可用一般胶布或止痛膏之类物品代替。

6）闲置的家用电器，也不可长时间不通电。这样易使电器内部发潮变霉或绝缘程度降低。每隔一定时间要运行一次。闲置时间较长的电器，再用时要先检查一下它的绝缘程度，没问题再使用。

第二个问题：如何认知文化用品

一、文化用品的含义

在古代，笔、墨、纸、砚等是文化用品的总称。

随着人类科技水平的提高，文化用品的发展速度很快，绝大多数办公场所都已脱离了过去算盘计数、手工抄写的陈旧办公方式，代之以现代化的办公手段。

现代文化办公用品是指那些科技含量较高、综合功能较强、工作原理先进、工作效率较高的办公用品。

现代办公文化用品既包括通常使用的笔墨纸砚，又包括一些收纳用品，如档案盒、档案袋、信封，同时也包括一些高科技的机器产品，例如碎纸机、复印机、扫描仪、传

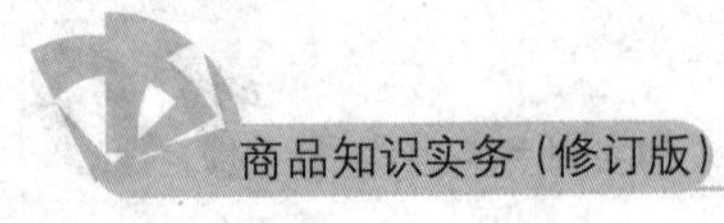

真机、电脑等。

二、常见的现代办公文化用品

1. 复印机

复印机是从书写、绘制或印刷的原稿得到等倍、放大或缩小的复印品的设备。复印机复印的速度快，操作简便，与传统的铅字印刷、蜡纸油印、胶印等的主要区别是无需经过其他制版等中间手段，而能直接从原稿获得复印品。复印份数不多时较为经济。

复印机按工作原理可分为光化学复印、热敏复印和静电复印三类。

光化学复印有直接影印、蓝图复印、重氮复印、染料转印和扩散转印等方法。

直接影印法用高反差相纸代替感光胶片对原稿进行摄影，可增幅或缩幅；蓝图法是复印纸表面涂有铁盐，原稿为单张半透明材料，两者叠在一起接受曝光，显影后形成蓝底白字图像；重氮法与蓝图法相似，复印纸表面涂有重氮化合物，曝光后在液体或气体氨中显影，产生深色调的图像；染料转印法是原稿正面与表面涂有光敏乳剂的半透明负片合在一起，曝光后经液体显影再转印到纸张上；扩散转印法与染料转印法相似，曝光后将负片与表面涂有药膜的复印纸贴在一起，经液体显影后负片上的银盐即扩散到复印纸上形成黑色图像。

热敏复印是将表面涂有热敏材料的复印纸，与单张原稿贴在一起接受红外线或热源照射。图像部分吸收的热量传送到复印纸表面，使热敏材料色调变深即形成复印品。这种复印方法现在主要用于传真机接收传真。

静电复印是现在应用最广泛的复印技术，它是用硒、氧化锌、硫化镉和有机光导体等作为光敏材料，在暗处充上电荷接受原稿图像曝光，形成静电潜像，再经显影、转印和定影等过程而成。

静电复印机是集静电成像技术、光学技术、电子技术和机械技术于一体的办公设备。一般复印每一页书稿都要经过充电、曝光、显影、转印、定影等几个步骤，这些步骤是在硒鼓转动一周的过程中一次完成的。

复印机在使用时应注意通风干燥，使用前要预热烘干，使用的纸张应注意防潮。

2. 传真机

传真机是应用扫描和光电变换技术，把文件、图表、照片等静止图像转换成电信号，传送到接收端，以记录形式进行复制的通信设备。

传真机的工作原理很简单，即先扫描即将需要发送的文件并转化为一系列黑白点信息，该信息再转化为声频信号并通过传统电话线进行传送。接收方的传真机“听到”信号后，会将相应的点信息打印出来，这样，接收方就会收到一份原发送文件的复印件。但是四种传真机在接收到信号后的打印方式是不同的，它们的工作原理的区别也基本上在这些方面。

热敏纸传真机是通过热敏打印头将打印介质上的热敏材料熔化变色，生成所需的文字和图形。热转印从热敏技术发展而来，它通过加热转印色带，使涂敷于色带上的墨转印到纸上形成图像。最常见的传真机中应用了热敏打印方式。激光式普通纸传真机是利用碳粉附着在纸上而成像的一种传真机，其工作原理主要是利用机体内控制激光束的一个硒鼓，凭借控制激光束的开启和关闭，从而在硒鼓产生带电荷的图像区，此时传真机内部的碳粉会受到电荷的吸引而附着在纸上，形成文字或图像图形。喷墨式传真机的工作原理与点矩阵式列印相似，是由步进马达带动喷墨头左右移动，把从喷墨头中喷出的墨水依序喷布在普通纸上完成列印的工作。

传真机按其传送色彩，可分为黑白传真机和彩色传真机。按占用频带可分为窄带传真机（占用一个话路频带）、宽带传真机（占用 12 个话路、60 个话路或更宽的频带）。

3. 打印机

打印机可将计算机中数据或通过操作得出来的结果于打印纸上打印出来，以供用户方便使用。目前，市场上常见的打印机有针式打印机、喷墨打印机和激光打印机，三种打印机性能和工作原理各具特点。

1）针式打印机。又称点阵打印机，它在打印头上安装了打印针，并利用这些打印针击打色带，在纸上形成点阵的方式来组成字符。打印头从打印纸的一边移动到另一边，同时打印控制器确定哪些打印针在哪些位置上击打色带。由于它是一种撞击式打印机，噪声较大，而且在打印质量上也无法与其他两种打印机相比，现在市场上已较少见。

2）喷墨打印机。应用最广泛的打印机。其基本原理是带电的喷墨雾点经过电极偏转后，直接在纸上形成所需字形。其优点是组成字符和图像的印点比针式点阵打印机小得多，因而字符点的分辨率高，印字质量高且清晰，且可灵活方便地改变字符尺寸和字体。印刷采用普通纸，还可利用这种打字机直接在某些产品上印字。字符和图形形成过程中无机械磨损，印字能耗小。打印速度可达 500 字符/秒。广泛应用的有电荷控制型（高压型）和随机喷墨型（负压型）喷墨技术，近年来又出现了干式喷墨印刷技术。

3）激光打印机。激光打印机是由激光器、声光调制器、高频驱动、扫描器、同步器及光偏转器等组成，其作用是把接口电路送来的二进制点阵信息调制在激光束上，之后扫描到感光体上。感光体与照相机组成电子照相转印系统，把射到感光鼓上的图文映像转印到打印纸上，其原理与复印机相同。激光打印机是将激光扫描技术和电子显像技术相结合的非击打输出设备。机型不同，打印功能也有区别，但工作原理基本相同，都要经过充电、曝光、显影、转印、消电、清洁、定影七道工序，其中有五道工序是围绕感光鼓进行的。首先把要打印的文本或图像输入到计算机中，通过计算机软件对其进行预处理。然后由打印机驱动程序转换成打印机可以识别的打印命令（打印机语言）送到高频驱动电路，以控制激光发射器的开与关，形成点阵激光束，再经扫描转镜对电子显像系统中的感光鼓进行轴向扫描曝光，纵向扫描由感光鼓的自身旋转实现。

与上述两种打印机相比，激光打印机的主要优点是打印速度高，可达 20 000 行/分钟以上。印字的质量高，噪声小，可采用普通纸，可印刷字符、图形和图像。但是价格较高。

4. 计算机

知识经济时代信息呈爆炸式的增长，人们迫切需要一种灵活、快捷、轻巧、有效的工具来管理个人信息，而计算机的出现正好迎合了这一需要。

计算机是一种根据一系列指令来对数据进行处理的机器。与之相关的技术研究叫计算机科学，由数据为核心的研究称信息技术。

（1）计算机的组成

1）软件部分包括操作系统、应用软件等。

2）硬件部分包括机箱（电源、硬盘、内存、主板、CPU、光驱、声卡、网卡、显卡）、显示器、键盘、鼠标（另可配有音箱等）。

（2）计算机的工作过程

计算机工作过程可以简单概括为输入、处理、输出和存储四个阶段。

输入是指接受由输入设备（如键盘）提供的信息；处理是对信息进行加工处理的过程，并按一定方式进行转换；输出是将处理结果在输出设备（如显示器等）上显示或打印等操作；存储是将原始数据或处理结果进行保存以便再次使用。

这四个步骤组成一个循环过程。输入、处理、输出和存储并不一定按照上述顺序操作，计算机根据需要决定采取哪一个步骤。个人计算机的工作过程是通过输入设备（键盘或鼠标等）输入用户的操作命令或数据，计算机的处理单元（微处理器）接收到输入命令后，进行处理并将结果在计算机的输出设备（显示器或打印机等）上输出。因此，计算机对于某种输入命令所要进行的对应操作，是由事先安装在计算机上的程序决定的。具体如图 10.1 所示。

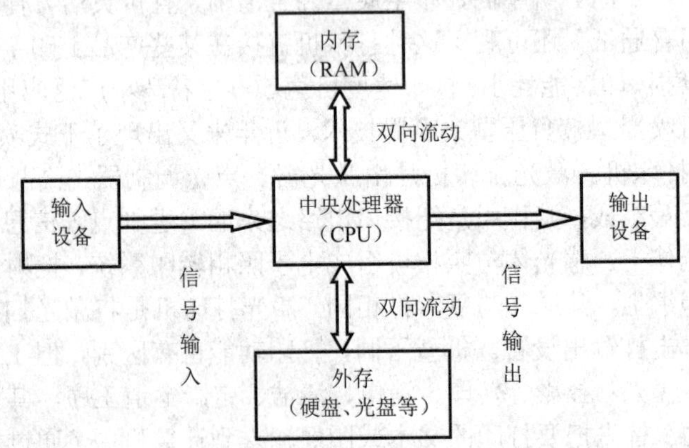

图 10.1 计算机的工作过程

（3）计算机的类型

计算机的类型主要有笔记本电脑（便携电脑、手提电脑）、掌上电脑、超级计算机（巨型计算机）、台式电脑、光子计算机、黑洞计算机、生物计算机、DNA 计算机、纳

米计算机、AI（人工智能）等。

5. 扫描仪

扫描仪是一种计算机外部仪器设备，即通过捕获图像并将之转换成计算机可以显示、编辑、储存和输出的数据的数字化输入设备。照片、文本页面、图纸、美术画图、照相底片、菲林软片，甚至纺织品、标牌面板、印制板样品等三维对象都可作为扫描对象，将原始的线条、图形、文字、照片、平面实物转换成可以编辑及加入文件中的数据。

（1）扫描仪的类型

扫描仪可分为三大类型，即滚筒式扫描仪、平面扫描仪和笔式扫描仪。

笔式扫描仪出现于 2000 年左右，扫描宽度大约只和四号汉字相当。使用时，贴在纸上一行一行地扫描，主要用于文字识别，但近几年最新的普兰诺可以扫描 A4 幅度大小的纸张，最高可达 400DPI。

滚筒式扫描仪一般使用光电倍增管（photo multiplier tube，PMT），因此它的密度范围较大，而且能够分辨出图像更细微的层次变化；而平面扫描仪使用的则是光电耦合器（charged-coupled device，CCD），故其扫描的密度范围较小。所谓 CCD 是一长条状的感光元器件，在扫描过程中用来将图像反射过来的光波转化为数位信号，平面扫描仪使用的 CCD 大都是具有日光灯线性阵列的彩色图像感光器。

密度范围对扫描仪来说是非常重要的性能参数，密度范围又称像素深度，它代表扫描仪所能分辨的亮光和暗调的范围，通常滚筒扫描仪的密度范围大于 3.5，而平面扫描仪的密度范围一般在 2.4～3.5。

（2）扫描仪的性能指标

扫描仪的主要性能由以下几项指标来衡量：

1）分辨率是扫描仪最主要的技术指标，它表示扫描仪对图像细节的表现能力，决定了扫描仪所记录图像的细致度，其单位为 DPI（dots per inch）。通常用每英寸长度上扫描图像所含有像素点的个数来表示。目前大多数扫描仪的分辨率在 300～2400DPI。DPI 数值越大，扫描的分辨率越高，扫描图像的品质越好，但这是有限度的。当分辨率大于某一特定值时，只会使图像文件增大而不易处理，并不能对图像质量产生显著的改善。对于丝网印刷应用而言，扫描到 600DPI 就已经足够了。

扫描分辨率一般有两种，即真实分辨率（又称光学分辨率）和插值分辨率。

2）灰度级表示图像的亮度层次范围。级数越多，扫描图像亮度范围越大、层次越丰富，目前多数扫描仪的灰度为 256 级。256 级灰阶可以真实呈现出比肉眼所能辨识出来的层次还多的灰阶层次。

3）色彩数表示彩色扫描仪所能产生颜色的范围，通常用表示每个像素点颜色的数据个数即比特位（bit）表示。所谓 bit，指计算机最小的存储单位，以 0 或 1 来表示比特位的值，比特位数越多，可以表现的图像资讯越复杂。例如，通常所说的真彩色图像指的是每个像素点由三个 8 比特位的彩色通道所组成，即以 24 位二进制数表示，红绿蓝通道结合可以产生 2^{24}=16M（兆）种颜色的组合，色彩数越多扫描图像越鲜艳真实。

4）扫描速度有多种表示方法，因为扫描速度与分辨率、内存容量、软盘存取速度以及显示时间、图像大小有关，通常用指定的分辨率和图像尺寸下的扫描时间来表示。

5）扫描幅面表示扫描图稿尺寸的大小，常见的有 A4、A3、A0 幅面等。

课后检测

1．家用电器的分类情况如何？

2．家用电器使用时应注意哪些事项？

3．什么是办公文化用品？

4．常见的现代办公文化用品有哪些？各有哪些主要特性？

知识漫游

家用电器是家庭或类似条件下使用的电子和电器器具的总称。电子器具和电气器具的共同特点是使用交流电或直流电作为动力能源。家庭生活电气化是生活现代化的前提条件和基本标志。家用电器是一种综合性的工业产品，除了以电子、电气工业的产品为主要组件外，还涉及冶金、机械、化工、塑料、橡胶等多方面的先进工艺和技术。

家用电器的种类很多，按其功能不同，主要有白色家电、黑色家电、小家电三大类。白色家电是指用来满足和提升基本生活功能的大型家电；黑色家电是指用来提供视听娱乐功能的家电；小家电是指可以很方便移动使用的小型电器用品。

家用电器在使用过程中应注意使用范围和使用方法。

现代办公文化用品包括学习用品、办公用品，既有通常使用的笔墨纸砚，还有一些收纳用品，如档案盒、档案袋、信封，同时也包括一些高科技的机器产品，例如碎纸机、复印机、扫描仪、传真机、计算机等。

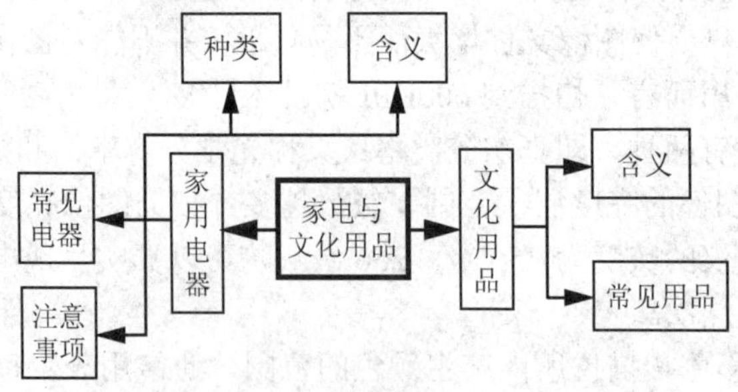

参考文献

曹汝英. 2007. 商品学基础. 2版. 北京：高等教育出版社.

曹汝英. 2011. 商品知识. 3版. 北京：中国财政经济出版社.

窦志铭. 2008. 商品学基础. 北京：高等教育出版社.

李永生，郑文岭. 2006. 仓储与配送管理. 北京：机械工业出版社.

刘爱珍. 2001. 现代商品学教程（修订本）. 上海：立信会计出版社.

孙秋菊. 2009. 现代物流概论. 北京：高等教育出版社.

谈留芳. 2011. 商品学. 2版. 北京：科学出版社.

万融. 2010. 商品学概论. 4版. 北京：中国人民大学出版社.

汪永太，李萍. 2002. 商品学概论. 大连：东北财经大学出版社.

谢瑞玲. 2005. 商品学基础. 北京：高等教育出版社.

于安国. 易能. 2004. 商品学概论. 长沙：湖南大学出版社.

张烨. 2011. 现代商品学概论. 2版. 北京：科学出版社.